"十三五"普通高等教育应用型规划教材·会计与财务系列

基础会计

（第4版）

王艳茹　刘泉军　编著

FOUNDATION ACCOUNTING

中国人民大学出版社

·北京·

前　言

随着应用型本科院校数量的增加，编写应用型教材的呼声日高。在保证原有教材主干内容的基础上进行内容体系再造，加大教材的实用性，降低教师的重复劳动，更好地提高学生的动手能力，增加学生的获得感，是本书第 4 版的主要编写思路。

一、第 4 版教材的主要特点

第一，针对应用型院校学生的学习特点，主要阐述“是什么”和“怎么做”的内容，对于“为什么”的理论探究问题采用特别提示、补充材料的方法呈现。

第二，教材很好地实现了以下结合：分录和凭证相结合，业务和税务相结合，核算程序和账簿登记相结合，特别提示栏目和核心教学内容相结合，实训类题目和教学要点相结合。

第三，突出原理类图书应有的概念、方法和规范，强调学生对基本知识的理解、熟悉和应用。章节内容包括基本知识、方法和规范三大部分。

第四，按照资金在企业流转的顺序，结合近年来财税法规和企业会计准则体系的变化，尤其是 2019 年的新税率，对书中知识点和贯穿全书的案例进行了全面更新。

第五，减少了用于解释的语句和段落，使内容更加简明清晰。例如，简化了借贷记账法发展历史的介绍、会计凭证传递的介绍、金融资产与金融负债相互抵销的说明等，使重点更加突出，易于理解。

第六，增加了资产负债表和利润表的编制示例，便于学生理解和应用基本报表。

第七，为增强教材的穿透力，使目标的设置、实现和考核保持一致性，让学生更好地运用所学知识，在运用过程中获得意会性知识，真正将知识变成能力，第 4 版增加了实训练习。

第八，配合以学生为主体的参与式教学法在课堂的应用，教材每章后增加的综合实训和书后的模拟实训，为学生边学边练提供了很好的素材，方便教师根据教学需求组织开展不同的教学活动，提高学生课堂参与的积极性。

二、第 4 版章节结构的主要变化

第 4 版教材在前 3 版编写的经验上，参考读者的建议，对结构体例做了比较大的调整，从会计准备工作出发，按照会计核算的方法和顺序进行重新梳理。先是设置科目和账户，并运用其进行经济业务记录；然后将企业主要的经济业务在复式记账框架下单独进行讲解，在会计期末进行报表前的准备工作；最后编制报表，完成会计循环。第 4 版将会计账务处理程序和电算化内容整合到经济业务记录章节，更多地体现其功能特点。

三、第 4 版教材的主要修订内容

主要修订内容按照新的章节顺序梳理如下：

第 1 章在会计核算方法中增加了账项调整的方法，使之与全书内容保持高度一致；修改了所有者权益的构成和特征、收入确认条件及营业外收入的构成、会计计量模式等内容，以及例题中经济业务的处理，使其与新的会计准则体系更加吻合；简化了理论部分的相关内容，删除了一些用于解释的语句和段落，使书稿更加简明清晰。

第 2 章补充了会计科目按照用途和结构的分类，增加了跨期摊配类、损益计算类、资本类、财务成果类账户的分类；将通用的会计科目表简化为常用的制造业会计科目表，并根据最新的会计规定，增加和调整了部分账户；将“公允价值损益”“投资收益”“资产处置损益”三个账户单独进行分析；简化了对会计科目设置原则的论述。

第 3 章增加了会计凭证编制示例；简化了借贷记账法发展历史和会计凭证传递的介绍；在会计账务处理程序中删除了分录日记账和日记总账账务处理程序的内容。

第 4 章增加了“企业主要经济业务概述”一节，增加了对“累计摊销”“资产处置损益”“其他收益”等账户的介绍，补充完善了关于“应交税费”账户的说明，特别是补充了对“转出未交增值税”“转出多交增值税”两个专栏和“应交税费——未交增值税”明细账户的介绍；修改了对“资本公积”“无形资产”“营业外收入”“营业外支出”“固定资产清理”等账户的介绍及关于无形资产投资、固定资产报废、无形资产出售的例题；删除了对“应付债券”账户的介绍。

第 5 章增加了编制财务报表前的准备工作概述的内容，在账项调整中增加了各类调整事项特点的说明，修订了关于永续盘存制与实地盘存制的介绍，使结构更加合理，并按新的会计准则规定调整了有关例题的会计处理。

第 6 章增加了应付账款、预收款项填制方法的说明；增加了资产负债表和利润表的报表项目及编制示例；删除了金融资产与金融负债相互抵销的说明；重新整合编写了其他报表及附注，简化调整了附注的有关内容，并将现金流量表的编制方法予以简化整合。

第 7 章补充完善了相应法律法规修订后的内容和会计准则的介绍，如补充了政府会计准则、最新政府会计制度的说明，增加了电子会计档案的内容等；对会计职业道德内容进行了调整和简化；更新了对会计人员的任职要求和会计机构负责人的任职规定，修改了会计档案保管的规定。

中国社会科学院大学刘泉军副教授参与了本书第 4 版的修订。修订过程分工如下：王艳茹教授负责全书结构的调整、第 1 章内容的修订、全部书稿的审定；刘泉军副教授负责第 2 章至第 7 章内容的修订。书稿的结构和内容在修订过程中经过了多次面对面的沟通和交流，从大纲内容到语言文字均经过了精心设计和润色处理。

本书在修订过程中参考了相关法律法规的最新规定，参考了同行公开发表的部分成果，在此一并表示感谢。同时要感谢中国人民大学出版社的李文重编辑在收集读者意见以及优化本书建议方面所做的贡献。

由于时间仓促，以及作者自身的理论水平和实践经验有限，书中难免会有疏漏或不足的地方，欢迎广大读者批评指正，以便对本书做进一步的修改、补充和完善。作者联系方式：wangyanrukab@126. com。

目　录

第 1 章 总　论

Chapter 1

学习目标

1. 掌握会计的含义和职能，会计对象和会计要素的概念，会计核算的前提及会计信息质量的基本特征，会计核算的基本方法。

2. 熟悉会计目标和会计基础，以及会计核算的程序。

3. 了解会计的不同定义，会计的产生和发展，以及会计学科体系等内容。

引导案例

张彤是某大学经济管理系大二的学生，也是该校有名的创业者之一。在大一的第二学期，张彤和几个同学一起以 50 000 元起家创办了自己的数码产品专营公司（以下称张彤数码公司，为增值税一般纳税人），主要经营手机 U 盘、TF 卡、读卡器、护眼灯、懒人架、电子阅读器、充电宝等商品。经过一年的辛苦努力，张彤数码公司销售了不少数码产品，并成为某品牌数码产品在该校的总代理。这一年，张彤数码公司共购进了价值 250 000 元的数码产品，取得了 850 000 元的销售收入。那么，张彤数码公司在这一年的经营中是否赚了？赚了多少？在其所有的支出中哪些可以直接从当期收入中扣除？其投资的最终目的是什么？是否得到了实现？一年后张彤及其同学在张彤数码公司享有多少权益？应该如何核算？张彤数码公司的所有财产是否都归投资者张彤及其同学所有？学完本课程后这些问题都可以得到解答。作为开篇，第 1 章将主要讲解会计的目标和基础，以及会计核算的前提和方法等内容，以便做好准备一个个回答上述问题。

1.1 概　述

什么是会计？会计是怎样产生和发展的？其根本的目标和职能又是什么？本节

将围绕这三个问题展开论述。

1.1.1 会计的含义

自会计产生以来，人们对其就有不同的理解，并由此产生了关于会计的不同观点，如会计技术或艺术观、会计信息系统观、会计管理工具观、会计经济管理活动观等。

1. 各种不同的会计定义

研究会计定义的目的即研究会计工作的本质。对会计本质的不同理解，产生了关于会计的不同概念。

(1) 会计艺术观。最初，会计界认为会计是一门艺术，强调会计人员的个人素质。即认为会计是不能够规范化的，在很大程度上需要依赖会计人员的经验与判断。这种观点在会计界流行了很长一段时间，曾广为会计人员所接受。但是，随着科学技术的日新月异及系统论、控制论等学科向会计学科的不断渗透，会计艺术观不断受到挑战，会计界逐渐出现“会计本质上是一个信息系统”的观点，这就是会计信息系统观。

(2) 会计信息系统观。会计信息系统观认为会计的本质是为会计信息使用者提供信息的一种“信息系统”。20世纪70年代，西方发达国家普遍采用了“信息系统论”的表述方法。我国的一些会计学者也接受了这一观点，并在著作中加以引用和阐述。余绪缨教授和葛家澍教授是这一观点的代表人物，80年代后期，国内主张这种观点的人数不断增加。

(3) 会计管理工具观。会计管理工具观强调会计在社会经济活动中的核算作用，认为会计是经济管理或经济核算的工具，是进行经济管理工作必不可少的手段，是一套分类、记录、计量、汇总、分析与解释的方法。

(4) 管理活动观。形成于80年代的管理活动观把会计当成一项有人参加的管理活动，并使用了“会计管理”的概念。这种观点认为，会计不仅是经济管理的工具，它本身还具有管理职能，是人们基于特定目的、利用特定方法对特定内容进行管理的一种管理活动，是经济管理活动的重要组成部分。管理活动观的代表人物是阎达五教授和杨纪琬教授。

2. 会计的含义

一个完整的会计定义，应能够揭示会计的本质和特点，且简单明了。本书赞成管理活动观，认为会计的含义可以表述为：会计是通过收集和利用一定的货币单位作为计量标准表现的经济信息，对经济活动进行组织、控制、调节和指导，促使人们比较得失、权衡利弊、讲求经济效益的一种管理活动。它是经济管理的重要组成部分。

将会计视为一种管理活动，比较准确地反映了会计工作的实质，有助于推动会计工作的发展；该定义还揭示了会计工作是一种价值管理的特点，指出会计主要是利用货币量度对经济活动中使用的财产物资、劳动耗费、劳动成果等进行系统的反映和监督。同时，该定义对会计的对象、方法、目标均做了清晰的界定，将会计对象描述为“用一定的货币单位作为计量标准表现的经济信息”，其方法有组织、控制、调节和指导等，会计工作的主要目标表现为比较得失、权衡利弊、讲求经济效益。

应当指出，会计是社会发展到一定历史阶段的产物，与社会政治、经济、法律、风俗等环境息息相关，处于不同环境中的会计会受到内外部环境的不同影响，会计理论与方法体系也会有所差别。

1.1.2 会计的产生和发展

有着几千年历史的会计，从管理的附带职能发展成独立的学科，其产生和发展与客观环境的发展变化有着密不可分的联系，社会经济、政治、法律、文化等环境都在一定程度上影响了会计的发展。本节把会计发展的整个期间按时间跨度划分为古代会计、近代会计和现代会计三个阶段，并对新中国会计的发展进行回顾和总结。

1. 古代会计（会计产生至1494年）

会计与人类的经济活动联系极为紧密，其起源可追溯到远古时代。当人类需要将所得与所费进行比较，计算经济效益时，会计就产生了。根据目前掌握的资料，在人类早期的发展过程中，与其灿烂的文化相辉映，文明古国（如中国、古埃及、古巴比伦与古印度）都曾留下会计活动的记载。我国在远古时代就曾出现过“结绳记事”“刻木为记”等原始的会计行为；在西周时期出现了政府会计，并专门设有“司会”一职，掌管国家与地方的财产物资，并形成了“以参互考日成，以月要考月成，以岁会考岁成”的比较严密的会计勾稽制度；西汉时期簿籍分开，收付记账法出现；唐宋时期，出现了“流水账”和“总清账”的账簿体系，形成了“旧管＋新收－开除＝实在”的四柱结算法。

会计在欧洲的发展，主要集中于庄园。庄园主聘任有管理能力的管家进行庄园的日常管理。庄园主作为委托方，需要了解管家对其财产管理的有效性和忠诚度，管家作为受托方，需要将其对庄园管理的成效向庄园主汇报，于是出现了管家向庄园主呈报的“述职报告”，孕育了现代会计中定期提供财务报告的工作思路。

这一时期会计主要以货币和实物为计量单位，多采用单式记账法。尽管在古代会计阶段，许多现代会计中大家已熟知的概念或思想已经初露端倪，但从严格意义上讲，还不能称之为会计。因为这个阶段，会计所具有的专门方法、对象、职能等还远未成形；会计也只是作为生产的一个附带职能，未从生产中明显地分离出来。

2. 近代会计（1494年至19世纪末20世纪初）

近代会计的发展可以分为两个阶段，一是早期的意大利复式簿记；二是工业革命后的会计。

（1）早期的意大利复式簿记。11—13世纪，随着海上贸易的盛行，地中海沿岸国家的经济迅速发展，意大利的沿海城市热那亚、佛罗伦萨、威尼斯等成为西方与东方进行贸易的枢纽，这大大推动了借贷活动与商业信用的发展。1211年意大利佛罗伦萨银行出现借贷记账法，称为“佛罗伦萨簿记法”。1494年意大利数学家卢卡·帕乔利（Luca Pacioli）出版《算术、几何、比及比例概要》一书，专门用一个章节阐述了复式簿记的基本原理，被会计界公认为会计发展史上的里程碑，标志着现代会计的形成。此书出版后，被译成英语、德语、法语、俄语、日语、拉丁语等，在世界各地广为流传。直到今天，复式簿记原理仍支配着日常财务会计记录——电算化只是改变了复式簿记记录的方式，并未撼动复式簿记原理。1581年威尼斯会计学院建立，表明会计作为一门独立学科开始传授。

（2）工业革命后的会计。工业革命是商品经济迅猛发展的温床和催化剂，生产技术的进步以及工商业活动的迅速扩展也促使会计挣脱复式簿记的束缚，会计理论和方法开始快速发展，从而完成了由簿记向会计的转化。这一时期会计思想的突出特征体现在以下四个方面。

1）折旧会计思想。工业革命以前，企业耐用的长期资产较少，商人一般都是将耐用财产在报废时一次冲销；或者将其当作存货（未销售的商品），在年终通过盘存估价增减业主权益。随着工业革命的兴起，长期资产日益增多，其在企业生产经营过程中的重要性也日渐明显，人们逐渐认识到传统的做法已无法正确地确定盈亏，应采用一定的方法将长期资产在其使用寿命内进行分摊，“折旧”的观念应运而生。

2）划分资本与收益的思想。19世纪中后期，股份制企业长足发展，企业规模日益扩大，投资者与经营者日渐分离并更加关心投入资本的报酬。因此，会计服务的对象逐渐转向处于企业外部不直接参加企业经营管理的投资者，这就要求会计核算必须对业主的投资和投资报酬进行区分，正确计算期间收益成为这一时期的重心。对收益确定的重视要求会计人员必须严格区分收益性支出和资本性支出，同时进行收入和成本费用的配比，使收益表成为对外披露的重要报表之一。直到20世纪中叶，收益表依然是企业对外提供的第一报表，配比原则也依然支配着现行会计实务的诸多领域。

3）成本会计。重工业的发展与生产规模的扩大使企业制造费用激增，成为产品成本不容忽视的一个重要组成部分；伴随着企业生产的日益复杂，制造费用的归集与分配也变得复杂，这些为成本会计的出现提供了契机，迫使会计人员关注“成本”的概念。最终，以对存货的计价为突破口，形成了以历史成本为基础的会计核算方法。直到今天，该方法依然是会计计量的主要基础。

4）财务报表审计。股份制的迅猛发展与企业规模的日益扩大，使投资者和经营者的分离明显，不参加企业经营管理的投资者更加关心投入资本的保值增值情况，这就要求企业管理层提供能反映企业财务状况、经营成果等相关信息的财务报告。但是，委托代理关系使投资者和经营者的利益往往不完全一致，双方的信息不对称，导致所有者对管理层提供的报表不完全信任，由此产生了对审计业务的需求，公共会计师职业开始出现。

这一时期的会计以企业会计为主，以货币作为主要的计量单位，并开始普遍采用复式记账法，会计逐渐从生产职能中分离出来，形成特殊的、专门的独立职能和一套专门的会计核算方法，并一直沿用至今。

3. 现代会计（19世纪末20世纪初至今）

一般认为，现代会计理论的形成实现了从簿记向会计的转变，成为现代会计的开端。1939年第一份代表美国的一般公认会计原则（GAAP）的《会计研究公报》（ARB）的出现，标志着现代会计理论的形成，也标志着会计的发展进入成熟时期。

20世纪50年代前后，随着泰罗制等管理学科在工厂和会计领域的应用，管理会计逐步形成和发展。70年代后期，为解决“会计是什么”的问题，实证会计研究开始出现，并取得了较快的发展。70年代以前，规范性会计研究方法占据主导地位，主要解决“会计应该是什么”的问题，实证研究方法在很大程度上弥补了传统的规范会计研究所形成的会计理论缺乏实践检验的缺陷，逐渐取得了与传统会计研究方法共领风骚的地位，使会计研究逐步实现了“实践—理论—再实践”的不断循环往复的科学发展模式，既保证了会计理论体系逻辑的一致性，也使会计理论在实践中经受检验。

这一时期会计成为一门真正的科学，会计理论方面的著作出版，会计框架结构理论体系初具规模，会计逐渐从一种纯粹的计算方法发展成为经济管理科学中的一门重要学科；会计成为经济管理的重要组成部分并形成了一套完整的会计体系，会计核算日益规范化，基本会计准则和具体会计准则成为会计的行为规范，会计的主观随意性受到限制。

4. 新中国会计的发展

我国第一部论及会计业务的会计著作是唐代史官李吉甫于公元807年撰写的《元和国计簿》一书，比会计实践的产生晚了大约三千年。

清朝后期，我国从日本引入了借贷记账法，开始了运用借贷记账法进行会计核算的实践。新中国成立后，党中央非常重视会计工作的规范化管理，并于1980年8月开始起草第一部《中华人民共和国会计法》（以下简称《会计法》），1985年1月颁布实施。此后，为适应改革开放和经济发展的要求，我国于1993年12月29日对《会计法》进行了修改并于1999年10月进行了大范围的修订，会计工作步入法制化轨道；2017年11月4日第十二届全国人民代表大会常务委员会第三十次会议做了进一步修正。另外，为规范企业的会计处理，财政部于1992年颁布了被称为我国会计史上“会计风暴”的《企业会计准则》和《企业财务通则》，于1993年开始实施，将所有企业的会计处理工作统一到借贷记账法下，与国际会计核算逐步接轨。2001年1月1日，财政部颁布实施了《企业会计制度》，进一步规范了会计核算和会计信息质量。

2006年2月15日，财政部一并通过了新的《企业会计准则》体系，该体系包括《企业会计准则——基本准则》和38项具体准则及有关应用指南，实现了与国际会计准则体系的趋同。企业会计准则体系自2007年1月1日首先在上市公司范围内施行，之后逐步扩大到几乎所有大中型企业。2014年以后财政部陆续修订了11份具体准则，并陆续颁布了4份新的企业会计准则，保证了企业会计准则与国际会计准则的持续趋同。

2011年10月18日，财政部发布《小企业会计准则》，规范了适用于小企业的资产、负债、所有者权益、收入、费用、利润及利润分配、外币业务、财务报表等的会计处理及其列报等问题。2012年12月6日，财政部修订发布《事业单位会计准则》；2015年10月23日财政部发布《政府会计准则——基本准则》，2016年开始发布政府会计的具体准则。至此，我国严密完整的会计准则体系基本形成。

纵观会计发展的历史可以看出，会计是适应生产管理的需要而产生并随着社会生产力的发展、科学技术的进步、管理水平的不断提高而逐步发展和完善起来的一门学科。会计的产生和发展离不开特定的社会环境，社会环境的变化也必然导致会计的进一步发展，从而使会计学科日益完善。

5. 会计学科体系的建立与发展

人们在长期的会计工作实践中，通过对会计工作的不断总结，逐渐将其发展为一门学科——会计学。会计学是人们对会计工作规律认识的知识体系，是研究会计工作的学问，是完整、准确地解决如何认识会计工作和如何做好会计工作等问题的科学。会计学来源于会计实践，反过来又指导会计实践，并在相互作用的过程中不断发展完善，形成一个完整的会计知识体系。会计学科一般包括会计学原理、财务会计学、成本会计学、管理会计学、财务管理学、审计学、电算化会计等分支和内容。

（1）会计学原理。会计学原理也叫会计学基础、初级会计等，是会计学科体系的基础，主要阐述会计核算的前提和基础、会计信息质量要求等内容，介绍会计定义、目标、职能，会计假设和原则，会计对象和会计要素、会计等式、会计方法和程序、企业基本经济业务处理等内容，为深入学习会计学科的其他课程做铺垫。

（2）财务会计学。财务会计学主要阐述如何按照会计准则的规定，运用会计核算方法，进行会计业务的日常处理，将符合会计确认条件和会计要素定义的经济业务事项进行会计处理，并按规定编制财务报告的过程。财务会计侧重于向企业外部的信息使用者提供所需的会计信息，因此也称为对外报告会计。

（3）成本会计学。成本会计学主要以制造企业为基础，研究产品成本形成规律、成本计算原理及各种成本计算方法等内容，包括日常成本的计算、成本的预测和决策、成本的规划和控制、成本的分析和考核等内容，为企业不断降低产品成本、提高成本管理水平提供理论和方法。由于成本会计提供的信息是企业的商业机密，因此主要用于对内服务，为企业经营者等内部管理者进行成本管理提供依据。

（4）管理会计学。管理会计学主要阐述利用会计信息和其他有关信息对企业经营进行管理，进行最优决策的理论和方法，包括预测和决策、预算和控制、责任会计等内容。管理会计是对财务会计所提供信息和其他信息的深加工和再利用，它将现代管理科学充分运用于企业实际，与企业生产决策、定价决策、日常管理控制、业绩评价与考核等工作相结合，主要面对企业内部管理人员，也称对内报告会计。

（5）财务管理学。财务管理学主要阐述资金的筹集与运用、利润的管理和分配等内容，企业的财务管理工作主要包括资金筹集、营运资金管理、资金投放、利润分配等不同职能，研究企业如何充分利用资金，提高资金使用效率，以企业价值最大化为最终目标。

（6）审计学。审计学主要阐述对经济活动真实性、合法性和效益性进行监督检查的主要理论和方法，包括审计基本理论和方法、财务报表审计、合规性审计和经营审计等内容。

（7）电算化会计。电算化会计是指会计人员运用以会计核算软件为核心的电子计算机系统，按照一定的程序和方法对会计数据进行加工处理，以获取会计信息的一种管理活动。包括账务电算化、报表电算化、核算电算化和管理电算化等不同模块的内容。

会计学科体系各门学科的划分只是相对的，随着经济的发展以及会计学科的不断完善，新的内容会不断地加入，如人力资源会计、环境会计、社会保障会计、无形资产会计、价值链会计等可能成为其新成员。无论会计学科如何发展和变化，会计学原理都是基础。

1.1.3 会计信息的使用者及其需要

从会计的产生和发展可以看出，正是经济发展对会计信息的需求，才使得会计学科不断发展和完善。尤其在商品经济日益发达的今天，会计信息的使用者不断增加，对会计信息的需求也日渐丰富。

1. 会计信息使用者

会计信息使用者也称财务报告使用者，是指需要运用财务会计信息进行有关决策的组织或个人。这些组织或个人要做出正确决策，除应具备一定的决策知识和技能外，还需要运用充分可靠的信息，包括会计信息和非会计信息。按其与企业的关系，财务报告信息的使用者可分为内部使用者和外部使用者。

（1）内部使用者。会计信息的内部使用者主要包括企业管理层和职工。企业管理层需根据企业的会计信息对出现的情况和问题进行及时、正确的决策，要对决策的执行过程进行监督和评价，以纠正偏差，更好地实现企业盈利的目标；职工主要关注企业的盈利状况和发展前景，考虑企业是否有能力按劳付酬，平均工资水平的高低，是否能保障其顺利工作，在劳动保护和保险方面以及公司的福利、奖金分配方面的政策等，以判断企业对自己的吸引力。为此，企业需要采用一定的程序和方法，将大量的经济业务数据转化为会计信息，为内部信息使用者的决策服务。

（2）外部使用者。企业的会计信息不仅仅为企业内部所需要，而且要为外部的有关决策者提供信息，包括投资者、债权人、政府及其有关部门、供应商、客户和社会公众等。

1）投资者。投资者的投资是企业资金的主要来源，投资者将资金投入企业无非是想获得投资的收益。因此，投资者非常关心企业的盈利状况和未来的盈利潜力，以判断所投资金能否实现保值增值，做出是否继续投资，或追加投资、减少投资的决策；潜在的投资者也要根据企业的会计信息，判断企业是否符合其投资目标，以做出是否投资的决策。

2）债权人。债权人是根据法律或合同规定，有权要求债务人履行义务的人。债权人将钱借给企业，通常更关心企业按时还本付息的能力，即企业的偿债能力，并据此做出自己的信贷决策；潜在的债权人也会根据会计信息提供的企业偿还债务的能力，做出自己的信用决策。

3）政府及其有关部门。政府及其有关部门作为经济管理和经济监督部门，通常关心经济资源使用是否公平与合理，经济秩序是否公正和有序，宏观决策所依据信息是否真实可靠等，它们要通过会计信息了解企业的有关活动（尤其是经济活动）、制定税收政策、进行税收征管和国民经济统计等。

4）社会公众和其他利益集团。社会公众关心企业可能以哪种方式对社会做出贡献，如提供就业机会的能力、对环境的保护情况等。企业的其他利益集团包括供应商和客户等，它们虽不直接参与企业资源的配置，但在许多方面与企业存在利益关系。如供应商需借助企业的会计信息了解企业的生产经营状况，以制定其产销计划和赊销策略；客户要关注企业的财力充裕状况，能否保证其对产品需求的长期供应，以及对产品质量和使用的售后保证等。

可见，企业内部管理和外部的有关方面均需利用会计信息进行经济决策，但是不同利益相关者需要的会计信息会有所不同。

2. 会计信息使用者需要的信息

投资者一般关注企业的盈利能力和与企业未来发展有关的现金流量，有些股东关注企业的长期发展趋势，有些股东关注企业短期的利润分配情况；债权人关注企业的偿债能力，有些债权人关注企业的长期偿债能力（如资产与负债的合理比例等），有些债权人关注企业的短期偿债能力（如流动资产和流动负债的比例等）；政府及其有关部门需要对企业进行宏观管理的有关会计信息，如税务部门关注企业应交税费的核算和缴纳情况，国有资产管理部门关注企业国有资产的保值增值状况，财政部门关注会计信息的准确和及时报告情况等；企业管理层关注企业的整体情况，需了解和掌握企业资产的分布状况、财务成本和经营状况、资本运营状况和公司的经营业绩等，以便对企业日常经营活动状况进行管理和控制，进行科学的经营与管理决策。此外，社会有关部门需对企业是否履行了其应承担的社会责任进行监督，如环境治理、可持续发展以及职工福利和社会保障等。

会计信息的使用者不同，对企业提供的会计信息内容和质量的要求也各有侧重，而出于经济效益的考虑，企业不可能为不同的信息使用者分别提供其所需的信息，只能提供其所共同关注的具有共性的信息，这些信息包括：企业特定时点的财务状况的信息；企业特定期间的经营成果的信息；企业特定期间现金流入、流出以及净现金流量的信息；企业特定期间所有者权益变动状况的信息；等等。

3. 会计信息提供的方式

企业为满足不同的会计信息使用者对会计信息的需求，必须提供系统、全面、高度概括且具有代表性的信息，并按照一定的要求和既定方式，在特定时间内提供以上会计信息，这就要求企业定期编制财务报告。对外报送的财务报告是企业提供的反映企业某一特定日期的财务状况和某一会计期间的经营成果、现金流量等会计信息的文件。财务报告是企业向投资者等信息使用者提供决策有用信息的媒介和渠道，是投资者、债权人等信息使用者与企业管理层沟通信息的桥梁和纽带，是企业提供会计信息的最主要方式。财务报告包括会计报表及其附注和其他应当在财务报告中披露的相关信息和资料。会计报表至少应当包括资产负债表、利润表、现金流量表等。

1.1.4 会计的目标和职能

按照《会计法》的规定，“各单位应根据会计业务的需要，设置会计机构或者在有关机构中设置会计人员并指定会计主管人员”，但行政事业单位和企业单位的会计核算并不完全相同，本书的讲解以企业会计为基础展开。

1. 会计目标

目标是希望达到的境地或想要实现的要求。会计目标是会计工作所要达到的终极目的。会计目标是会计理论研究中的一个重要问题，在会计学界占有重要地位。但长期以来，人们对会计本质的认识不同，因此对会计目标的界定也存在很多歧义。

早期的会计目标研究多以描述性为主，主要对会计的现状进行说明和描述，称为“描述性目标”。如利特尔顿将会计的最高目标定义为以数据为手段帮助人们了解企业，其基本目的是对企业的经济业务活动情况进行分类。其理论基础是受托责任观，认为会计的目标是向资源的所有者如实反映受托者对受托资源的管理和使用情况。

20世纪70年代以后，会计目标的研究多以说明会计应当是什么为主，称为“规范性目标”。如美国注册会计师协会在1973年发表的研究报告——《财务报表的目标》中提出，财务报表的基本目标是提供据以进行经济决策的信息。其研究的理论基础是决策有用观，认为会计信息系统的根本目标是向信息使用者提供决策有用的信息。

可见，会计目标的确定是一个动态、发展的过程，是人们对会计信息系统提出的主观要求。按照本书关于会计的定义，会计目标是通过对经济活动的组织、控制、调节和指导，促使人们比较得失、权衡利弊，讲求经济效益。为此，会计工作必须能够为决策者提供高质量的会计信息。我国《企业会计准则》规定，企业应当编制财务会计报告，财务会计报告的目标是向财务会计报告使用者提供与企业财务状况、经营成果和现金流量等有关的会计信息，反映企业管理层受托责任履行情况，有助于财务会计报告使用者做出经济决策。

2. 会计职能

职能是人、事物、机构应有的作用和功能。会计职能是会计作为经济管理工作所具有的功能或能够发挥的作用。会计职能是会计固有的功能，是会计的本质体现。由于会计的本质是由生产发展，特别是由商品经济对信息的客观需求决定的，因此会计的职能具有客观性和相对稳定性。马克思认为，会计是对“过程的控制和观念总结”①。20世纪60年代初期，我国会计界认为会计的职能是反映和监督，进入80年代以后，会计的职能得到扩展，出现了五职能说（反映、监督、控制、分析、决策）和六职能说（反映、监督、规划、制度、控制、分析）等。

本书认为，会计包括基本职能及扩展职能，其基本职能是核算和监督，扩展职能包括会计预测和决策、会计规划和控制、会计分析和评价等。

（1）会计的基本职能。会计的基本职能包括会计核算和会计监督。

1）会计核算。会计核算是会计人员以货币为主要计量单位，通过确认、计量、记录、计算、报告等环节，对特定主体的经济活动进行记账、算账、报账，为各有关方面提供会计信息的工作。会计核算是会计的首要职能，也是全部会计工作的基础。

会计核算的特点表现为：第一，会计主要从价值量上反映企业的经济活动状况。经济活动纷繁复杂，涉及生产生活的方方面面，人们不可能单凭观察和记忆掌握经济活动的全面情况，也不可能简单地将不同类别的经济业务加以计算、汇总，只有通过一定的程序对其加工处理，并以价值量的形式表现，才能掌握经济活动的全过程及其结果。因此，虽然会计上可以采用三种量度（货币量度、实物量度、劳动量度）从数量上反映经济活动，但主要利用货币来计量。第二，会计核算具有完整性、连续性和系统性。完整性是指对所有的会计对象都要进行计量、记录、报告，无一遗漏；连续性是指对会计对象的计量、记录、报告要连续进行，不能有任何中断；系统性则指应采用科学的核算方法对会计信息进行加工处理，保证所提供的会计数据成为一个有序的整体，揭示客观经济活动的规律性。第三，会计核算要对企业的经济活动全过程进行反映。会计核算不但要对过去的经济业务进行完整、连续和系统的反映，还要对未来的经济事项进行预测和分析，为经营管理决策提供更多的经济信息。

2）会计监督。会计监督是利用会计核算提供的信息，对经济业务的合法性、

① 马克思，恩格斯．资本论：第2卷．北京：人民出版社，1975：152.

合理性进行的监督，包括分析会计资料、检查遵纪守法情况、评价活动成果、调整行动计划等内容，是整个社会监督体系的重要组成部分。

会计监督作为一种专门的经济监督，具有如下特点：第一，会计监督主要通过价值量指标进行，具有完整性、连续性、系统性。因为会计核算主要从价值量上反映企业的经济活动状况，会计监督以会计核算所提供的信息为基础，也主要通过价值量的指标进行；另外，为了便于监督，很多企业事先都制定了可供检查、分析的价值指标，如企业的目标、规划等，用来监督和控制有关的经济活动。通过价值量指标进行监督，可以全面、及时、有效地控制企业的经济活动，具有完整性、连续性、系统性。第二，会计监督对经济业务的合法性、合理性进行审查。会计监督以国家颁布的会计法律法规为准绳，对经济业务的合法性进行评价；以客观经济规律和经营管理的要求为依据，对经济业务的合理性进行审查。第三，会计监督是一种全过程的监督。会计监督包括事前、事中、事后的监督。事前监督在经济活动开始前实施，对未来经济业务是否符合有关法令、政策规定，在经济上是否可行进行审查；事中监督对正在发生的经济活动及取得的核算资料进行审查，纠正经济活动中的失误及偏差，促使有关部门合理组织经济活动，使其按照预定目标及规定要求进行，发挥控制作用；事后监督对已经发生的经济活动及其相应核算资料进行审查和分析。

会计核算与会计监督这两种基本职能之间存在相辅相成、辩证统一的关系。会计核算是会计监督的基础，没有会计核算所提供的各种信息，监督就失去了依据；会计监督是会计核算的保障，没有会计监督，就难以保证会计核算所提供信息的真实性和可靠性。

（2）会计的扩展职能。会计的扩展职能包括会计预测和决策、会计规划和控制、会计分析和评价等。

会计预测是通过会计核算和会计分析所提供的资料，结合其他有关信息，运用一定的技术方法，对企业资金运动各个方面的发展趋势或状况进行的测算或估计，为企业决策提供依据。企业可以进行销售预测、生产预测、资金预测等。会计决策是在预测的基础上进行的，是一种面向未来的管理活动。会计决策方法有生产决策法、定价决策法、投资决策法等多种方法。

会计规划是将会计决策的结果进行分解落实的方法。会计决策做出之后，需要通过一定的方法将其分解落实到企业的各个部门，以保证企业目标的实现，这一系列分解落实的方法就是会计规划。会计规划主要通过编制企业全面预算的方法来实现，包括销售预算、生产预算、采购预算、成本预算、现金预算等。会计控制根据会计规划所分解的目标，对企业内部各单位的预算执行情况进行跟踪、记录，及时发现问题并寻求解决问题的方法。会计控制常用的方法有差量分析法、调整研究法等。

会计分析以会计核算所提供的信息及经济业务的发生过程为依据，运用科学的评价标准和适用的分析方法，按照规范的分析程序，对企业的财务状况和经营过程及成果进行分析研究，从而对企业的经营状况及其绩效做出评价、判断和预测。分析过程是在占有大量资料的基础上，去伪存真、由表及里、条分缕析、解剖得失的过程。常用的分析方法有比较分析法、比率分析法、趋势分析法、因素分析法、综合分析法等，既可以进行定性分析，也可以进行定量分析。会计评价在会计分析的基础上，根据会计分析的结果对企业财务状况和经营过程及成果进行价值判断，以考核企业及其各部门的工作业绩，奖优罚劣、奖勤罚懒，促使企业不断提高经济效益。

1.2 财务会计的基本假设和会计基础

是否所有与企业有关的经济活动都要进行核算？核算时需站在什么立场上？何时核算最为恰当？按什么标准计量比较规范？收入和支出应该在哪个时间点入账？这些会计核算必须明确的根本问题，就是会计的基本假设和会计核算的基础，本节将结合张彤数码公司的案例进行讲解和分析。

1.2.1 会计基本假设

张彤买书本的支出以及生活费支出要不要从数码产品的销售收入中扣除？她从批发商那里采购的商品，应该从哪个角度进行处理？张彤何时才能知道自己投资所赚取的利润？这些是企业在进行会计处理前必须解决和弄清楚的问题，是会计核算的基本前提。

会计基本假设，也叫会计基本前提，是对会计这种经济管理活动所依存的客观环境中与会计相关的因素进行的抽象和概括，是对会计工作所处的时间、空间环境等所做的合理界定，是会计工作的基本前提与制约条件。佩顿在1922年出版的《会计理论》中最早论述了会计假设，将会计人员在履行判断、估计时经常用到的一些最基本的命题归并为七个会计假设，并认为营业主体和持续经营是最基本的假设。20世纪60年代以后，会计假设的研究层出不穷，学者们提出了不同会计假设的分类，到目前为止，人们对会计基本假设的内容尚未达成共识。我国《企业会计准则——基本准则》中明确提出的会计假设有四个：会计主体、持续经营、会计分期、货币计量。

1. 会计主体

会计主体是指会计工作为其服务的特定单位或组织，是对会计人员进行核算采取的立场及空间范围的界定。会计主体假设是会计工作最重要的假设之一，它界定了会计工作为之服务的对象，规定了会计核算应采取的特定立场。

会计工作对经济业务的反映和监督并不是漫无边际的，而应该局限在一个特定的独立或相对独立的单位之内。如果以一个独立核算的企业作为会计主体，则会计所反映和监督的内容必须与该单位的经济利益相关，与该单位经济利益无关的业务和事项不属于其会计核算的范围。

正确理解会计主体假设应从以下几个方面入手：

第一，要清晰界定什么样的经济事项才需要进行会计处理。在会计工作中，只有那些影响企业本身经济利益的交易或事项才需要加以反映，对于不影响企业本身经济利益的交易或事项则不需要进行反映。如数码产品生产商进行的材料购买等与张彤创办的企业经营无关的经济事项，张彤数码公司就不应该对其进行反映。

第二，应将企业的经济业务与投资者自身的经济业务以及其他会计主体的经济业务严格区分开来。投资者自身的经济活动如果与企业无关，则不应进行核算；只有当投资者的经济活动与企业经营紧密相关时，才需要将其纳入企业的会计核算体系。如张彤的书本费以及生活费支出，因为与公司的业务无关，所以不应该计入销货的成本；但在进货过程中发生的交通费支出，却需要从数码产品的销售收入中扣除，在张彤数码公司的账目中予以反映。

同样，对于合作伙伴的经济业务，只有与本企业经营相关时才需要进行会计处理，与企业无关的合作伙伴自身的经济业务，则不需要在本企业的会计系统中进行处理。

第三，要明确会计核算的立场和地位。如张彤从批发商处购买数码产品的行为，从本企业的角度看是一笔采购业务，而从批发商的角度看，则属于销售业务。作为两个不同的会计主体，这两个企业均有自己的立场，即本企业确认商品的购进，而对方在满足条件时确认一笔收入。

第四，要区分会计主体和法律主体这两个不同的概念。一般来说，法律主体必然是会计主体，但会计主体并不必然是法律主体。法律主体是指对外能够独立承担民事责任的经济实体，法律主体因为在经济上是独立的，必然要进行会计核算，因此自然是会计主体；不具备法人资格的个人独资企业、合伙企业等，也需要进行会计核算，也是会计主体；企业的分厂、车间，如果出于考核的目的需单独核算，则均可以成为会计主体。另外，就集团公司而言，母公司拥有若干子公司，尽管母子公司是不同的法律主体，但因为母公司对子公司拥有控制权，为全面反映企业集团的财务状况、经营成果等信息，有必要将企业集团作为一个会计主体，编制合并财务报表。

2. 持续经营

持续经营是指在可预见的将来，企业将会按当前的规模和状态持续经营下去，不会停业，也不会大规模削减业务。本假设是对会计核算范围的时间界定。第一，尽管企业在经营过程中面临各种各样的风险，而且可能会处于清算的边缘，无限期经营下去一般不可能做到，但是因为风险的不确定性，到底何时清算难以估计，为能够合理地提供会计信息，往往需要假设企业在可预见的将来能够持续经营下去；第二，无论从企业的主观愿望还是从投资者个人的意愿出发，都希望企业能够长久地经营下去，持续经营假设符合人们的心理预期；第三，企业在持续经营时和在清算期间所采用的会计处理方法一般不同，只有在此假设下，会计核算的原则和方法才能够顺利实施，会计信息的质量标准才能够得到保证。

持续经营假设对于会计工作十分重要，它是整个权责发生制会计赖以建立的基础，为正确确定财产计价、收益、费用和会计计量提供了理论依据。只有在持续经营的前提下，企业拥有的资产才能在正常的经营过程中耗用、出售、转换等，才可以采用一系列会计方法进行会计处理，若持续经营假设不复存在，则需要采用清算会计的相关方法。

3. 会计分期

会计分期是指将一个企业持续经营的生产经营活动划分为一个个连续的长短相同的期间。这种为了会计核算需要而人为划分的相等时间单位，称为会计期间。会计期间分为年度和中期，最基本的会计期间是会计年度，会计年度可以采用公历年度，也可以采用财政年度，我国规定会计年度采用公历年度，为每年的1月1日至12月31日；中期是指短于一个完整的会计年度的报告期间，如月份、季度、半年度等。

会计分期假设是持续经营假设的延续。因为按照持续经营假设，企业将按当前规模和状态持续经营下去，所以投资者投入资金的盈利状况也只有到企业清算时才能够知晓，这显然不能满足投资者及时了解会计信息的需要，不利于投资者进行投资决策。为了及时提供决策所需要的会计信息，为提高经济效益服务，需要人为地将持续不断的企业的经营活动划分为若干长度相等的会计期间，以分期结算账目和编制财务会计报告，为利益相关者提供所需要的会计信息，更好地为经济管理服务。

按照会计分期的假设，张彤应该每月计算张彤数码公司的利润或损失，以便及时调整自己的投资和经营。如果张彤数码公司能够赚钱或预计未来销售会增长，则张彤可以维持或增加投资，否则应减少投资或改变投资方向。

明确会计分期假设具有很重要的意义：正是由于会计分期，才产生了当期与以前期间、以后期间的差别，才使不同类型的会计主体有了记账的基准，进而出现了折旧、摊销等会计处理方法。

4. 货币计量

货币计量是指会计主体在财务会计确认、计量和报告时以货币计量，反映会计主体的生产经营活动。在会计的确认、计量和报告过程中之所以选择以货币为基础进行计量，是由货币本身的属性决定的。作为商品的一般等价物，货币是衡量商品价值的共同尺度，具有价值尺度、流通手段、贮藏手段和支付手段等特点，是一种综合性的价值指标，可以在量上进行汇总和比较，能够充分反映企业的生产经营情况。而其他计量单位只能从一个侧面反映企业的生产经营活动，不便于会计计量和经营管理。

货币计量假设包括两个层次，一是货币的计量单位；二是货币价值的稳定性。

（1）货币的计量单位。按照我国会计法和会计准则的规定，企业日常经营活动应选择人民币作为记账本位币。业务收支以人民币以外的货币为主的企业，可以选定其中的一种外币作为记账本位币，但编报的财务报表应当折算为人民币。

（2）货币价值的稳定性。货币计量假设隐含了币值稳定的前提。尽管币值受多种因素（如汇率、利率、国际贸易等）的影响，经常处于波动状态；但按照国际惯例，当币值变动不大，或者币值上下波动的幅度不大而且可以相互抵消时，会计处理可以不考虑这一因素而仍然假设币值稳定。如果客观环境发生剧烈变动引发了恶性通货膨胀，则应当采用通货膨胀会计的方法进行会计处理。

前面已经提出，人们对会计假设的认识并不是一成不变的，而是不断发展变化的，尤其是近些年，会计所依赖的客观环境发生了较大的变化。网络企业、虚拟企业大量出现，人力资源成为企业重要的资产，网络的普及大大增强了信息适时传递的可能性，使传统的会计假设面临严峻的挑战；而以目标为核心的财务会计理论结构对以假设为起点的会计理论结构的取代，又使得会计假设在会计理论中的地位直线下降，许多会计学家分别就会计假设的延伸和增设提出了自己的看法。对这些内容的讨论已超出本书的范畴，有兴趣的读者可以参阅相关书籍。

1.2.2 会计基础

目前通用的会计核算基础有权责发生制和收付实现制两种。我国《企业会计准则》规定，企业应当以权责发生制为基础进行会计确认、计量和报告。

权责发生制是指收入、费用的确认应当以收入、费用的实际发生为确认的标准。即凡是当期已经实现的收入和已经发生或应当负担的费用，不论款项是否收付，都应作为当期的收入或费用处理；凡是不属于当期的收入和费用，即使款项已经在当期收付，也不作为当期的收入和费用。在实务中，企业交易或事项的发生时间与相关货币收支时间可能并不完全一致。有时款项已经收到但销售并未实现；有时款项已经支付，但并不是因本期生产经营活动而发生的。为了更加真实、公允地反映特定会计期间的财务状况或经营成果，会计准则明确规定，企业在会计确认、计量和报告中应当以权责发生制为基础。

与权责发生制相对应的会计基础是收付实现制，它以收到或支付现金的时间作为确认收入或费用等的依据。目前，我国行政单位会计采用收付实现制，事业单位会计除经营业务可以采用权责发生制外，其他大部分业务采用收付实现制。

下面举例说明二者的区别。

例1-1

某企业20××年6月发生如下业务，假定不考虑流转税因素。

1. 销售商品10 000元，当月收到货款8 000元，另2 000元货款于下月收讫；
2. 预收商品销售款3 000元，商品于下月发出；
3. 销售商品5 000元，款项收到存入银行；
4. 收到客户支付的上月购货欠款3 000元；
5. 支付本月短期借款利息2 000元；
6. 计算本月应负担的分期付息到期还本的长期借款利息6 000元。

不同会计基础下确认的本月收入和费用如表1-1所示。

表1-1 两种会计基础的比较 单位：元

业务	权责发生制		收付实现制	
	收入	费用	收入	费用
1	10 000		8 000	
2			3 000	
3	5 000		5 000	
4			3 000	
5		2 000		2 000
6		6 000		
合计	15 000	8 000	19 000	2 000

1.3 会计信息质量要求

会计信息质量要求是对企业财务报告所提供会计信息的基本质量要求，是使财务报告所提供的会计信息对投资者等信息使用者有用应具备的基本特征。根据《企业会计准则》的规定，它包括可靠性、相关性、可理解性、可比性、实质重于形式、重要性、谨慎性、及时性等八条。其中，可靠性、相关性、可理解性、可比性是会计信息的首要质量要求，是企业财务报告所提供的会计信息应具备的基本质量特征；实质重于形式、重要性、谨慎性和及时性是会计信息的次要质量要求，是对可靠性、相关性、可理解性和可比性等首要质量要求的补充和完善，尤其是对某些特殊交易或事项进行处理时，需要根据这些质量要求把握其会计处理原则。另外，及时性还是会计信息相关性和可靠性的制约因素，企业需要在相关性和可靠性之间寻求一种平衡，以确定信息及时披露的时间。

1.3.1 可靠性

可靠性也叫真实性或客观性，是指企业应当以实际发生的交易或者事项为依据进行会计确认、计量和报告，如实反映符合确认和计量要求的各项会计要素及其他相关信息，保证会计信息真实可靠、内容完整。会计信息要有用，必须以可靠为基础。如果财务报告所提供的会计信息不可靠，就会对投资者等信息使用者的决策产生误导。

为了贯彻可靠性要求，企业应当做到：以实际发生的交易或事项为依据进行确认、计量，将符合会计要素定义及其确认条件的资产、负债、所有者权益、收入费用和利润等如实反映在财务报表中，不得根据虚构的、没有发生的或者尚未发生的交易或事项进行确认、计量和报告，以保证会计提供信息的真实可靠。

1.3.2 相关性

相关性也叫有用性，是指企业提供的会计信息应当与财务会计报告使用者的经济决策需要相关，有助于财务会计报告使用者对企业过去、现在或者未来的情况做出评价或者预测。

例如，区分收入和利得、费用和损失，区分流动资产和非流动资产、流动负债和非流动负债以及使用公允价值等，都可以提高会计信息的预测价值，提升会计信息的相关性。

会计信息质量的相关性要求，需要企业在确认计量和报告会计信息的过程中充分考虑使用者的决策模式和信息需要。但是，相关性是以可靠性为基础的，两者之间并不矛盾，不应将两者对立起来。企业所提供的会计信息应当在可靠的前提下，尽可能做到相关，以满足投资者等财务报告使用者的需要。

1.3.3 可理解性

可理解性是指企业提供的会计信息应当清晰明了，便于财务会计报告使用者理解和使用。

可理解性要求企业会计提供的信息和记录信息的程序、方法应当通用，应该通俗易懂、简单明了。在强调会计信息的可理解性要求的同时，还应假定使用者具备一定的有关企业经营活动和会计的知识，且愿意花力气去分析研究这些信息。对于某些复杂的信息（如交易本身较为复杂或者会计处理较为复杂），只要其与使用者本身的经济决策相关，企业就应当在财务报告中充分披露。

1.3.4 可比性

可比性是指企业提供的会计信息应当具有可比性。

会计信息的可比性具有以下两个方面的内涵：同一企业不同时期可比，不同企业相同会计期间可比。

同一企业不同时期的会计信息可比是指同一企业不同时期发生的相同或者相似的交易或事项，应当采用一致的会计政策，不得随意变更；确需变更的，应当在附注中说明。不同企业相同会计期间的信息可比是指不同企业同一会计期间发生的相同或者相似的交易或事项，应当采用规定的会计政策，确保会计信息口径一致、相互可比，以使不同企业按照一致的确认、计量和报告要求提供有关的会计信息。

1.3.5 实质重于形式

实质是指交易或事项的经济实质，形式是指会计核算依据的法律形式。实质重于形式是指企业应当按照交易或者事项的经济实质进行会计确认、计量和报告，不应仅以交易或事项的法律形式为依据。

企业发生的交易或事项在大多数情况下其经济实质和法律形式是一致的，但在有些情况下，交易或事项的外在法律形式却不能反映其经济实质，此时会计核算应超越法律形式，按照交易或事项的经济实质进行核算。如企业按销售合同销售商品但又签订了售后回购协议，虽然从法律形式上实现了销售，但如果企业没有将商品所有权上的主要风险和报酬转移给购货方，不满足收入确认的各项条件，即使签订了商品销售合同或者已将商品交付给购货方，也不应确认销售收入。

1.3.6 重要性

在合理预期下，如果财务报告中提供的会计信息的省略或错报会影响投资者等使用者据此做出决策，该信息就具有重要性。重要性原则是指企业提供的会计信息应当反映与企业财务状况、经营成果和现金流量等有关的所有重要交易或事项。对于那些对企业经济活动或会计信息的使用者相对重要的会计事项，应分别核算、分项反映，力求准确，并在财务报告中作重点说明；对于次要的经济业务，在不影响会计信息真实性和有用性的前提下可以简化处理、合并反映。

一般来说，企业应当根据其所处环境和实际情况，从项目和金额两个方面进行判断，且对各项目重要性的判断标准一经确定，不得随意变更。判断项目性质的重要性，应当考虑项目在性质上是否属于企业日常活动，是否显著影响企业的财务状况、经营成果和现金流量等因素；判断项目金额大小的重要性，应当考虑该项目金额占资产总额、负债总额、所有者权益总额、企业收入总额、营业成本总额、净利润、综合收益总额等直接相关项目金额的比重或所属报表单列项目金额的比重。

1.3.7 谨慎性

谨慎性又称稳健性，是指企业对交易或者事项进行会计确认、计量和报告时应当保持应有的谨慎，不应高估资产或收益、低估负债或费用。

会计信息质量的谨慎性要求，需要在企业发生的经济事项具有不确定性或存在两种以上会计处理方法可供选择时，会计人员应在不影响合理选择的前提下，保持应有的谨慎，充分估计到各种风险和损失，尽可能选择一种不虚增利润和夸大所有者权益的会计处理方法和程序，合理核算可能发生的损益和费用。其目的是尽可能减少经营者的风险负担，在一定程度上降低管理层对企业通常过于乐观的态度所可能导致的风险。如要求企业对可能发生的资产减值损失计提资产减值准备、对售出商品可能发生的保修义务确认预计负债等，都体现了对谨慎性要求的运用。

1.3.8 及时性

及时性是指企业对于已经发生的交易或者事项，应当及时进行会计确认、计量和报告，不得提前或者延后。

在会计确认、计量和报告的过程中，贯彻及时性要求应做到以下三点：第一，及时收集会计信息，即在经济交易或事项发生后，及时收集整理各种原始单据或凭证；第二，及时处理会计信息，按照会计准则的规定，及时对经济交易或事项进行确认或计量，并编制财务报告；第三，及时传递会计信息，即按国家规定的有关时限，及时将财务报告传递给使用者，便于其及时使用和决策。

1.4 会计对象和会计要素

会计核算和监督的内容就是会计对象，对会计对象的具体分类形成不同的会计要素。本节将结合张彤数码公司的案例讲解与会计对象及会计要素相关的知识。

1.4.1 会计对象

会计对象是会计核算和管理的客体，即会计核算和监督的内容。研究会计对象的目的就是更加深入地认识会计的本质特征。

会计对象是基层单位或组织发生的以货币表现的经济活动，这种活动具体表现为资金或资本的运动。企业要进行生产经营活动，首先必须有一定量的资金投入。资金进入企业之后，便开始了周而复始的循环和周转。以制造企业为例，具体表现为从货币资金到储备资金、生产资金、成品资金，再回到货币资金的过程；新的增值后的货币资金，可能有一部分通过分配的形式退出企业，表现为投资者投入资金的收回，而绝大部分资金会留在企业内继续周转，参与新一轮的循环。对于张彤数码公司来说，为开始经营，张彤作为投资者需首先投入部分资金，然后用投入的资金购入商品，再通过商品（U 盘、TF 卡、读卡器、充电宝等）的销售使商品形态的资金重新回到货币形态的资金，由此获得一定的盈利。如果赚取的利润继续留在企业参与经营，则开始其下一轮的循环和周转，会重新经历货币资金—成品资金—货币资金的变换，给投资者带来更多的盈利；如果张彤将赚取利润的一部分用于消费，则资金会退出企业。为了准确地核算张彤数码公司的销售和盈利状况，以及投入资本的增值情况，会计要对所有这些能够用货币计量的经济业务进行核算。

制造企业资金循环和周转示意图如图 1－1 所示。

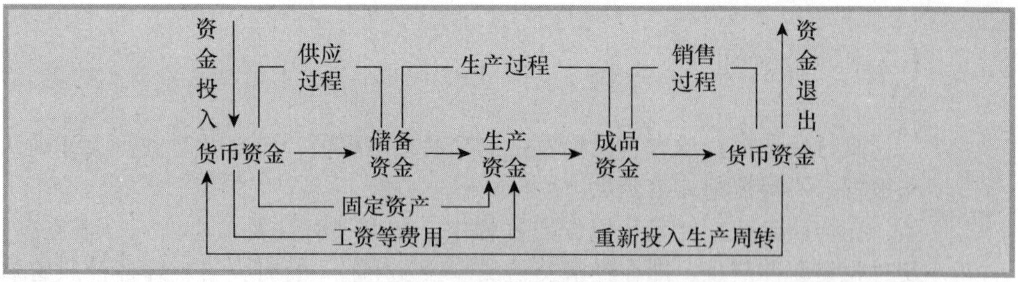

图1-1　制造企业资金循环和周转示意图

1.4.2　会计要素

会计要素是根据交易或事项的经济特征所确定的财务会计对象的基本分类，是从会计的角度揭示构成企业经济活动的必要因素。在实际生活中，资金或资本具体表现为实物形态、货币形态、应收款项、应分配费用等，资金和物资在运动过程中所呈现的不同形态及其不同的来源渠道形成了会计的具体对象，成为会计部门和会计人员日常核算和监督的内容。

我国企业会计准则规定，会计要素按性质划分为资产、负债、所有者权益、收入、费用和利润六大要素，其中资产、负债和所有者权益要素侧重于反映企业的财务状况，收入、费用和利润要素侧重于反映企业的经营成果。会计要素的界定和分类可以使财务会计系统更加科学严密，为投资者等信息使用者提供更加有用的信息。

1. 资产

资产是指企业过去的交易或者事项形成的、由企业拥有或者控制的、预期会给企业带来经济利益的资源。这些资源可以具体表现为各种实物形态，如房屋建筑物、机器设备、材料、商品、现金等，也可以不具有实物形态，如土地使用权、版权、应该属于企业的债权等。

（1）资产的特点。根据资产的定义，资产具有以下特点：

1）资产是由过去的交易或事项形成的资源。资产应当由过去的交易或事项形成，过去的交易或事项包括购买、生产、建造、其他交易或者事项。预期在未来发生的交易或者事项不形成资产，例如企业尽管有购买机器设备的意愿或计划，但只要购买行为尚未发生，该机器设备就不符合资产的定义，不能确认为企业的资产。

2）资产是由企业拥有或控制的资源。一般来说，一项资源要作为企业的资产予以确认，企业应当拥有该资源的所有权，能够排他性地从该资源中获取经济利益，可以按照自己的意愿使用或处置，其他单位或个人未经允许不得擅自使用。但在某些情况下，对于一些特殊方式形成的资产，企业虽然不拥有其所有权，但能够对其进行实质的控制，该资源的预期收益归企业所有、预期风险由企业承担，这样的资源也应当确认为企业的资产。如企业融资租入的固定资产，尽管企业并不拥有其所有权，但如果租赁合同规定的租赁期相当长，接近于该资产的使用寿命，则表明企业控制了该资产的使用权及其所带来的经济利益，应当将其作为企业资产予以确认、计量和报告。

3）资产在使用的过程中，预期能够给企业带来经济利益。资产预期能够为企业带来经济利益是资产的重要特征，如企业采购的原材料、购置的固定资产等可以用于生产经营过程，形成产品，然后通过出售收回货款为企业带来经济利益。预期不能带来经济利益的，就不能确认为资产。即使是前期已经确认为资产的项目，若以后不能再为企业带来经济利益，也不能够再确认为资产。如已经霉烂变质的库存物资，已经被更高科技水平取代的专利技术等，因为其未来已不能为企业带来经济利益的流入，所以不应该确认为资产。

（2）资产的分类。资产按照流动性可分为流动资产和非流动资产。

流动性是指非现金资产不受损失地变为现金资产的属性。

流动资产指满足下列条件之一的资产：预计在一个正常营业周期中变现、出售或耗用；主要为交易目的而持有；预计在资产负债表日起一年内（含一年，下同）变现；自资产负债表日起一年内，交换其他资产或清偿负债的能力不受限制的现金或现金等价物。流动资产包括库存现金、银行存款、应收及预付款项、存货等。

正常营业周期是指企业从购买用于加工的资产起至实现现金或现金等价物的期间。正常营业周期通常短于一年。因生产周期较长等导致正常营业周期长于一年的，尽管相关资产往往超过一年才变现、出售或耗用，仍应当划分为流动资产。正常营业周期不能确定的，应当以一年（12个月）作为正常营业周期。

流动资产以外的资产叫作非流动资产，包括长期投资、固定资产、无形资产、长期待摊费用、递延所得税资产、其他非流动资产等。被划分为持有待售的非流动资产应该归类为流动资产予以报告。

（3）资产的确认。资产是会计要素的核心，是企业赖以生存的基础。负债需要用资产来偿还，所有者权益为资产减去负债后的余额，收入表现为资产的增加或负债的减少，费用是资产的耗费或转化，可以说资产的正确确认是其他会计要素得以确认的基础。

将一项资源确认为资产，除了需要符合资产的定义，还需要同时满足以下两个标准：

1）与该资源有关的经济利益很可能流入企业。资产的确认应与对经济利益流入的不确定性程度的判断结合进行，如果编制财务报表时，与资源有关的经济利益很可能流入企业，则应当将其作为资产确认；如果一项支出已经发生，但在本会计期间以及以后的会计期间都不会形成经济利益流入企业，这项支出就不能作为一项资产确认，而只能将其作为费用。

2）该资源的成本或者价值能够可靠地计量。在实务中，企业取得的许多资源都是花费了一定代价的，如企业购买的材料、生产的产品、购置的机器设备、自建的厂房建筑物等，只要其实际购买成本或生产成本能够可靠计量，就可以作为资产确认；对于某些情况下企业取得的没有发生实际成本或实际成本很小的资产，如企业持有的某些衍生金融工具，只要其公允价值能够可靠计量就应确认为资产。如果企业持有的某项经济资源的成本或价值不能准确计量，就不应该将其确认为资产。

（4）资产的列报。符合资产定义和资产确认条件的项目，应当列入资产负债表；符合资产定义但不符合资产确认条件的项目，不应当列入资产负债表。

2. 负债

负债是指企业过去的交易或者事项形成的、预期会导致经济利益流出企业的现时义务。企业拥有或控制的资产都是从一定的来源渠道获得的，负债则是企业取得资产的一条重要渠道，合法、合理地举债可以提高企业的经济效益。

（1）负债的特点。根据负债的定义，负债具有以下特点：

1）负债是由过去的交易或者事项形成的。也就是说，导致负债形成的交易或事项必须已经发生，如企业已经从供应商处赊购的物资的应付款，已经从银行等金融机构取得的贷款等；企业做出的可能形成未来义务的承诺、签订的合同等交易或者事项，如计划赊购的物资、计划申请的贷款等不形成负债。

2）负债是企业承担的现时义务。现时义务是指企业在现行条件下已承担的义务。这些义务可以是法定义务，也可以是推定义务。法定义务是指具有约束力的合同或者法律法规规定的义务，通常必须依法执行。推定义务是指根据企业多年来的习惯做法、公开的承诺或者公开宣布的政策导致企业将承担的责任，这些也使有关各方形成了企业将履行义务、摆脱责任的合理预期。例如企业多年来形成了销售习惯，对已售出商品在三年内提供保修服务，则预期将为售出商品提供的保修服务就属于推定义务，应将其确认为一项预计负债。

3）负债的偿还会导致经济利益的流出。预期会导致经济利益的流出，是指直接或者间接导致现金或现金等价物流出企业的潜力。现时义务的履行可以采取多种方式，如直接支付现金，用企业生产的产品抵付，向对方提供劳务等，不论采取哪种方式均会导致经济利益的流出。

（2）负债的分类。负债可分为流动负债和非流动负债。

在负债满足下列条件之一时，应当归类为流动负债：预计在一个正常营业周期中清偿；主要为交易目的而持有；自资产负债表日起一年内到期应予以清偿；企业无权自主地将清偿推迟至资产负债表日后一年以上。流动负债包括短期借款、应付及预收款项、应交税费、应付职工薪酬等。企业对资产和负债进行流动性分类时，应当采用相同的正常营业周期。

流动负债以外的负债叫作非流动负债，包括长期借款、长期应付款、应付债券、递延所得税负债等。被划分为持有待售的非流动负债应当归类为流动负债。

（3）负债的确认。将一项现时义务确认为负债，除符合负债的定义外，还应同时满足以下条件：

1）与该义务有关的经济利益很可能流出企业。如果有确凿证据表明，与现时义务有关的经济利益很可能流出企业，就应当将其作为负债予以确认；相反，如果企业已经承担了现实义务，但导致经济利益流出企业的可能性已不复存在，就不符合负债确认条件，不应将其作为负债确认。

2）未来流出的经济利益的金额能够可靠地计量。对于与法定义务有关的经济利益的流出金额，通常可以根据合同或法律规定的金额予以确定，考虑到经济利益流出的金额通常在未来期间，有时未来期间较长，有关金额的计量需考虑货币时间价值等因素的影响；对于与推定义务有关的经济利益流出金额，企业应当根据履行相关义务所需支出的最佳估计数确定，并综合考虑货币时间价值、风险等因素的影响。

（4）负债的列报。符合负债定义和负债确认条件的项目，应当列入资产负债表；符合负债定义但不符合负债确认条件的项目，不应当列入资产负债表。

3. 所有者权益

所有者权益又称股东权益，是所有者对企业资产的剩余要求权，是企业资产中扣除债权人权益后应由所有者享有的部分，既可反映所有者投入资本的保值增值情况，又体现了保护债权人权益的理念。

所有者权益具有以下两个基本特征：第一，所有者权益不能单独计量，而是依赖资产和负债的计量。所有者只对其投资形成的那部分资产具有要求权，对于负债形成的资产则不具有要求权。企业的全部资产扣除负债后的部分叫作净资产，所有者只对这部分净资产有要求权。第二，所有者权益是所有者享有的剩余权益。根据相关法律规定，在企业同时面临偿债和退还投资者投资的情况时，企业资产应当优先用于偿债，有剩余时才能用于退还投资者的投资。

（1）所有者权益的种类。所有者权益包括实收资本（股本）、资本公积、其他综合收益、盈余公积和未分配利润。

实收资本是投资者按照有关规定实际投入企业的资本；股本是按照股份面值计价的投入资本，我国上市公司发行的股票面值一般为每股一元人民币。一般有限责任公司用实收资本，股份有限公司用股本。

资本公积是指投资者共有的资本，包括资本（股本）溢价和其他来源形成的资本。

盈余公积是指企业按照《中华人民共和国公司法》的规定及董事会决议从当期税后利润中提取并留存在企业的收益，可用于弥补企业亏损。

未分配利润是指企业尚未指明用途，留待以后再向股东分配的利润。

其他综合收益的内容超出了基础会计的范畴，大家可以在其他课程中学习，此处不再赘述。

（2）所有者权益的确认。所有者权益的确认主要依赖于其他会计要素，尤其是资产和负债的确认；所有者权益金额的确定主要取决于资产和负债的计量。例如，企业接受投资者投入的经济资源，若该资源符合资产的确认条件，相应地也符合了所有者权益的确认条件；若该资产的价值能够可靠计量，所有者权益的金额也可以合理确定。

（3）所有者权益的列报。所有者权益项目应当列入资产负债表，至少应单独列示实收资本、资本公积、盈余公积和未分配利润。

4. 收入

收入是指企业在日常活动中形成的、会导致所有者权益增加的、与所有者投入资本无关的经济利益的总流入。企业取得收入意味着，或者增加了资产，或者减少了负债，或两者兼而有之。收入是补偿费用、取得盈利的源泉，是企业经营活动取得的经营成果。

（1）收入的特点。根据收入的定义，收入具有以下特点：

1）收入是企业在日常活动中形成的。日常活动是指企业为完成其经营目标所从事的经常性活动以及与之相关的活动。比如，工业企业制造并销售产品、商品流通企业销售商品、保险公司签发保单、咨询公司提供咨询服务、软件企业为客户开发软件、安装公司提供安装服务、商业银行对外贷款、租赁公司出租资产等，均属于企业为完成其经营目标所从事的经常性活动，由此产生的经济利益的总流入构成收入。

2）收入会导致所有者权益增加。与收入相关的经济利益流入必然带来资产增加或负债减少，或两者兼而有之。资产增加、负债减少最终会导致所有者权益增加。

3）收入带来的经济利益流入与所有者投入资本无关。收入往往是由于企业对外销售商品、产品或提供劳务获取的，应当会导致经济利益流入，从而导致资产增加，但该经济利益流入与投资者对企业的资本投入无关；投资者追加投资产生的经济利益流入，应计入所有者权益。

（2）收入的分类。按收入的性质，收入可分为销售商品收入、提供劳务收入、让渡资产使用权收入以及建造合同收入等。其中，销售商品收入是指企业通过销售商品实现的收入；提供劳务收入是指企业通过提供劳务实现的收入；让渡资产使用权收入是指企业通过让渡资产使用权实现的收入；建造合同收入是指企业承担建造合同形成的收入。

按企业经营业务的主次，收入可分为主营业务收入、其他业务收入和营业外收入等。主营业务收入是企业确认的销售商品、提供劳务等主营业务的收入，一般占企业收入的比重较大，对企业经济效益有较大影响；其他业务收入指企业确认的除主营业务活动以外的其他经营活动实现的收入，包括出租固定资产、出租无形资产、出租包装物和商品、销售材料等，其他业务收入一般在企业的营业收入中所占比重不大，相对来说居于次要地位；营业外收入一般与企业的生产经营活动没有直接关系，不是经常发生的，不具有重复性，如债务重组利得、与企业日常活动无关的政府补助、盘盈利得、捐赠利得、罚款收入等。

（3）收入的确认。收入只有在经济利益很可能流入从而导致企业资产增加或者负债减少，且经济利益的流入额能够可靠计量时才能予以确认。当企业与客户之间的合同同时满足下列条件时，企业应当在客户取得相关商品控制权时确认收入：第一，合同各方已批准该合同并承诺将履行各自义务；第二，该合同明确了合同各方与所转让商品或提供劳务（简称“转让商品”）相关的权利和义务；第三，该合同有明确的与所转让商品相关的支付条款；第四，该合同具有商业实质，即履行该合同将改变企业未来现金流量的风险、时间分布或金额；第五，企业因向客户转让商品而有权取得的对价很可能收回。

（4）收入的列报。符合收入定义和收入确认条件的项目，应当列入利润表。

特别提示

本部分收入的确认是参照《企业会计准则第14号——收入》准则编写的，收入准则中采用的是狭义收入的概念，不包括营业外收入等利得。

5. 费用

费用是指企业在日常活动中发生的、会导致所有者权益减少的、与向所有者分配利润无关的经济利益的总流出。费用是与收入相对应的概念，是企业为取得收入而付出的代价，是企业在生产经营过程中发生的耗费。

（1）费用的特点。根据费用的定义，费用具有以下特征：

1）费用是企业在日常活动中发生的。日常活动的界定与收入定义中涉及的日常活动的界定相一致。日常活动所产生的费用通常包括销售成本（营业成本）、管理费用等。只有在日常生产经营活动中形成的经济利益的流出才叫作费用；非日常活动中形成的经济利益的流出只能叫作损失，而不是费用。

2）费用会导致所有者权益的减少。费用的本质是资产的转化形式，是企业资产的耗费，是企业经济利益的流出，而且这种流出会导致所有者权益的减少。不会导致所有者权益减少的经济利益流出不符合费用定义，不应确认为费用。

3）费用是与向所有者分配利润无关的经济利益总流出。费用的发生应当会导致经济利益的流出，从而导致资产的减少或负债的增加，其表现形式可以是现金或现金等价物的流出，存货、固定资产和无形资产等的流出或者消耗等，但这种经济利益的流出与向所有者分配利润无关。

（2）费用的分类。费用按照功能，可以分为从事经营业务发生的费用、管理费用、销售费用和财务费用等。

从事经营业务的费用也叫成本，是企业为生产产品、提供劳务而发生的各种耗费，按其计入归属对象的方式，可以分为直接费用和间接费用。直接费用是直接计入归属对象的各种耗费，间接费用需按一定标准分配计入归属对象。因此，成本是和产品相联系的，有相应的实物承担者。

管理费用、销售费用和财务费用可统称为期间费用，在费用发生时直接计入当期利润。可见，费用和期间相联系，一般没有实物承担者。

（3）费用的确认。费用只有在经济利益很可能流出从而导致企业资产减少或者负债增加，且经济利益的流出额能够可靠计量时才能予以确认。

企业为生产产品、提供劳务等发生的可归属于产品成本、劳务成本等的费用，应当在确认产品销售收入、劳务收入时，将已销售产品、已提供劳务的成本等计入当期损益。

企业发生的支出不产生经济利益的，或者即使能够产生经济利益但不符合或者不再符合资产确认条件的，应当在发生时确认为费用，计入当期损益。

企业发生的交易或者事项导致其承担了一项负债而又不确认为一项资产的，应当在发生时确认为费用，计入当期损益。

为保证费用的准确确认，应当遵循以下原则：划分收益性支出和资本性支出的原则，配比原则。划分收益性支出与资本性支出原则是指在会计核算中应合理划分收益性支出与资本性支出。如果一项支出所带来的经济收益只与本会计期间有关，那么该项支出就是收益性支出；如果支出对应的经济收益不仅与本会计期间有关，还与多个会计期间有关，那么该项支出就是资本性支出。对于资本性支出，应当在发生时列为资产，然后按受益期间分期转作费用，如房屋建筑物、机器设备、长期待摊费用等。配比原则也称收入与费用配比原则，是指企业在进行会计核算时，收入与其相关的成本费用应当配比，同一会计期间的各项收入与该收入相关的成本费用，应当在同一会计期间内确认。当确定某一个会计期间已实现收入之后，必须确定与该收入有关的已经发生的费用，以正确确定该期间的损益。

（4）费用的列报。符合费用定义和费用确认条件的项目，应当列入利润表。

6. 利润

利润是指企业在一定会计期间的经营成果。通常情况下，如果企业实现了利润，表明企业的所有者权益会增加，业绩得到了提升；如果企业发生了亏损，表明企业的所有者权益会减少，业绩下滑。所以，利润是反映企业经营成果最直观、最综合和最有说服力的业绩指标，也是企业经营管理中最受关注的指标和评价企业管理层业绩的一项重要指标，是投资者等财务报告使用者进行决策的重要参考。

（1）利润的来源。利润包括收入减去费用后的净额、直接计入当期利润的利得和损失等。

收入减去费用后的净额反映的是企业日常活动的经营业绩，直接计入当期利润的利得和损失反映的是企业非日常活动的业绩。直接计入当期利润的利得和损失，是指应当计入当期损益、会导致所有者权益发生增减变动、与所有者投入资本或者向所有者分配利润无关的利得或者损失。企业应当特别注意收入和利得、费用和损失之间的区别，以更加全面地反映企业的经营业绩。

（2）利润的确认条件。利润反映的是收入减去费用、利得减去损失后的净额概念，因此利润的确认主要依赖于收入和费用以及利得和损失的确认，其金额的确定也主要取决于收入和费用、直接计入当期利润的利得和损失金额的计量。

（3）利润的列报。利润项目应当列入利润表。

1.4.3 会计恒等式

会计要素之间存在一定的平衡关系，这种平衡关系既表现在反映企业财务状况的会计要素之间，也表现在反映企业经营成果的会计要素之间，而且在所有的会计要素之间也存在一种金额的平衡。会计要素之间平衡关系的表现形式就是会计恒等式。

会计恒等式又称会计等式、会计平衡公式，是抽象地反映企业资金运动所引起的资金内部各种因素数量变化的相互平衡关系的一种数量模型。

1. 静态要素之间的会计等式

反映企业财务状况的会计要素叫作静态要素，它们反映的是企业在某一时点或某一特定日期的资产、负债或所有者权益的状况。

静态会计要素之间的平衡关系为：

资产＝负债＋所有者权益

企业开展生产经营活动需要一定的经济资源，这些经济资源首先来源于投资者的投入，当投资者投入的经济资源符合资产的定义时，一方面企业资产会增加，另一方面投资者在企业享有的索取权增加，所有者权益增加；若投资者投入的资金不能满足企业的生产经营所需，企业可能会从债权人处取得部分借款，这一经济业务或事项一方面会导致企业资产的增加，另一方面也增加了企业的现时义务，即增加了企业的负债。所以，不论是投资者投入的还是借入的资金均会导致企业资产的增加，而且资产增加的价值一定等于负债或所有者权益价值的增加。

下面以张彤及其同学创办的张彤数码公司为例进行说明。

例 1－2

张彤及其同学投资 50 000 元创办了张彤数码公司。

该例中，企业收到了投资者张彤及其同学的投资 50 000 元，资产增加 50 000 元，同时张彤及其同学在企业享有的权益也为 50 000 元。因此

资产 50 000 元＝所有者权益 50 000 元

例 1－3

开业一个月之后，为增加产品品种，扩大企业在学校的知名度，张彤从同学处借入 20 000 元资金用于广告宣传、增加商品品种和数量。

此项经济业务导致企业的资产增加了 20 000 元，变为 70 000 元，企业对外的负债也增加了 20 000 元，而投资者张彤等在企业中享有的权益不变，仍为 50 000 元。此时的会计等式变为：

资产 70 000 元＝负债 20 000 元＋所有者权益 50 000 元

上式表明，会计等式之所以成立，是因为资产和权益实际上是同一个事物的两个方面。负债是债权人在企业享有的对企业资产的要求权，通常称为债权人权益；所有者权益是投资者在企业享有的对企业资产的剩余索取权。所有者权益和债权人权益可以合称为权益，表明企业资金的全部来源；资产则是企业全部资金不同的占

用形态。资金来源必然等于资金占用，资产也必然等于权益（债权人权益加所有者权益）。

上述会计等式还可以表述为：

资产 70 000 元－负债 20 000 元＝所有者权益 50 000 元

该等式表明了债权人权益和所有者权益在对企业资产要求权上的区别。如上所述，所有者权益是投资者对企业资产的剩余要求权，全部资产减去负债之后的剩余部分才归投资者所有。所以，投资者承担了企业的终极风险，应该享受企业经营过程中所创造的利润，当然也要相应承担经营过程中形成的亏损。即所有者权益除包括投资者投入的资本之外，还包括企业生产经营过程中形成的利润或亏损。

2. 动态要素之间的会计等式

反映企业经营成果的会计要素叫作动态会计要素，它们反映企业在一定时期内的收入、费用和利润情况。

动态会计要素之间的平衡关系式为：

收入－费用＝利润

企业开展生产经营活动必然会发生一定的耗费或支出，如购买商品的支出、水电费的支出等，这些支出构成企业的费用；同时，企业在销售商品、提供劳务的过程中会形成一定的经济利益流入，这些经济利益的流入在满足收入确认条件时会增加企业的收入；收入会首先用来弥补生产经营过程中的各种支出，若有剩余则形成企业的利润。

另外，企业在非日常活动中也会形成一定的经济利益流入，如在出售固定资产或无形资产的过程中形成的经济利益的净流入，这种经济利益流入叫作利得，也构成企业的利润；当然，如果在出售固定资产或无形资产的过程中形成了经济利益的净流出，则这种经济利益的流出就是损失，损失会减少企业的利润，也是利润的有机构成部分。

例 1－4

张彤数码公司在开业的第一个月共形成了 200 000 元的销售收入，相关的进货成本为 160 000 元，所有购进的货物全部实现了销售，第一个月发生的交通费、电话费、宣传费等共计 10 000 元，假定没有其他支出，暂不考虑流转税因素（以下同）。则第一个月数码专营店的利润为：

利润＝收入 200 000 元－费用 170 000 元（160 000 元＋10 000 元）
＝30 000 元

如上所述，投资者承担企业的终极风险，享受企业经营过程中创造的利润、承担经营过程中形成的亏损。所以，利润是所有者权益的组成部分，期末的所有者权益等于期初的所有者权益加上生产经营过程中创造的利润（亏损为负的利润）。由此，静态要素之间的会计平衡公式和动态要素的会计平衡公式就可以结合为一个会计平衡公式。

3. 全部会计要素之间的会计等式

所有者权益$_{\text{期末}}$＝所有者权益$_{\text{期初}}$＋本期实现的利润，所以，将动态会计要素和静态会计要素结合在一起的会计平衡公式可以表述如下：

资产$_{\text{期末}}$＝负债$_{\text{期末}}$＋（所有者权益$_{\text{期初}}$＋利润）
＝负债$_{\text{期末}}$＋所有者权益$_{\text{期初}}$＋（收入－费用）

整理可得

资产$_{\text{期末}}$＋费用＝负债$_{\text{期末}}$＋所有者权益$_{\text{期初}}$＋收入

例 1－5

假定张彤数码公司在第一个月只发生了例 1－2 至例 1－4 的经济业务，而且销售的商品全部收到现金，进货支出及发生的费用全部用现金支付，则月末企业的资产变为 100 000 元（70 000＋200 000－160 000－10 000），负债依然为 20 000 元，归属于投资者张彤等的权益为 80 000 元（50 000＋30 000），会计等式为：

资产$_{\text{期末}}$ 100 000 元＝负债$_{\text{期末}}$ 20 000 元＋(所有者权益$_{\text{期初}}$ 50 000 元＋利润 30 000 元)
或　　资产$_{\text{期末}}$ 100 000 元＝负债$_{\text{期末}}$ 20 000 元＋所有者权益$_{\text{期末}}$ 80 000 元

会计等式及其反映的经济内容，是建立复式记账的基础，也是处理经济业务、编制会计分录、编报会计报表的依据，因此，会计等式在会计核算中具有举足轻重的地位。

4. 经济业务对会计恒等式的影响

由上可知，经济业务的发生会影响会计要素的变化，从而对会计等式产生影响，且每一项经济业务都会有双重影响，即可能会对不同的会计要素或同一个会计要素内部的不同项目产生影响，这种影响虽然会导致资产总额或权益总额发生变化，或资产和权益的构成项目发生变化，但不会破坏会计等式的平衡性。

例 1－6

张彤数码公司的业务依例 1－1 至例 1－3。本月从批发商处购得 160 000 元的数码产品，款项全部以现金支付。

该笔经济业务导致张彤数码公司的商品增加 160 000 元，但现金减少 160 000 元，企业的资产总额不变，依然是 70 000 元（70 000－160 000＋160 000），资产、负债和所有者权益的平衡关系不变，会计等式依然为：

资产$_{\text{期末}}$ 70 000 元＝负债$_{\text{期末}}$ 20 000 元＋所有者权益$_{\text{期初}}$ 50 000 元

例 1－7

本月张彤数码公司销售商品的收入共计 200 000 元，全部收到现金。

该笔经济业务使企业现金增加200 000元，销售收入也增加200 000元。于是资产总额变为270 000元（70 000＋200 000），负债和所有者权益保持不变，收入为200 000元，会计等式为：

资产$_{\text{期末}}$ 270 000元＝负债$_{\text{期末}}$ 20 000元＋所有者权益$_{\text{期初}}$ 50 000元
＋收入200 000元

例1－8

张彤数码公司第一个月发生的交通费、电话费等共计10 000元，全部用现金支付。

此项经济业务使企业的资产（现金）减少10 000元，费用增加10 000元，其他会计要素保持不变。会计等式变为：

资产$_{\text{期末}}$ 260 000元＋费用10 000元
＝负债$_{\text{期末}}$ 20 000元＋所有者权益$_{\text{期初}}$ 50 000元＋收入200 000元

例1－9

本月张彤数码公司购进的160 000元数码产品全部销售出去，结转其成本。

按照配比原则，在确认200 000元销售收入的当期应当确认与其相关的成本费用——该笔商品的进货成本，于是经营过程中的费用增加160 000元；另外，因为商品已经销售，库存的数码产品减少160 000元。此时的会计等式为：

资产$_{\text{期末}}$ 100 000元＋费用170 000元
＝负债$_{\text{期末}}$ 20 000元＋所有者权益$_{\text{期初}}$ 50 000元＋收入200 000元

整理可得

资产$_{\text{期末}}$ 100 000元＝负债$_{\text{期末}}$ 20 000元＋所有者权益$_{\text{期初}}$ 50 000元
＋（收入200 000元－费用170 000元）
＝负债$_{\text{期末}}$ 20 000元＋所有者权益$_{\text{期初}}$ 50 000元
＋利润30 000元

由于利润归投资者所有，因此上式变为：

资产$_{\text{期末}}$ 100 000元＝负债$_{\text{期末}}$ 20 000元＋所有者权益$_{\text{期末}}$ 80 000元

由以上例题可以看出，经济业务对会计等式的影响有一定的规律可循，要么对会计等式的两边都产生影响，但变化后两边的金额依然相等；要么只对等式的一边产生影响，但变化后总额不变。概括来说，经济业务对会计等式的影响有四大类，分别为：

（1）一项资产或费用增加，另一项资产或费用减少，增减金额相等。

（2）一项权益或收入增加，另一项权益或收入减少，增减金额相等。

（3）资产（或费用）与权益（或收入）同时增加，双方增加金额相等。

（4）资产（或费用）与权益（或收入）同时减少，双方减少金额相等。

经济业务对会计等式的影响还可以用图示的方式表示，如图1－2所示。

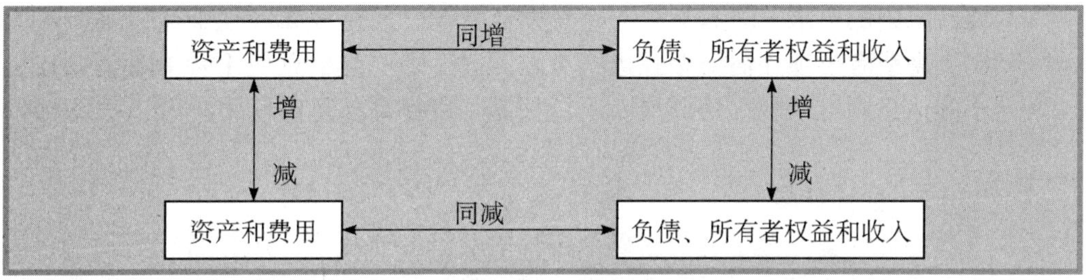

图 1-2 经济业务对会计等式的影响

读者可以自行举出企业经营中可能出现的经济业务，并就其对会计等式的影响进行分析和证明。

1.5 会计核算的程序和方法

会计工作要全面、连续、系统地对会计对象和会计要素进行反映和监督，以正确反映企业的财务状况和经营成果，促使企业提高经济效益，并向投资者等财务信息使用者提供有用的会计信息，就必须遵循一定的核算程序和方法。

1.5.1 会计核算程序

会计核算程序是指会计在加工处理数据并形成最终会计信息的过程中所特有的步骤，包括会计确认、计量、记录与报告等环节。

1. 会计确认

会计确认是把某个项目作为企业的资产、负债、所有者权益、收入、费用或利润等会计要素加以正式记录或列入最终财务报表的过程。会计确认包括两个步骤：第一个步骤体现为将经济业务传递的数据利用文字表述并用金额将其归集入账户之中进行核算；第二个步骤体现为将前述归集并核算的会计信息最终在报表中进行列示。前者称为初次确认，后者称为再次确认。

(1) 初次确认。初次确认发生在经济信息进入会计系统之前，是对输入会计核算系统的原始经济信息进行的确认。实际上是对经济数据能否转化为会计信息并进入核算系统的筛选过程，将那些对企业经济利益产生影响并能够用货币计量的经济业务纳入会计核算系统，不影响企业经济利益或不能用货币计量的经济业务则被排除在会计系统之外。

(2) 再次确认。再次确认是对会计核算系统输出的经过加工的会计信息进行的确认，是在信息加工过程中对信息的提纯加工，是按照报表使用者的需要开展的，发生在企业编制报表前。进入会计系统的经济信息，经过特定会计程序进行加工和处理之后是否均应该在会计报表中进行披露？答案是否定的，因为按照会计信息重要性原则的要求，只有反映与企业财务状况、经营成果和现金流量等有关的所有重要交易或者事项才需要单独进行披露，对于那些与信息使用者决策无关或相关性较小的信息则可以合并披露或者不予披露，以提高信息的使用价值。

2. 会计计量

会计计量是为了将符合确认条件的会计要素登记入账并列报于财务报表及其附注而确定其金额的过程。企业在将符合确认条件的会计要素登记入账并列报于会计报表及其附注（又称财务报告，下同）时，应当按照规定的会计计量属性进行计量，确定其金额。会计计量包括两方面的内容：计量单位和计量基础。

（1）计量单位。计量单位是指计量尺度的量度单位。在实务中，企业往往同时采用不同的计量单位，以对经济业务进行全面反映，满足经营管理的需要。如对于生产用的原材料或库存商品，会计核算既要反映其价值的高低，又要反映其数量的多少，从而同时使用货币量度和实物量度等不同的计量单位。不过，货币是主要的计量单位。

（2）计量基础。计量基础也叫计量属性，反映会计要素金额的确定基础，解决会计处理时用什么样的金额入账的问题。我国会计准则规定了五种计量属性，分别是历史成本、重置成本、可变现净值、现值、公允价值。

1）历史成本。历史成本又称实际成本，是取得或制造某项财产物资时实际支付的现金或其他等价物。在历史成本计量下，资产按照购置时支付的现金或现金等价物的金额，或者购置资产时付出的对价的公允价值计量；负债按照因承担现时义务而实际收到的款项或资产的金额，或者承担现时义务的合同金额，或者日常活动中为偿还负债预期需要支付的现金或现金等价物的金额计量。

2）重置成本。重置成本又称现行成本或现时投入成本，是指按照当前市场条件，重新取得同样的一项资产所需支付的现金或现金等价物金额。在重置成本计量下，资产按照现在购买相同或者相似资产所需支付的现金或现金等价物的金额计量；负债按照现在偿付该项债务所需支付的现金或现金等价物的金额计量。在实务中，重置成本多应用于盘盈固定资产的计量。

3）可变现净值。可变现净值是指在正常生产经营过程中，以预计售价减去进一步加工成本和预计销售费用以及相关税费后的净值。在可变现净值计量下，资产按照其正常对外销售所能收到的现金或者现金等价物的金额扣减该资产至完工时估计将要发生的成本、估计的销售费用以及相关税费后的金额计量。可变现净值通常用于存货资产减值情况下的后续计量。

4）现值。现值是指对未来现金流量以恰当的折现率进行折现后的价值，是考虑货币时间价值的一种计量属性。在现值计量下，资产按照预计从其持续使用和最终处置中产生的未来净现金流入量的折现金额计量；负债按照预计期限内需要偿还的未来净现金流出量的折现金额计量。现值通常用于非流动资产可收回金额的计量。

5）公允价值。公允价值是指市场参与者在计量日发生的有序交易中，出售一项资产所能收到或者转移一项负债所需支付的价格。有序交易是指在计量日前一段时期内相关资产或负债具有惯常市场活动的交易。在公允价值计量下，资产和负债按照市场参与者在计量日发生的有序交易中，出售资产所能收到或者转移负债所需支付的价格计量。公允价值主要用于以公允价值计量且其变动计入当期损益的金融资产、可供出售金融资产的计量。

（3）会计计量的分类。会计计量可分为初次计量和后续计量。初次计量解决会计初次确认时经济信息转化为会计信息的入账价值；后续计量是在资产负债表日对会计要素价值的计量，解决会计要素以什么样的价值计入会计报表的问题。

（4）会计计量模式。计量模式是指针对不同的会计对象，采用不同的计量属性而形成的不同价值。如按照历史成本计量的传统资产，如固定资产、存货等，只有在资产预计发生减值时才计提减值损失，对资产的升值则不予反映；但采用公允价值计量的金融资产，其价值需要按照市价进行计量，无论升值还是减值均要进行反映。由此就形成了两种计量模式：历史成本计量模式和公允价值计量模式。

（5）会计计量的标准。按照我国会计准则的规定，企业在对会计要素进行初始计量时，一般应当采用历史成本，采用重置成本、可变现净值、现值、公允价值计量的，应当保证所确定的会计要素金额能够持续取得并可靠计量。

3. 会计记录

会计记录是对经过确认而进入会计系统的各项数据，通过预先设置好的各种账户，运用一定的文字与金额，按照复式记账的有关要求在预先设定的账簿中进行登记的过程。通过会计记录，可以对价值运动进行详细和具体的描绘与量化，对数据进行初步加工、分类与汇总。只有经过会计记录这个基本程序，会计系统才有可能最终生成有助于各项经济决策的会计信息。

4. 会计报告

会计报告是会计核算工作的结果。企业在日常账簿记录的数据资料的基础上，采用一定的表格形式，概括地、综合地反映各单位在一定时期内经济活动的过程和结果。

会计报告是在会计日常记录的基础上，根据需要和可能进一步对会计信息的加工整理，是企业内外有关单位和人员了解企业经营状况的一种基本途径。会计报告的数量和质量是塑造企业形象、建立互信关系、维护经营秩序、实现可持续发展的重要依托。

会计确认和会计计量是会计核算的核心问题，涉及日常工作中对经济业务的处理，解决了会计工作的政策性问题；会计记录是方法问题，主要根据确认、计量政策考虑会计科目的设置；会计报告则是对整个会计体系确认、计量、记录的结果。

1.5.2 会计处理方法

会计处理方法可以分为会计核算方法和会计管理方法。财务会计主要论述会计核算方法，管理会计主要论述会计管理方法。本书对于会计处理方法的论述主要基于财务会计的角度。

1. 会计核算方法

在会计发展过程中，为实现会计管理的目标，逐渐形成了以下公认的会计核算方法：设置会计科目和账户、复式记账、填制和审核凭证、登记账簿、成本计算、财产清查、账项调整和编制财务报告等。

(1) 设置会计科目和账户。设置会计科目和账户是根据会计对象具体内容和经济管理的要求，事先规定分类核算的项目或标识的一种专门方法。会计对象包含的内容纷繁复杂，在会计核算中必须进行分类反映才能揭示其规律，因此，需要给每类经济活动规定一个统一的名称。这就需要设置不同的会计科目和账户。

(2) 复式记账。复式记账是指对发生的每一笔经济业务，都要以相等的金额同时在两个或两个以上相互联系的账户中进行登记的一种记账方法。按复式记账法的要求，对每项经济业务都要以相等的金额在两个或两个以上相互联系的账户中进行记录，从而形成一定的平衡关系，可据以进行试算平衡，检查账户记录的正确性。另外，采用复式记账法记录各项经济业务，有利于全面、系统地反映各项经济业务之间的联系，反映经济活动的全貌。

(3) 填制和审核凭证。会计凭证是记录经济业务，明确经济责任，按一定格式编制的据以登记会计账簿的书面证明。填制和审核凭证是为会计记录提供完整、真实的原始资料，保证账簿记录正确、完整的方法。任何经济业务的发生都需要通过一定的介质对其进行记录，这就是凭证。填制和审核凭证是保证会计资料真实正确的有效手段。

(4) 登记账簿。会计账簿简称账簿，是由具有一定格式、相互联结的账页组成，以会计凭证为依据，全面、连续、系统地记录各项经济业务的簿籍。登记账簿是会计人员根据审核无误的记账凭证，在账簿上进行全面、连续、系统记录的方法。通过登记账簿可以对凭证中分散的经济业务内容进行分类、汇总，使之系统化，更能满足管理的需要。账簿是编制报表的重要依据。

(5) 成本计算。成本计算是对应计入一定对象的全部费用进行归集、计算，并确定各该对象的总成本和单位成本的会计方法。通过成本计算可以正确地对会计对象进行计价，考核经济活动中的耗费，为正确计算盈亏提供数据资料。

(6) 财产清查。财产清查是指通过对各项财产物资的实地盘点、款项查询和核对，查明其某一时点的实有数额，检查其实存数与账存数是否相符的专门方法。对于财产清查过程中发现的账实不符，应及时调整账簿记录，并查明原因，明确责任，加强管理。所以，财产清查可以保证账面价值与实存数相符，从而确保会计资料的真实正确。

（7）账项调整。账项调整是按照权责发生制要求，对已经入账的资产项目和负债项目以及尚未入账的事项进行调整，以确定应该属于本期的收入和费用的一种专门方法。账项调整是以权责发生制为理论基础，基于持续经营下的会计分期假设，为使企业报告的盈亏更接近实际情况而做的账务处理。如企业年初向银行借入50 000元的3年期借款，利率8%，每年付息、到期还本，则年末时需要计算一年需承担的利息费用4 000元（50 000×8%）

（8）编制财务报告。编制财务报告是利用账簿记录的数据资料，采用一定的表格形式，概括、综合地反映企业在一定时期内经济活动过程和结果的方法。编制财务报告是对日常核算的总结，是对会计核算资料的进一步加工整理。

上述方法相辅相成、密切相关，共同构成完整的会计核算方法体系。设置账户是会计核算的前提和基础，复式记账是凭证编制和账簿记录的理论依据，成本计算、财产清查和账项调整的结果要通过凭证和账簿记录予以反映，财务报告以审核无误的会计账簿为依据进行编制。

2. 会计管理方法

会计管理方法是企业进行会计管理工作所常用的除会计核算方法之外的其他方法，包括会计预测和决策的方法，会计规划和控制的方法，会计分析和评价的方法等。

会计核算程序和会计核算方法相互联系，构成一个完整的会计循环。

1.5.3 会计循环

会计工作从对各项经济业务数据的筛选到信息输出，需要经过一系列的工作步骤和程序，从日常的会计确认、计量与记录，到期末提供财务报告，每一期间的会计工作都按照这个基本程序，采用既定的会计核算方法，有步骤地、连续地、周而复始地进行，形成会计工作程序的循环。会计循环的基本步骤如下。

1. 确认和计量

对经济数据能否转化为会计信息并进入核算系统进行筛选，将那些对企业经济利益产生影响且能够用货币计量的经济业务纳入会计核算系统。

2. 入账

根据审核的原始凭证和具体的经济业务内容，编制会计分录，填制记账凭证或登记日记账，将能够以货币表现的经济业务记录到会计核算体系中。

3. 过账

将已编制的记账凭证或日记账登记到分类账中，以分类核算会计要素。

4. 账项调整

按照权责发生制的会计基础，对分类账户的有关记录进行调整，以正确计算当期损益并准确反映会计期末的财务状况；对应该入账而未入账的经济业务编制调整分录并据以登记入账，以使各账户反映最新情况。

5. 财产清查

会计期末按照有关规定进行财产清查，保证账实相符。

6. 对账

会计期末进行对账，以保证账簿记录所反映的会计资料正确、真实和可靠。

7. 结账

根据一定时期内全部入账的经济业务内容，将各种账簿记录结算清楚，即结算出各账户的本期发生额和期末余额，为编制财务报告提供基础。

8. 试算平衡

根据会计等式的平衡关系，检查、验证会计分录和过账工作有无错误，以确认账簿记录的正确性。

9. 编制财务报告

根据分类账户中有关账户的发生额或期末余额，编制企业的资产负债表、利润表等财务报表，并及时对外报送。

□ 重要名词

会计（accounting）
会计目标（accounting objective）
会计职能（accounting function）
会计假设（accounting assumption）
会计主体（accounting entity）
持续经营（going concern）
会计分期（periodicity assumption）
货币计量（the monetary assumption）
可靠性（reliance）
相关性（relevance）
会计对象（object of accounting）
可比性（consistency）

谨慎性 (conservatism)
会计要素 (accounting element)
资产 (asset)
负债 (liability)
权责发生制 (accrual basis)
会计等式 (accounting equation)
会计核算 (accounting calculation)
会计监督 (accounting control)
损失 (loss)
会计循环 (accounting cycle)
利得 (gain)
利润 (profit)
所有者权益 (equity)
收入 (revenue)
费用 (expense)

□ 自测题*

一、单项选择题(在每小题的四个备选答案中选出一个正确的答案，并将正确的答案填在题中括号内)

1. 会计的基本职能是（　　）。

A. 预测和决策　　B. 控制和考核
C. 核算和监督　　D. 分析和判断

2. 会计对象是基层单位或组织发生的（　　），这种活动具体表现为资金或资本的运动。

A. 全部经济活动　　B. 以货币表现的经济活动
C. 商品运动　　D. 财产物资运动

3. 会计主体是指会计所服务的（　　）。

A. 特定单位　　B. 投资者
C. 债权人　　D. 管理层

4. 凡支出的经济效益与几个会计年度相关的，应作为（　　）。

A. 营业外支出　　B. 收益性支出
C. 资本性支出　　D. 税后利润支出

5. 会计要素是对（　　）的进一步分解和具体化。

---

* 因篇幅所限，各章自测题的答案放在中国人民大学出版社工商管理分社的网站上，读者可登录 www.crup.com.cn 查阅或下载。

A. 会计职能　B. 会计目标　C. 会计对象　D. 会计循环

6. 下列各项中，属于资产类的是（　）。

A. 预收账款　B. 应收账款　C. 应付账款　D. 资本公积

7. 下列各项中，能使所有者权益增加的业务是（　）。

A. 向银行借款　B. 购买原材料

C. 销售产品取得收入　D. 支付产品销售费用

8. 复式记账、试算平衡的基础是（　）。

A. 会计目标　B. 会计要素　C. 会计职能　D. 会计等式

9. 企业以银行存款偿还所欠购货款，属于（　）类型的经济业务。

A. 资产项目之间此增彼减　B. 权益项目之间此增彼减

C. 资产项目和负债项目同增　D. 资产项目和负债项目同减

10. 某厂今年5月销售A产品一批，货款计20 000元，下月才能收回。5月销售B产品一批，货款15 000元已收讫。5月收回上月赊销给荣华公司的A产品货款30 000元。按照权责发生制，该厂今年5月的收入应为（　）元。

A. 65 000　B. 45 000

C. 35 000　D. 50 000

二、多项选择题（每题均有多个正确答案，请从每题的备选答案中选出你认为正确的所有答案填在题中括号内）

1. 会计信息的外部使用者包括（　）。

A. 投资者　B. 债权人

C. 供应商　D. 客户和社会公众

E. 政府

2. 会计的扩展职能包括（　）。

A. 会计预测和决策　B. 会计监督

C. 会计规划和控制　D. 会计分析

E. 会计评价

3. 会计信息的首要质量要求有（　）。

A. 谨慎性　B. 可靠性

C. 相关性　D. 可理解性

E. 可比性

4. 按收入的性质，收入可分为（　）。

A. 主营业务收入　B. 销售商品收入

C. 提供劳务收入　D. 让渡资产使用权收入

E. 其他业务收入

5. 收入的取得会引起（　）。

A. 负债的增加　B. 资产的增加

C. 负债的减少　D. 资产的减少

E. 资产、负债都不变

6. 下列各项中，属于期间费用的有（　　）。

A. 销售费用　　B. 制造费用

C. 财务费用　　D. 管理费用

E. 其他费用

7. 下列支出中，属于资本性支出的有（　　）。

A. 购买办公用品支出　　B. 购买固定资产支出

C. 固定资产日常修理支出　　D. 办公费支出

E. 购买专利权支出

8. 下列经济业务中，能够引起资产和负债同时增加的有（　　）。

A. 向银行借入款项　　B. 销售产品尚未收到货款

C. 购买材料尚未付款　　D. 预收销货款

E. 预付购货款

9. 下列各项中，属于会计核算方法的有（　　）。

A. 复式记账　　B. 登记账簿

C. 成本计算　　D. 财产清查

E. 编制会计报表

10. 下列各项中，属于资产确认条件的有（　　）。

A. 能为企业提供未来经济利益的经济资源

B. 企业拥有或控制

C. 有实物形态

D. 可用货币计量

E. 未来交易可能形成

三、判断题（在下列各括号内填入判断结果，你认为正确的用“√”表示，错误的用“×”表示）

1. 资产包括固定资产和流动资产两部分。（　　）

2. 收入扣除费用成本后即是企业的利润。（　　）

3. 资产、负债与所有者权益的平衡关系反映企业资金运动的静态状态，如考虑收入、费用等动态要素，则资产与权益的平衡关系必然被破坏。（　　）

4. 资金来源必然等于资金的占用，资产也必然等于权益。（　　）

5. 资产必须是企业所拥有的，所有权不属于企业的财产物资，不能作为企业资产。（　　）

6. 法律主体并不必然是会计主体，但会计主体必然是法律主体。（　　）

7. 会计质量谨慎性的特征指不应高估资产或者收益，不应低估负债或者费用。（　　）

8. 所有者权益反映的是企业所有者对企业资产的索取权，在清偿顺序上具有优先清偿权。（　　）

9. 费用的本质是资产的转化形式，是企业资产的耗费。（　　）

10. 向所有者分配的利润会导致经济利益流出，形成费用。（　　）

□ 综合实训

一、目的

检验学习者对于会计等式知识的掌握和应用能力。

二、资料

假定海龙公司20××年7月1日的财务状况及本月发生的交易或事项如下：

（1）7月1日资产200 000元，负债20 000元，所有者权益180 000元。

（2）当月发生如下交易或事项（此处暂不考虑增值税的影响）：

1）投资者追加投资50 000元，已到账；

2）从银行借入临时性经营用资金30 000元，期限为3个月，利率为5%；

3）购入商品80 000元用于销售，货款已通过银行转账支付；

4）将购入的商品全部售出，售价为100 000元，货款已收到；

5）通过银行支付工人工资20 000元；

6）用银行存款偿还前期借款20 000元；

7）将上半年实现利润中的20 000元进行分配，款项尚未支付；

8）将盈余公积8 000元转增资本。

三、要求

（1）根据所给资料，利用表1－2判断交易或事项对会计等式影响的类型，分析每一笔交易或事项影响会计等式的过程及结果。

表1－2

交易或事项	作业要求	会计等式				
		资产 ＋	费用 ＝	负债 ＋	所有者权益 ＋	收入
20××年7月1日余额						
1）	经济业务类型					
	会计要素及方向					
	影响金额					
	等式变动结果					
2）	经济业务类型					
	会计要素及方向					
	影响金额					
	等式变动结果					
3）	经济业务类型					
	会计要素及方向					
	影响金额					
	等式变动结果					

续前表

交易或事项	作业要求	会计等式				
		资产	+ 费用	= 负债	+ 所有者权益	+ 收入
4)	经济业务类型					
	会计要素及方向					
	影响金额					
	等式变动结果					
5)	经济业务类型					
	会计要素及方向					
	影响金额					
	等式变动结果					
6)	经济业务类型					
	会计要素及方向					
	影响金额					
	等式变动结果					
7)	经济业务类型					
	会计要素及方向					
	影响金额					
	等式变动结果					
8)	经济业务类型					
	会计要素及方向					
	影响金额					
	等式变动结果					

(2) 用文字总结出交易或事项影响会计等式的种类，并分析为什么交易或事项的发生不会影响会计等式的平衡关系。

第 2 章 Chapter 2 会计工作准备

学习目标

1. 掌握会计科目和账户的概念与设置，按照经济内容的基本分类。
2. 熟悉会计账户的结构。
3. 了解会计科目的设置原则以及会计科目与账户的关系。

引导案例

张彤数码公司投资、进货以及销售等业务的发生会影响会计要素的哪些具体项目？不同项目要如何进行分类核算和管理？通过本章的学习，你将了解会计科目和账户的概念、设置原则、分类等知识，熟悉进行账务核算和监督前所要做的基础工作。

2.1 会计科目

会计要素是根据交易或事项的经济特征将会计对象进行的基本分类，这种分类可以使会计系统科学严密，为投资者等信息使用者提供更加有用的信息。但仅将会计对象分成六类会计要素进行核算，显得较为笼统，难以体现会计信息的明晰性和层次性，也难以满足经营管理逐级记录、逐级考核和逐级控制的需要，尤其是对资产内部一增一减或负债和权益内部一增一减的经济业务，反映起来不够明确。因此，需要对会计要素做进一步的分类，设置具体的会计科目。

2.1.1 会计科目的含义和设置原则

1. 会计科目的含义

会计科目是指对会计要素的具体内容进行分类核算的项目、标识或名称。每一个会计科目只能反映会计要素的某一类具体内容的经济业务，同理，每一类经济业务只能由一个会计科目进行核算。如根据资产这一会计要素各个组成部分的不同特点，可以将其划分为“库存现金”“银行存款”“其他货币资金”“应收票据”“应收账款”“预付账款”等会计科目，分别反映企业货币资金和不同债权的增减变动及结余情况。而且，每一个会计科目只能核算资产这一会计要素的某些特定内容，如“银行存款”只核算企业存入银行或其他金融机构的各种款项。

会计科目的设置是会计核算和管理的基础。会计科目分类可以反映企业的资金运动情况，会计科目还是组织会计核算、设置会计账户和进行账务处理的依据和手段，所以其设置必须遵循一定的原则。

2. 会计科目的设置原则

会计科目设置不但对会计账户的设置和报表编制有直接的影响，还会对会计核算的质量和会计管理的水平产生一定影响。各单位必须按照《企业会计准则》的规定设置和使用会计科目，并遵循以下原则。

(1) 满足会计信息使用者的需要。会计核算所提供的会计信息是企业进行预测、决策和分析等的依据，也是政府、企业投资者、债权人及其他各方进行决策的依据。不同的信息使用者对企业提供会计信息的要求不同，在设置会计科目时，必须充分考虑各利益相关者对企业财务状况、经营成果和现金流量信息的需求，并根据需要提供数据的详细程度，分设不同级别的会计科目，既满足企业外部使用者的需求，又满足内部管理的需求。首先，会计科目的设置应符合国家宏观经济管理的要求。其次，会计科目的设置应符合企业内部管理的要求。凡是根据管理需要应重点核算的，应设置多个科目予以反映；反之，则可以设置较少的会计科目。如对产品成本的核算，可以根据企业加强成本管理的要求分别车间、产品甚至分别责任中心、作业中心设置会计科目。最后，会计科目的设置应符合投资者、债权人等其他利益相关者的需要。

(2) 全面、系统反映会计对象的内容和特点。企业所处的行业不同，生产经营的性质不同，会对会计核算的具体项目产生很大的影响。如制造企业的主要业务是购买材料、生产和销售产品，因此必须设置核算产品成本的会计科目“生产成本”“制造费用”“库存商品”等；商品流通企业的主营业务是购进和销售商品，一般没有制造业务，不需要设置“生产成本”等科目，而需要设置“库存商品”“商品进销差价”等科目。所以，企业在设置会计科目时，一定要结合所在行业的特点，以及自身的生产经营特点科学合理地进行。

(3) 在适应经济业务发展的同时，保持相对稳定。会计科目的设置应适应经济环境的变化和本单位业务发展的需要，根据会计准则和会计业务的发展进行适当调整。例如，随着政府补助的形式日趋多样化，对政府补助的会计处理需要做出相应的调整。原来的准则规定，所有的政府补助都计入营业外收入，但在实务中，部分补助资金与企业日常经营活动密切相关，不宜计入营业外收入，因此新增加了一个会计科目“其他收益”，用以反映与日常经营活动密切相关的政府补助。但是，为使企业提供的会计信息具有可比性，要求企业会计科目的设置应尽可能保持稳定，不能随意变更会计科目的名称、内容和数量等，以便于会计核算指标在不同期间进行比较和在一定范围内进行汇总核算。

（4）统一性与灵活性相结合。统一性是指在设置会计科目时，在科目的名称和核算内容上，应根据提供会计信息的要求，按照会计准则对一些科目的设置及其核算内容所做的统一规定，尽量做到核算口径一致，相互可比，以利于提供统一口径的会计信息。我国《企业会计准则——应用指南》的附录部分有统一的“会计科目和主要账务处理”的规定，有助于企业会计科目的设置。灵活性是指在保证提供统一核算指标的前提下，各个单位根据自身的实际情况和经济管理要求，灵活地设置一些满足本企业特色和管理要求的会计科目。贯彻统一性与灵活性相结合的原则，可以更好地满足会计信息有用性的要求，但在实际工作中要防止两种倾向：一是防止会计科目过于简化，不能充分满足管理需要；二是防止会计科目过于烦琐，无端加大会计人员核算的工作量。

（5）会计科目名称内容确切，简明实用。会计科目作为对会计要素具体内容进行分类核算的项目、标识或名称，应做到简单明确，以尽可能简练的语言反映经济业务的实质。如设置“银行存款”而不是“存放在银行或其他金融机构的款项”这一会计科目。另外，会计科目的名称应做到字义相符，能够顾名思义，如“库存现金”可以确定地告诉使用者企业资金的存放地点，与其核算的内容完全相符。最后，会计科目的名称应通俗易懂，容易理解，如“无形资产”科目，非常明确地表明了企业拥有或控制的是一类没有实物形态的可辨认非货币性资产。

2.1.2 会计科目的分类

为了在核算中正确地掌握和运用好会计科目，需要根据一定的标准对会计科目进行分类。

1. 会计科目按经济内容分类

会计科目按其经济内容进行分类，也就是按照会计对象的具体内容进行分类。会计科目按经济内容可分为资产类、负债类、所有者权益类、收入类和费用类五类。

将会计科目按经济内容分类，便于了解和掌握会计科目所核算和监督的内容，进而有利于正确运用各会计科目所提供的核算资料。

2. 会计科目按提供指标的详细程度分类

企业生产经营管理所需要的会计核算信息多种多样，既要求内容上的全面性，又要求指标上的层次性。因此，企业必须在按照经济内容对会计科目进行分类的基础上，再按照提供指标的详细程度对会计科目进行分类。会计科目按提供指标的详细程度，可分为总分类科目和明细分类科目。

（1）总分类科目。总分类科目也称总账科目或一级科目，是对会计要素具体内容进行总括分类，用以提供总括核算指标的会计科目。我国《企业会计准则——应用指南》中对企业应设置的总分类科目进行了规范和设定。表 2－1 是制造企业常用的会计科目表。会计科目表由两部分组成，一是会计科目编号，二是会计科目名称。会计科目编号是按照一定的规则编制的，一般由四个数字作为会计科目的号码，每个数字代表不同的含义。

表 2－1　　常用的会计科目表

编号	会计科目名称	编号	会计科目名称
	一、资产类	1601	固定资产
1001	库存现金	1602	累计折旧
1002	银行存款	1603	固定资产减值准备
1101	交易性金融资产	1604	在建工程
1121	应收票据	1605	工程物资
1122	应收账款	1606	固定资产清理
1123	预付账款	1701	无形资产
1131	应收股利	1702	累计摊销
1132	应收利息	1703	无形资产减值准备
1221	其他应收款	1711	商誉
1231	坏账准备	1801	长期待摊费用
1401	材料采购	1811	递延所得税资产
1402	在途物资	1901	待处理财产损溢
1403	原材料		二、负债类
1405	库存商品	2001	短期借款
1406	发出商品	2101	交易性金融负债
1407	商品进销差价	2201	应付票据
1408	委托加工物资	2202	应付账款
1411	周转材料	2203	预收账款
1471	存货跌价准备	2211	应付职工薪酬
1501	债权投资	2221	应交税费
1502	债权投资减值准备	2401	递延收益
1503	其他债权投资	2501	长期借款
1504	其他权益工具投资	2502	应付债券
1511	长期股权投资	2701	长期应付款
1512	长期股权投资减值准备	2702	未确认融资费用
1521	投资性房地产	2801	预计负债
1531	长期应收款	2901	递延所得税负债
1532	未实现融资收益		三、共同类（略）

续前表

编号	会计科目名称	编号	会计科目名称
	四、所有者权益类	6101	公允价值变动损益
4001	实收资本	6111	投资收益
4002	资本公积	6115	资产处置损益
4003	其他综合收益	6117	其他收益
4101	盈余公积	6301	营业外收入
4103	本年利润	6401	主营业务成本
4104	利润分配	6402	其他业务成本
	五、成本类	6403	税金及附加
5001	生产成本	6601	销售费用
5101	制造费用	6602	管理费用
5201	劳务成本	6603	财务费用
5301	研发支出	6701	资产减值损失
	六、损益类	6711	营业外支出
6001	主营业务收入	6801	所得税费用
6051	其他业务收入	6901	以前年度损益调整

设置总分类科目，可以对具有不同特点的各类会计对象进行总体上的核算和监督，直接对某一类会计要素的具体项目进行管理。

(2) 明细分类科目。明细分类科目也叫明细科目，是对总分类科目做进一步分类，反映核算指标详细、具体情况的科目。企业可以在总分类科目下，根据本单位实际情况和经营管理的需要，自行设置明细科目。如对于“生产成本”科目，为详细反映不同产品的成本构成情况，需要按成本构成项目进行明细核算。

在实际工作中，当某一总分类科目下属的明细分类科目较多时，为满足管理的需要，可在总分类科目和明细分类科目之间设置二级或多级科目，二级或多级科目所提供的指标或信息介于总分类科目与明细分类科目之间。例如，对于“生产成本”一级科目来说，可以首先按不同车间设置二级科目，再按产品类别设置三级科目，最后在各三级科目下按成本的构成项目进行明细核算（详见表 2-2）。

表 2-2　　生产成本会计科目按提供指标的详细程度分类

总分类科目（一级科目）	明细分类科目		
	二级科目	三级科目	明细科目
生产成本	炼钢车间	甲产品	直接材料
			直接人工
			制造费用
		乙产品	直接材料
			直接人工
			制造费用
	轧钢车间	丙产品	直接材料
			直接人工
			制造费用

总分类科目、二级科目（三级科目）和明细科目共同对某类会计要素的有关项目进行详细程度不同的分类核算，它们之间的关系是：前者统驭后者，后者从属于前者。

在不设置二级或三级科目的情况下，总分类科目直接统驭明细分类科目。通过设置“应收账款”总分类科目，可以提供企业全部应收账款形成、收回及结余的情况；而按债务人单位或个人设置明细分类科目，则可以提供具体债务人单位或个人的债务形成、偿还及结余的详细信息，提供更为详细的会计核算资料。

需要说明的是，尽管明细分类科目是在某个总分类科目下设置的，但不一定每个总分类科目均需要设置明细分类科目，可由企业根据管理的需要，按总分类科目包括的具体项目名称自行决定。

2.2　会计账户

会计科目的设置解决了对会计要素按具体内容进行分类，从而为会计信息使用者提供科学、详细的分类指标的问题，使会计系统能够将复杂的经济信息转化为有规律的、易识别的会计信息。但会计科目只是一种分类的项目、标识或名称，其本身没有结构，无法对经济业务进行连续、动态的反映，为解决此问题，需引入会计账户的概念。

2.2.1　会计账户的概念和作用

会计账户是依据会计科目开设的，具有一定格式和结构，用来分类、连续地记录和汇总经济业务增减变动情况及其结果的一种记账实体或记账载体。每个账户都反映一定的经济业务内容，有一定的结构，用来核算反映经济业务的增加、减少以及结余情况。例如依据“原材料”会计科目应设置“原材料”账户，用于核算企业库存的各种材料的增加、减少以及会计期末的结存情况。

在会计核算中，账户是分类核算和监督会计对象的重要工具，设置和运用会计账户是会计核算的重要环节，也是运用复式记账的前提，各单位在会计核算工作中必须依据会计科目开设账户。设置会计账户在企业的会计工作中有着重要的意义。会计账户的作用主要表现在以下几个方面。

1. 会计账户可用来核算经济业务

企业通过账户可以记录每笔或每类经济业务引起的资金数量的增减变化及其结果，按会计准则的规定计算资金的取得及使用情况等。

2. 会计账户可用来存储会计信息

账户具有特定的结构，既可以反映资金运动的总括情况，也可以反映详细的情况；既可以反映每一笔经济业务的情况，也可以反映一定时期内全部经济业务的情况，从而存储了企业大量的会计信息。

3. 会计账户可以用来提供信息

用来开设会计账户的账簿是编制报表的依据，也是向利益相关者提供信息最主要的手段；会计人员可随时根据账户记录的内容，将其加工成各种有用的会计信息，保证会计信息的及时性。

4. 科学合理地设置账户可以压缩信息数量，确保会计信息质量

人们从经济活动中捕捉到的数据往往是零散的、单个的、缺乏有机联系的，不能反映价值运动之间的有机联系。通过设置会计账户，可以将相同的经济业务在同一个账户中分类、连续、系统地进行记录，使会计信息根据类别形成在本质上既有联系又有区别的信息群，减少会计信息的数量。这种有序的会计信息能够将企业价值运动的内在联系反映出来，在一定程度上提高了会计信息的质量。

2.2.2 会计账户的结构

为了连续、系统地记载会计科目的具体内容，会计账户必须具有一定的格式和结构，以反映会计科目内容的增减变动和结余情况。

1. 会计账户的结构

目前会计账户的基本结构有两种表示方式，一种是T形账户形式，另一种是开字账户形式。

（1）T形账户。就一个具体的会计主体来看，经济业务数量较多、种类复杂，对会计要素的影响也不尽相同。但是，任何一项经济业务的发生，对会计要素的影响无非是增加或减少两种，会计账户为反映这种变化，需要至少由两方构成，其中一方反映会计要素的增加，另一方反映会计要素的减少，由此形成了账户的基本结构。

账户的基本结构包括账户的名称和账户的方向。账户的名称表明了账户的性质，同时也限定了账户记录的经济业务内容；账户的方向规定了账户记录经济业务内容的位置。不管采用何种记账方法，也不管是什么性质的账户，都必须提供经济业务的数量变化情况。因此，账户规定了左右两个方向，用其中一个方向记录经济业务内容的增加金额，另一个方向记录经济业务内容的减少金额，这就形成了T形账户，如图2-1所示。

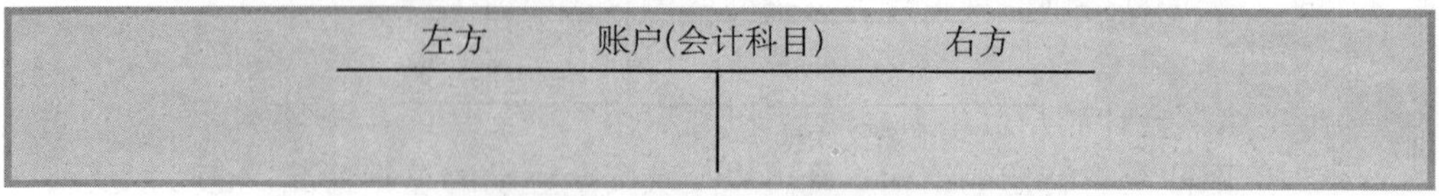

图2-1 T形账户的基本结构

至于账户左右两方的名称，以及具体的账户方向，则取决于以下两个因素：一是账户所反映的经济内容，即账户所反映的会计要素的具体内容；二是在实际工作中所采用的记账方法。

（2）开字账户。在实际工作中使用的账户结构要相对复杂一些，除以上的基本内容外，还包括一些辅助内容，登记反映经济业务和账簿记录的其他详细情况，包括日期、凭证编号、摘要和余额等。以借贷记账法下三栏式账簿为例，开字账户的基本结构如表 2-3 所示。

表 2-3　　开字账户的基本结构

年		凭证		摘要	借方金额	贷方金额	借或贷	余额
月	日	字	号					

2. 会计账户的核算要素

一个会计账户的核算内容分为四个要素：期初余额、本期增加发生额、本期减少发生额、期末余额。

会计账户的左右两方分别用来登记增加数或减少数，本期增加的金额称为本期增加发生额，本期减少的金额称为本期减少发生额，增减相抵后的差额称为余额。一个会计期间开始时记录的余额称为期初余额，结束时记录的余额称为期末余额，本期的期末余额即为下期的期初余额。

会计账户中记录的四个要素之间的关系如下：

期末余额＝期初余额＋本期增加发生额－本期减少发生额

下面通过一个具体实例说明账户结构及其核算要素的内容。

例 2-1

假设 A 公司“原材料”账户 20××年 3 月的记录如图 2-2 所示。

左方	原材料		右方
期初余额	10 000		
本期发生额（本期增加额）	5 000	本期发生额（本期减少额）	8 000
期末余额	7 000		

图 2-2　账户记录

根据图 2-2 的账户记录可知，A 公司 20××年 3 月期初的原材料库存为 10 000 元，由于材料入库导致原材料增加了 5 000 元，本月共发出原材料 8 000 元，因此，到 3 月末“原材料”账户结余 7 000 元。这就意味着 4 月初“原材料”账户的期初余额为 7 000 元。

2.2.3 会计账户和科目的区别和联系

会计科目和会计账户是两个既有区别又相互联系的概念。会计科目的名称、内容和性质决定着会计账户的名称、内容和性质，二者之间的联系表现在以下三个方面：首先，会计科目和会计账户都分门别类地反映会计要素的具体内容，即两者反映的经济内容一致。其次，会计账户需要根据会计科目开设，会计科目是会计账户的名称。最后，两者的分类与核算方法相同。会计科目的分类与会计账户的分类相同，即某个科目所属类别与账户所属类别一致，它们的核算方法也相同。如“银行存款”科目和“银行存款”账户均反映企业存入银行或其他金融机构的各种款项，二者反映的经济内容一致；“银行存款”账户的名称即“银行存款”科目；“银行存款”科目属于资产类的会计科目，“银行存款”账户也属于资产类的会计账户，“银行存款”科目规定的企业银行存款的核算方法也是“银行存款”账户对企业存入银行或其他金融机构的各种款项的核算方法。

会计科目和会计账户的区别主要表现在以下两个方面：首先，二者的特征不同。会计科目只表明某项会计要素的具体内容，无法提供核算数据，而会计账户不仅表明相同的内容，还具有一定的结构、格式，可以对会计要素进行连续、系统的记录，以反映某项经济业务内容的增减变化及其结果，为经济管理提供量化的核算资料。其次，二者的作用不同。会计科目主要是为开设账户、填制记账凭证所用，而会计账户主要是系统地提供某一具体会计对象的核算资料，为编制会计报表和经营管理所用。但在实际工作中，对会计科目和会计账户这两个概念不加严格区分，二者往往通用。

2.2.4 会计账户的分类

会计账户是对经济业务分类记录的“门户”，每一个账户都有其特定的核算内容，只能对特定经济业务进行核算，也只能从某一个侧面反映会计要素的变化过程及其结果。但如上所述，会计要素的具体内容很多，为全面、连续、系统地对会计要素的增减变化情况进行反映，企业对经济业务的核算就必须设置很多不同的账户。这些账户之间既有区别又有联系，共同构成一个完整的会计账户体系。为掌握各类账户在提供会计信息方面的规律性，探讨账户之间的内在联系，更好地了解和运用账户，应对账户进行科学的分类。

1. 会计账户按经济内容分类

会计账户按经济内容分类，也叫账户按会计要素分类，是账户的基本分类。账户的经济内容是账户所反映和监督的会计要素的具体内容，各账户之间的根本差别就在于其所反映的经济业务内容不同。由于账户是根据会计科目开设的，会计科目的内容就是账户的内容，账户按经济内容分类的结果应该与会计科目按经济内容分类的结果相同，都是五类：资产类账户、负债类账户、所有者权益类账户、收入类账户和费用类账户。

（1）资产类账户。资产类账户是反映企业资产的增减变动及其余额的账户。资产类账户按流动性的不同可分为反映流动资产的账户和反映非流动资产的账户两类。反映流动资产的账户主要包括“库存现金”“银行存款”“应收票据”“应收账款”“预付账款”“在途物资”“原材料”“库存商品”“其他应收款”等；反映非流动资产的账户主要包括投资类、固定资产类、无形资产类、长期债权类等类别，如投资类的“持有至到期投资”“长期股权投资”等账户，固定资产类的“固定资产”“累计折旧”“在建工程”“工程物资”“固定资产清理”等账户，无形资产类的“无形资产”“累计摊销”等账户，长期债权类的“长期应收款”等账户。

（2）负债类账户。负债类账户是反映企业负债的增减变动及结存情况的账户，对涉及负债变化的经济业务的影响进行分类计算和反映。负债类账户按照负债的还款期不同可分为流动负债类和非流动负债类两类。流动负债类账户包括“短期借款”“应付票据”“应付账款”“预收账款”“应付职工薪酬”“应交税费”“其他应付款”等；非流动负债类账户包括“长期借款”“应付债券”“长期应付款”“预计负债”等。

（3）所有者权益类账户。所有者权益类账户是反映企业所有者权益的增减变动及结存情况的账户，对涉及所有者权益变化的经济业务的影响进行分类计算和反映。按照所有者权益的来源和构成，又可以分为反映投资者投入资本的账户、反映留存收益的账户、反映企业利润实现和分配情况的账户以及反映所有者权益其他来源的账户。反映投资者投入资本的主要有“实收资本”和“资本公积”账户；反映留存收益的主要包括“盈余公积”和“未分配利润”账户；反映利润实现情况的主要有“本年利润”账户等；反映利润分配的主要有“利润分配”账户等；反映所有者权益其他来源的主要有“其他综合收益”账户（核算直接计入所有者权益的利得和损失等）。

（4）收入类账户。收入类账户是反映企业生产经营过程中取得各种营业收入情况的账户。这里的收入是广义的收入，既包括会计准则中定义的收入，也包括企业在生产或商业上的其他经济利益流入。按照收入与生产经营活动的关系，将其分为营业收入类账户和非营业收入类账户。营业收入类账户包括“主营业务收入”“其他业务收入”“其他收益”等；非营业收入类账户主要有“营业外收入”等。

（5）费用类账户。费用类账户是反映企业生产经营过程中发生的各种耗费情况的账户。这里的费用是广义的费用，既包括会计准则中定义的费用，也包括企业在其他经济业务中的其他花费。按照费用与企业的生产经营活动是否相关，可以将费用类会计账户划分为营业费用类账户和非营业费用类账户。营业费用类账户主要有“主营业务成本”“其他业务成本”“税金及附加”“管理费用”“销售费用”“财务费用”“所得税费用”等；非营业费用类账户主要有“营业外支出”等。

一般企业按经济业务内容对账户进行具体分类的结果如图 2－3 所示。

- 会计账户
  - 反映资金运动的静态账户
    - 资产类账户
      - 流动资产类账户
        - 货币资金
        - 交易性金融资产
        - 应收票据
        - 应收账款
        - 预付账款
        - 应收利息
        - 应收股利
        - 其他应收款
        - 存货
        - 一年内到期的非流动资产
        - 其他流动资产
      - 非流动资产类账户
        - 债权投资
        - 其他债权投资
        - 其他权益工具投资
        - 长期股权投资
        - 长期应收款
        - 投资性房地产
        - 固定资产
        - 累计折旧
        - 在建工程
        - 工程物资
        - 无形资产
        - 长期待摊费用
        - 递延所得税资产
        - 其他非流动资产
    - 负债类账户
      - 流动负债类账户
        - 短期借款
        - 交易性金融负债
        - 应付票据
        - 应付账款
        - 预收账款
        - 应付职工薪酬
        - 应交税费
        - 应付利息
        - 应付股利
        - 其他应付款
        - 一年内到期的非流动负债
        - 其他流动负债
      - 非流动负债类账户
        - 长期借款
        - 应付债券
        - 长期应付款
        - 专项应付款
        - 预计负债
        - 递延所得税负债
        - 其他非流动负债
    - 所有者权益类账户
      - 反映投资者投入资本的账户——实收资本、资本公积
      - 反映留存收益的账户——盈余公积、未分配利润
      - 反映利润实现情况的账户——本年利润
      - 反映利润分配情况的账户——利润分配
      - 反映所有者权益其他来源的账户——**其他综合收益**
  - 反映资金运动的动态账户
    - 收入类账户
      - 反映营业收入的账户
        - 主营业务收入
        - 其他业务收入
        - 其他收益
        - 公允价值变动损益
      - 反映非营业收入的账户——营业外收入
    - **损益类账户**
      - **投资收益**
      - **公允价值变动损益**
      - **资产处置损益**
    - 费用类账户
      - 反映营业费用的账户
        - 主营业务成本
        - 其他业务成本
        - 税金及附加
        - 销售费用
        - 管理费用
        - 财务费用
        - 资产减值损失
        - 所得税费用
      - 反映非营业费用的账户——营业外支出

图 2-3 按经济内容分类的账户体系

会计账户按经济内容分类对需要说明以下三点：

第一，会计对象尽管分为六大会计要素，但会计账户按照会计要素或经济内容的分类只有五大类，并未设置利润类账户，而将其并入所有者权益类账户。其原因是：收入类账户反映企业各类收入的形成，费用类账户反映生产经营过程中各种成本费用的发生，在会计期末，需将两类账户的发生额进行结转，形成一定会计期间的利润。利润经过分配，除分配给投资者的利润要退出企业外，按规定计提的盈余公积和留存在企业的未分配利润，最终都转化为所有者权益。

第二，"生产成本"和"制造费用"两个账户，专门用来反映工业企业产品生产过程中发生的耗费，并据以计算产品的制造成本。由于产品生产过程中发生的耗费，期末通过成本计算分别形成在产品成本与产成品成本，而在产品、产成品属于企业的存货资产，因此，按照经济内容的分类，这两个会计账户应归入资产类会计账户。

第三，"公允价值损益""投资收益""资产处置损益"这三个账户，是分别用来反映公允价值变动形成的且须计入当期利润的利得或损失、投资形成的损益和持有待售资产、固定资产、无形资产等处置利得或损失的账户，既可能形成收入，又可能形成损失，因此属于双重属性的账户。当公允价值变动形成且须计入当期利润的利得、投资过程产生投资收益或资产处置过程中产生利得时，上述账户属于收入类账户；当公允价值变动形成且须计入当期利润的损失、投资过程产生投资损失或资产处置过程中产生损失时，上述账户属于费用类账户。因此，如同会计科目表中的分类一样，这三个账户可以统称为损益类账户或收入费用类账户。

2. 会计账户按提供指标的详细程度分类

会计账户按提供指标的详细程度可分为总分类账户和明细分类账户。

(1) 总分类账户。总分类账户也称一级账户，是按照总分类科目设置，只以货币作为计量单位，提供总括核算指标的账户。如根据"原材料"科目开设"原材料"总分类账户对企业库存原材料的增减变化情况进行总括反映。但当企业的原材料品种较多时，仅仅进行总分类核算就不能满足经济管理的要求，而需要进行明细核算，设置明细分类账户。

(2) 明细分类账户。明细分类账户是按照明细科目设置的对企业经济业务的具体内容进行明细核算，提供详细核算资料的账户。明细分类账户是在明细分类账簿中按照二级或三级科目等开设的账户，它提供的是企业某一经济业务具体内容的明细核算指标。除可以用货币计量，还可以用实物量度（件、千克、吨等）进行辅助计量。下面以"原材料"账户为例，说明账户按提供指标详细程度的分类，如表 2-4 所示。

表2-4　　账户按提供指标详细程度的分类

<table>
<tr><th rowspan="2">总分类账户</th><th colspan="2">明细分类账户</th></tr>
<tr><th>二级账户</th><th>明细账户</th></tr>
<tr><td rowspan="3">原材料</td><td>原料及主要材料</td><td>铁矿石
废钢
生铁</td></tr>
<tr><td>辅助材料</td><td>耐火材料
增碳剂
浇注料</td></tr>
<tr><td>燃料</td><td>焦炭
烟煤
精粉</td></tr>
</table>

明细分类账户提供的明细核算指标主要是满足企业内部经营管理的需要，因此，明细分类账户由企业根据经营管理的需要和经济业务的内容自行设置。

总分类账户与明细分类账户之间是一种统驭与被统驭的关系，二者既有区别又存在一定的内在联系。二者反映的内容相同，都是企业发生的能以货币计量的经济业务；二者结合起来能够概括而详细地反映同一经济业务的核算内容。但是，二者的作用不同，总分类账户提供的是总括信息，明细分类账户提供的是详细的信息；二者的计量单位也不同，总分类账户采用的均是货币指标，明细分类账户既可采用货币指标也可采用实物量或劳动量指标。

3. 会计账户按用途和结构分类

会计账户的用途，是指通过账户的记录能够提供哪些核算指标，即设置和运用账户的目的。会计账户的结构，是指在账户中如何记录经济业务从而获得各种必要的核算指标，也即账户的左右两方各核算什么内容，期末余额的方向及其说明的问题等。账户按用途和结构可以分为盘存类、结算类、集合分配类、成本计算类、跨期摊配类、损益计算类、资本类、财务成果类和调整类等。

盘存类账户是反映和监督各项财产物资和货币资金增减变动及其结存情况的账户。属于盘存类账户的有“库存现金”“银行存款”“原材料”“库存商品”“固定资产”等。

结算类账户是用来反映和监督企业与其他单位和个人之间债权债务结算情况的账户。结算类账户按其用途和结构，可分为债权结算账户、债务结算账户和债权债务结算账户三类。属于债权结算账户的有“应收票据”“应收账款”“预付账款”“其他应收款”等；属于债务结算账户的有“应付票据”“应付账款”“预收账款”“其他应付款”“短期借款”“应付职工薪酬”“应交税费”“应付股利”“应付债券”“长期借款”“长期应付款”等。如果企业不单独设置“预收账款”账户，而且“应收账款”账户同时核算企业应收账款和预收账款的增减变动情况和结果，这时的“应收账款”账户就是一个债权债务结算账户；同理，如果企业不单独设置“预付账款”账户，而用“应付账款”账户同时核算企业应付账款和预付账款的增减变动情况和结果，则此时的“应付账款”账户也是一个债权债务结算账户；在借贷记账法下，可以将“其他应收款”账户和“其他应付款”账户合并，设置一个“其他往来”账户，用来核算其他应收款和其他应付款的增减变动情况和结果，此时的“其他往来”账户也是一个债权债务结算账户。

集合分配类账户用来归集和分配企业生产经营过程中某个阶段所发生的某种费用的账户。属于集合分配类账户的有“制造费用”。

成本计算类账户是用来核算和监督经营过程中某一阶段的全部费用并直接确定各成本计算对象实际成本的账户。属于成本计算类账户的有“在途物资”“生产成本”“在建工程”等。

跨期摊配类账户是用来核算和监督应由几个会计期间共同负担的费用，并将这些费用在各个会计期间进行分摊的账户。属于跨期摊配类账户的有“长期待摊费用”。

损益计算类账户是用来归集企业生产经营过程中某个会计期间的收入和费用的账户。收入类账户和费用类账户属于损益计算类账户。

资本类账户是用来核算和监督企业取得资本和资本退出以及其实有数的账户。属于资本类账户的有“实收资本（或股本）”“资本公积”“盈余公积”“利润分配”等。

财务成果类账户是用来计算并确定企业在一定时期内全部经营活动最终成果的账户。属于财务成果类账户的主要是“本年利润”。

调整账户是为了便于计算被调整账户余额而开设的账户。被调整账户反映某项经济活动的原始数据，调整账户反映被调整账户的金额变动。按照调整的方式不同，调整类账户可分为备抵账户、附加账户和备抵附加账户。备抵账户是用来冲减被调整账户余额的账户，属于备抵账户的有“坏账准备”“存货跌价准备”“累计折旧”“累计摊销”“利润分配”等；附加账户是用来增加被调整账户余额的账户，实务中很少设置纯粹的附加账户；备抵附加账户是既可以用来抵减被调整账户余额，又可以用来增加被调整账户余额，具有双重属性的账户，属于备抵附加账户的有“材料成本差异”和“商品进销差价”。

4. 会计账户按反映会计报表的内容分类

会计报表的各项指标一般根据账户数额填列，账户与会计报表之间有着密切的联系。因此，会计账户按反映会计报表的内容不同可分为资产负债表账户、利润表账户两大类。

资产负债表账户期末一般都有余额，又称实账户，是据以编制资产负债表、反映企业某一时点财务状况的账户。资产类、负债类、所有者权益类账户属于资产负债表账户。这类账户一般都有期末余额，表示企业资产、负债和所有者权益的实存数额。

收入类和费用类账户是反映企业经营成果的账户，是利润表账户，期末经过结转一般没有余额，因此也称虚账户，它们的发生额是编制利润表的主要依据。

研究会计账户按期末余额分类的目的，在于把握账户期末余额代表的内容及期末结转的规律性，以便正确地组织会计核算。

重要名词

会计科目（accounting item）
会计账户（account）
总分类账户（general ledger account）
明细分类账户（subsidiary ledger account）

自测题

一、单项选择题（在每小题的四个备选答案中选出一个正确的答案，并将正确的答案填在题中括号内）

1. 会计科目是（　　）。
A. 账户的名称　　B. 账簿的名称
C. 报表项目的名称　　D. 会计要素的名称

2. 会计科目是对（　　）分类所形成的项目。
A. 会计对象　　B. 会计要素　　C. 会计方法　　D. 会计账户

3. 最基本、最主要的一种账户分类方法是（　　）。
A. 按账户的用途和结构分类
B. 按账户所提供会计核算指标的详细程度分类
C. 按账户所反映的经济内容分类
D. 按账户与会计报表的关系分类

4. 会计账户的设置依据是（　　）。
A. 会计对象　　B. 会计要素
C. 会计科目　　D. 会计方法

5. 开设明细分类账户的依据是（　　）。
A. 总分类科目　　B. 明细分类科目
C. 试算平衡表　　D. 会计恒等式

6. 存在对应关系的账户称为（　　）。
A. 一级账户　　B. 明细账户
C. 对应账户　　D. 总分类账户

7. 虚账户是指期末无余额的账户，下列账户中属于虚账户的是（　　）。
A. 利润分配　　B. 应付账款
C. 销售费用　　D. 固定资产清理

8. 下列账户中属于实账户的是（　　）。

A. 销售费用　　B. 主营业务收入

C. 利润分配　　D. 税金及附加

9. “原材料”账户初期余额为 5 000 元，本期借方发生额为 6 000 元，贷方发生额为 4 000 元，则期末余额为（　　）。

A. 借方 5 000 元　　B. 贷方 3 000 元

C. 借方 7 000 元　　D. 贷方 2 000 元

10. 账户余额一般与其（　　）在同一方向。

A. 增加额　　B. 减少额

C. 借方发生额　　D. 贷方发生额

二、多项选择题（每题均有多个正确答案，请从每题的备选答案中选出你认为正确的所有答案填在题中括号内）

1. 设置会计科目应遵循的原则有（　　）。

A. 满足会计信息使用者的需要

B. 全面、系统反映会计对象的内容和特点

C. 要做到统一性与灵活性相结合

D. 要保持相对稳定

E. 会计科目名称内容确切，简明实用

2. 下列会计科目中属于债权类科目的有（　　）。

A. 预付账款　　B. 销售费用

C. 预收账款　　D. 盈余公积

E. 应收账款

3. 明细分类科目（　　）。

A. 也称一级会计科目　　B. 是进行明细分类核算的依据

C. 是进行总分类核算的依据　　D. 提供更加详细具体的指标

E. 是对总分类科目核算内容详细分类的科目

4. 会计账户的基本结构有（　　）。

A. T 形账户　　B. 开字账户

C. 三栏式账户　　D. 多栏式账户

E. 借贷式账户

5. 账户中的各项金额包括（　　）。

A. 期初余额　　B. 本期增加额

C. 本期减少额　　D. 期末余额

E. 本期发生额

6. 在借贷记账法下，属于资产类账户的有（　　）。

A. 银行存款　　B. 制造费用

C. 实收资本　　D. 累计折旧

E. 长期投资

7. 下列关于会计账户与会计科目的描述中，正确的有（　　）。

A. 两者分类的口径不同

B. 两者的作用不同

C. 会计账户是会计核算方法，会计科目则不是

D. 会计科目和账户反映的经济内容不同

E. 会计科目和会计账户相互独立

8. 月末结转后无余额的账户有（　　）账户。

A. 主营业务收入　　B. 主营业务成本

C. 累计折旧　　D. 财务费用

E. 营业外支出

9. 设置账户的作用有（　　）。

A. 对会计要素进行分类核算　　B. 存储会计信息

C. 提供会计信息　　D. 压缩信息数量

E. 提高信息质量

10. 账户按用途和结构的分类包括（　　）。

A. 盘存类　　B. 结算类

C. 资产类　　D. 成本计算类

E. 负债类

三、判断题（在下列各括号内填入判断结果，你认为正确的用“√”表示，错误的用“×”表示）

1. 一项会计要素可由多个会计科目来反映。（　　）

2. 会计账户按经济内容分为资产类、负债类、所有者权益类、收入类、费用类和利润类六大类。（　　）

3. “利润分配”属于所有者权益类账户。（　　）

4. “制造费用”属于费用类账户。（　　）

5. 虚账户期末没有余额，但其仍有经济意义。（　　）

6. 在所有的账户中，左方均登记增加额，右方均登记减少额。（　　）

7. 一般情况下，实账户的余额与增加额在同一方向。（　　）

8. “累计折旧”账户属于负债类账户。（　　）

9. 账户是会计科目的名称，会计科目是根据账户开设的。（　　）

10. 某单位所有总分类账户余额之和，应该等于该单位所有明细分类账户余额之和。（　　）

□ 综合实训

一、目的

练习会计科目及账户的设置及账户的分类。

二、资料

某产品生产企业发生如下经济业务，如表 2-5 所示。

三、要求

试根据发生的经济业务写出相应的会计科目，并给出其按照经济内容、用途结构和实/虚账户的分类结果。

表 2-5　　某产品生产企业发生的经济业务

经济业务	会计科目	按经济内容分类	按用途结构分类	按实/虚账户分类
生产用原材料				
周转用材料				
加工中的在产品				
完工产品				
已销售产品的成本				
机器设备				
办公楼				
出纳保管的现金				
存放在银行的款项				
赊销商品的货款				
应付给购货方的款项				
购买的专利权				
从银行借入的 6 月期限借款				
管理部门发生的水电费				
发生的广告费				
销售商品获得的收入				
投资者投入的资本				
税后利润中提取的公积金				

第3章 Chapter 3 经济业务记录

学习目标

1. 掌握复式记账法和借贷记账法的含义，以及借贷记账法下的账户结构；掌握会计凭证和会计账簿的含义及分类，掌握错账更正的方法；掌握各种账务处理程序的特点及其根本区别。

2. 熟悉会计分录和试算平衡表的编制；熟悉凭证的填制和审核，以及账簿的登记；熟悉汇总记账凭证和科目汇总表的编制方法。

3. 了解会计凭证的基本内容、传递与保管，以及会计账簿的设置；了解各种账务处理程序的优缺点。

引导案例

张彤数码公司发生的业务在核算时应采用什么方法进行？对不同业务进行核算需要设置哪些会计科目和账户？经济业务对不同会计要素的影响如何？当张彤数码公司发生经济业务时，应该将相应的会计信息记录在什么载体上？这些用于记录会计信息的载体有哪些内容和特点，记录时有什么要求，该如何传递和保管？对于记录过程中发生的错误事项又将如何处理？张彤数码公司在会计核算时都可以采用什么样的处理程序，这些处理程序各有什么优缺点，又分别适用于哪些类型的企业？本章以制造企业为例对会计核算方法进行讲解，阐述经济业务记录的载体——会计凭证和会计账簿，探讨不同类型的会计账务处理程序，对上述疑问进行解答。

3.1 复式记账原理

企业发生的经济业务需要在账户中进行登记。设置账户仅仅为记账提供了载体，采用什么方法登记、如何记账才能保证账户记录的清晰与正确，则属于记账方法问题。复式记账是相对于单式记账而言的一种方法，是目前世界各国通用的记账方法。

3.1.1　记账方法概述

记账方法是在账户中登记经济业务所采用的方法。在会计的发展进程中，记账方法经历了一个从单式记账到复式记账的发展过程。

1. 单式记账法

单式记账法是对发生的经济业务，只在一个账户中进行登记的方法。其主要特点是：通常只对库存现金、银行存款的收付及应收、应付等往来款项业务在账户中登记，对实物的收付及费用的发生情况一般不做记录。例如，对用银行存款 2 000 元购买原材料的业务，只在银行存款账户中登记减少 2 000 元，而不登记原材料的增加；如果购买原材料时未支付货款，也只在应付账款中登记增加 2 000 元债务，而不登记材料增加。尽管在单式记账法的后期，已开始对原材料等实物的增减做些记录，但这种记录并不与其所对应的库存现金、银行存款以及应收、应付等账户相联系。因此，在单式记账法下，账户的记录不完整，无法反映经济业务的来龙去脉；账户之间没有相互平衡的概念，难以获得全面、完整的信息，也不便于检查账户记录的正确性。单式记账法是一种比较简单、不够严密的记账方法，它只能提供小规模生产所需要的简单信息，但这些信息无法组成一个科学的信息系统，难以适应大规模生产的需要。正是在这种背景下，复式记账法应运而生。

2. 复式记账法

复式记账法是指对发生的每一笔经济业务，都要以相等的金额同时在两个或两个以上相互联系的账户中进行登记的一种记账方法。与单式记账法相比，复式记账法具有如下特点：第一，对于任何一笔经济业务均要在两个或两个以上相互联系的账户中进行登记，因此，可以根据账户的记录结果了解经济业务的来龙去脉，通过会计要素的增减变化，全面系统地了解经济活动的过程和结果。如对于用银行存款购买材料的业务，既要在“银行存款”账户中记录银行存款的减少，也要同时在“原材料”账户中记录原材料的增加；对于购买材料而尚未付款的业务，则既要在“应付账款”账户中记录应付账款的增加，也要同时记录一笔原材料的增加，从而使不同账户因经济业务而联系起来，成为有对应关系的账户，通过对对应账户的变化分析，可以了解经济业务的全貌。第二，因为任何一项经济业务均要以相等的金额在两个或两个以上的对应账户进行记录，所以各账户之间存在一种数字的平衡关系，可以进行试算平衡，检查账户记录的正确性。

3. 复式记账法的理论依据

会计等式是将会计对象的具体内容及会计要素之间的相互关系，运用数学公式的原理进行描述而形成的。它是客观存在的必然现象，同时也是资金运动的内在规律。会计等式为会计科目和账户的设置提供了基础，也为复式记账法提供了理论上的依据。

由经济业务对会计等式的影响可知，任何一项经济业务的发生，都会引起资产、负债和所有者权益等会计要素及其具体项目的增减变动。有些经济业务会引起会计等式两边的会计要素有关项目发生增减变动，或同时增加，或同时减少；有些经济业务只引起会计等式一边的有关项目此增彼减。然而，无论发生什么经济业务，均不会影响会计等式的平衡关系，所以，会计等式才叫会计恒等式。由于每项经济业务的发生至少涉及两个方面，这两个方面可以用相对应的两个账户表示；加之变化的金额相等，以此为依据，对所发生的每项经济业务以相等的金额、同时在两个或两个以上相互联系的账户中进行登记，就形成了复式记账。

复式记账法体现了基本会计等式的平衡原理，或者说它是以基本会计等式为依据设计的一种记账方法。它从基本会计等式的平衡关系开始，中间增减变动可能千变万化，但最终仍以基本会计等式的平衡结束。这就是通常所说的复式记账原理。

4. 复式记账法的种类

在我国的会计实务中，采用过增减记账法、收付记账法和借贷记账法三种方法。

增减记账法是以“增”和“减”为记账符号来反映经济活动和财务变化的一种复式记账方法。它是我国特有的一种记账方法，是20世纪60年代我国商业系统在改革记账方法时设计的一种记账方法，90年代以前在我国商业企业和其他部门的企业中广为采用。

收付记账法是以“收”和“付”为记账符号来反映经济活动和财务变化的一种复式记账方法。收付记账法分为现金收付记账法（我国金融企业曾采用）、资金收付记账法（我国行政事业单位曾采用）和财产收付记账法三种。

尽管增减记账法和收付记账法曾在我国的商业企业、金融企业和行政事业单位广泛应用，但这两种复式记账方法在记账规则、试算平衡方面，都不及借贷记账法科学、严谨。借贷记账法是世界各国普遍采用的一种复式记账方法，它于清朝末年从日本传入我国，曾在铁路、银行及工业等企业广泛使用。为适应改革开放的需要，并与国际会计接轨，我国财政部在1993年7月1日开始实施的《企业会计准则》中规定，会计记账应采用借贷记账法。1998年预算会计改革后，在《事业单位会计准则》《行政单位会计制度》《政府会计制度》中也明确规定上述单位“采用借贷记账法”。至此，借贷记账法成为我国各企事业单位采用的唯一记账方法。

3.1.2 借贷记账法

借贷记账法出现以前，会计核算采用的是单式记账法。鉴于单式记账法的固有缺陷，借贷记账法一经产生便得到迅速传播和应用，并不断完善和发展，成为国际通用的复式记账法。

1. 借贷记账法及其由来

借贷记账法是指以“借”和“贷”为记账符号，以“有借必有贷，借贷必相等”为记账规则，记录会计要素增减变动情况的一种复式记账方法。

借贷记账法起源于 12—15 世纪的欧洲，经历了佛罗伦萨式、热那亚式、威尼斯式三个阶段，在 15 世纪末最终形成比较完整的复式记账体系。大约在公元 12 世纪，意大利的商品经济特别是沿海城市的海上贸易非常发达，以经营货币资金借入和贷出为主要业务的借贷资本家应运而生。借贷资本家收存商人的游资并支付利息，同时把积存的钱贷给需要资金的商人并收取高利息。“借”和“贷”是从借贷资本家的角度来解释说明的。借贷资本家为反映与债权人和债务人的关系，就在账户上分两个方向登记：对于收进的存款或借入的款项，记在贷主名下，叫贷（主）方，表示自身债务的增加；对于贷出或付出的款项，则记在借主名下，叫借（主）方，表示自身债权的增加。可见，“借”和“贷”分别指借主和贷主，表示人与人之间的借贷关系，反映债权债务的变化。到 13 世纪，随着商品经济的发展，经济活动日益复杂，借贷记账法的记账对象逐渐由原来的债权债务扩展到商品和现金的记录，会计账簿中不仅要记录钱币的借贷，还要记录财产物资的增减变动；即使对非钱币的借贷业务，也要求用借贷记录，以求账簿记录的统一。这样，原来的“借主”和“贷主”就被抽象出来，形成借贷记账法记账方向的符号。到 15 世纪，借贷记账法增设了“损益”“资本”等账户，特别是引入了“余额”账户，借以汇总一切账户的余额并进行试算平衡，构成现代借贷记账法的雏形。

1494 年意大利数学家卢卡·帕乔利在威尼斯出版了《算术、几何、比及比例概要》一书，第一次如实地介绍了威尼斯的复式记账法，并在理论上给予了必要的说明，推动了借贷记账法的广泛应用，被会计界公认为会计发展史上一个里程碑。随后，借贷记账法逐步推广到欧洲、美洲等地，成为世界通用的记账方法。

2. 借贷记账法的记账符号和账户结构

（1）借贷记账法的记账符号。记账符号是不同记账方法的分类标准，记账符号不同，各种记账方法的账户结构也会不同。根据借贷记账法的含义，借贷记账法的记账符号为“借”和“贷”。

借贷记账法中的借和贷与具体的账户相结合，可以表示不同的意义：第一，代表账户中两个固定的部位，左方为借方，右方为贷方。第二，与不同类型的账户相结合，分别表示增加或减少。借和贷本身不等于增或减，只有当其与具体的某个账户相结合时，才表示增加或减少。第三，表示余额的方向。不同账户由于其增加或减少所记录的账户方向不同，其余额所在的方向也会不同，并具有不同的经济含义。

特别提示

发展至今，"借"和"贷"已经失去了其原有的含义，只是一个记账符号而已。这个记账符号可以用借和贷来表示，也可以用收和付或者增和减来表示，或者更纯粹一点用左和右来表示。

(2) 借贷记账法的账户结构。借贷记账法账户的基本结构是每个账户均分为左右两方，左方为借方，右方为贷方。因为账户要对经济业务进行连续、系统的核算，所以账户的左右两边可进而分为上下三部分，分别表示期初余额、本期发生额和期末余额。简单来说，账户结构可以概括为：左借右贷，上下三块。下面分别论述不同种类账户的结构特点。

1) 资产类账户。资产类账户借方记资产的增加额，贷方记资产的减少额；期末一般为借方余额，反映企业资产实际的结存金额。

资产类账户的结构如图3-1所示。

借方　　　资产类账户	贷方
期初余额	
本期增加发生额	本期减少发生额
期末余额	

图3-1　资产类账户结构

资产类账户发生额和余额的关系可以用公式表示为：

期初余额＋本期借方发生额－本期贷方发生额＝期末余额

2) 负债及所有者权益类账户。由会计等式"资产＝负债＋所有者权益"及借贷记账法的含义可以推知，负债和所有者权益类账户的记账方向必然与资产类账户相反，即：贷方记负债和所有者权益的增加额，借方记负债和所有者权益的减少额；负债和所有者权益类账户期末一般为贷方余额，反映企业实际的负债金额及所拥有的所有者权益金额。

负债和所有者权益类账户的结构如图3-2所示。

借方　负债和所有者权益类账户	贷方
	期初余额
本期减少发生额	本期增加发生额
	期末余额

图3-2　负债和所有者权益类账户结构

负债和所有者权益类账户发生额和余额的关系可以用公式表示为：

期初余额＋本期贷方发生额－本期借方发生额＝期末余额

3）收入类账户。收入类账户的结构是：收入的增加金额记入贷方，减少金额记入借方；期末，将账户贷方发生额和借方发生额的差额转入“本年利润”账户，转销数记入账户的借方，期末结转后收入类账户无余额。

收入类账户的结构如图3-3所示。

借方　　收入类账户	贷方
本期减少发生额	本期增加发生额
期末转销金额	

图3-3　收入类账户结构

4）费用类账户。该账户的结构是：费用的增加金额记入借方，减少金额记入贷方；与收入类账户相同，期末应将费用类账户借方发生额与贷方发生额的差额转入“本年利润”账户，转销金额记入账户的贷方，期末结转后费用类账户无余额。

费用类账户的结构如图3-4所示。

借方　　费用类账户	贷方
本期增加发生额	本期减少发生额
	期末转销金额

图3-4　费用类账户结构

综上所述，由于各账户所反映的经济业务内容不同，账户借方、贷方用来记录经济业务的增加或减少的方向是不固定的。

第一，负债和所有者权益类账户的结构相同，资产类账户的结构与之相反。这是因为，负债与所有者权益在会计等式的右边，同属于权益，两者共同构成企业资金的来源；资产则在会计等式的左边，表示企业经济资源的存在形式或资金的具体运用。资产与权益性质相反、金额相等。为反映其既对立又等量的关系，并保持会计等式的平衡，采用借贷记账法记账时，对资产与负债、所有者权益的增加或减少，必须采用相反的方向登记，即：资产的增加记入账户的借方，负债与所有者权益的增加记入账户的贷方。

第二，收入类账户的结构与负债类、所有者权益类账户相同。这可以从两个方面来理解：其一，收入的增加可导致利润增加，而利润归所有者所有，是所有者权益增加的来源之一，收入的增加意味着所有者权益的潜在增加，所有者权益的增加记入贷方，所以收入的增加也应记入贷方；其二，企业收入增加导致的现金流入会参与企业的经营周转，是企业生产经营过程中主要的资金来源，自然应与负债和所有者权益等资金来源账户的结构一致，将增加的收入记在账户贷方。

第三，费用类账户的结构与资产类账户相同。因为费用要由收入弥补，是企业利润的减项，所以当收入的增加记在贷方时，费用的增加应相应地记在借方；另外，费用是瞬间的资产，最终要由资产支付，在未用收入弥补前占用了企业资产，是一种虚资产，自然与资产类账户的结构一致。

第四，尽管不同账户的记账方向可能不同，但账户的四个要素仍具有一定的规律性。资产的增加记在账户的借方，其期末余额一般也在账户的借方；负债和所有者权益的增加记在账户的贷方，其期末余额一般也在账户贷方。可见，账户的期末余额一般与增加发生额在同一个方向。因此，在借贷记账法下，可以根据账户期末余额的方向判断账户的性质。

各类账户在借贷记账法下的具体结构如表3-1所示。

表3-1 各类账户结构比较

账户	借方	贷方	余额
资产类账户	增加	减少	一般在借方
负债、所有者权益类账户	减少	增加	一般在贷方
收入类账户	减少	增加	一般无余额
费用类账户	增加	减少	一般无余额

3. 借贷记账法的记账规则

在了解借贷记账法的含义、记账符号和账户结构之后，就可以据此对企业交易或事项的发生进行账务处理，将经济业务对会计要素的影响按照一定的记账规则在特定账户中予以记录和反映。

借贷记账法的记账规则为：有借必有贷，借贷必相等。

对以上记账规则的理解可从以下角度进行：

(1) 任何一笔经济业务的发生必然引起至少两个账户的金额发生变化。根据第1章经济业务对会计等式的影响可知，经济业务可能导致会计等式两边同增同减，或者会计等式一边不同项目的一增一减，不管哪种影响，都会至少引起两个账户的金额发生变化。

(2) 任何一笔经济业务的发生必然同时在不同账户的借方和贷方予以反映。所记入的账户可以是等式同一个方向的，也可以是不同方向的，但对每一项经济业务都应当作借贷相反的记录。具体说，如果在一个账户中记借方，必须同时在另一个或几个账户中记贷方；同理，如果在一个账户中记贷方，必须同时在另一个或几个账户中记借方。

(3) 任何一笔经济业务记入借方的金额必定等于记入贷方的金额。如果经济业务对会计等式不同方向产生影响，则因为在借记某个账户和贷记其他账户之后，会计等式依然相等，所以借和贷的金额也必然相等；同理，如果经济业务只涉及等式一边会计要素的增减变动，则因为借和贷之后该边的总金额不变，所以借和贷的金额也肯定相等。而且，在本期发生的全部交易或事项进行正常账务处理后，记入所有账户借方的发生额合计，应当等于记入所有账户贷方的发生额合计。

由此可知，会计在记账时必然会记入一些账户的借方，同时记入另一些账户的贷方，这样就在账户之间形成一种对应关系。相互联系的不同账户之间应借和应贷的关系，就是账户的对应关系；而具有对应关系的账户叫作对应账户。可见，每一笔账务处理必然会形成至少一对对应账户，通过对对应账户的分析可以发现会计人员对经济业务的处理是否恰当。

为准确反映账户的对应关系与应记金额，在每项经济业务发生后，必须编制会计分录。

3.1.3　会计分录

1. 会计分录的含义

会计分录是指对每一项经济业务，按复式记账的要求，分别列示出应借记和应贷记的账户及其金额的一种记录。会计分录是账户记录的依据，会计分录正确与否，直接影响账户的记录，甚至会计信息的质量。一笔完整的会计分录主要包括记账符号、账户名称和金额三个部分。

因为经济业务可能涉及两个或两个以上的账户，由此编制的会计分录也会有所不同。按照会计分录所涉及账户的多少，可以将其分为简单分录和复合分录。简单分录是指一项经济业务发生后，只在相互联系的两个账户中进行登记的分录；复合分录则指在经济业务发生后，需要在三个或者三个以上相互联系的账户中进行登记的分录。因此，在借贷记账法下，可以编制“一借一贷”“一借多贷”“多借一贷”的会计分录。

2. 会计分录的编制

运用借贷记账法的记账规则编制会计分录时，初学者可遵循以下步骤：

（1）分析经济业务所影响的会计要素及具体的会计账户；

（2）确定账户金额的变动方向，是增加还是减少；

（3）根据借贷记账法下不同会计要素的结构，分析应该记入的账户方向。

在编制会计分录时，应先记借方后记贷方，并且贷记符号不能写在借记符号的同一行上，而是写在借记符号的下面一行，即“上借下贷”；另外，贷记符号应在借记符号基础上向右缩进一格或二格，即借方偏左、贷方偏右，借贷之间应相差一字。

编制会计分录是在会计初次确认和对交易、事项进行计量之后对经济业务进行处理的直接结果，在整个会计核算中具有举足轻重的作用。主要原因是，编制会计分录之后的许多工作都可以由计算机代为处理，但会计分录的编制却必须依靠会计人员的主观判断，会计分录的正确与否会最终影响会计信息的质量。

3. 过账

在经过检查审核无误后，应及时将会计分录中所记录的金额分别在账户中进行登记，这个过程在会计上叫作过账。

为具体说明借贷记账法的记账规则和会计分录的编制过程，现举例如下。

例 3-1

甲公司是一家普通的服装制造企业，适用的增值税税率为 13%，该公司 20××年 3 月发生如下经济业务。

3 月 5 日，甲公司接受某股东 A 企业投入的资金 50 000 元，款项收到存入银行。

分析：按照规定，企业应在银行开立结算账户并进行款项的收付，会计上对增加或减少的存款通过“银行存款”账户进行核算，它是资产类账户。企业接受所有者的出资额通过“实收资本”账户进行核算，属于所有者权益类账户。

这一经济业务引起资产和所有者权益两个会计要素同时发生变化，使资产类中的“银行存款”账户和所有者权益类的“实收资本”账户同时增加 50 000 元；根据借贷记账原理和资产及所有者权益类账户的结构，银行存款的增加应记入借方，实收资本的增加记入贷方。编制的会计分录如下：

借：银行存款　　50 000

　贷：实收资本　　50 000

在审核无误后，应将其过账到相关账户中：

借方　银行存款	贷方
（1）50 000	

借方　实收资本	贷方
	（1）50 000

例 3-2

承例 3-1，3 月 6 日，甲公司从银行借款 20 000 元，期限 6 个月，款项已存入企业的存款账户。

分析：企业向银行借入的期限在一年以内的款项叫作短期借款，通过“短期借款”账户进行核算，它是负债类账户。

这一经济业务引起资产和负债两个会计要素同时发生变化，资产类的“银行存款”账户和负债类的“短期借款”账户同时增加 20 000 元，根据借贷记账原理和资产及负债类账户的结构，银行存款的增加记入借方，短期借款的增加记入贷方。编制的会计分录如下：

借：银行存款　　20 000

　贷：短期借款　　20 000

在审核无误后，应将其过账到相关账户中：

借方　银行存款	贷方
（2）20 000	

借方　短期借款	贷方
	（2）20 000

例 3－3

承例 3－1，3 月 7 日，甲公司以银行存款偿还前欠乙公司货款 36 000 元。

分析：企业因购买材料、商品或接受劳务供应等赊欠供应单位的款项，通过“应付账款”账户进行核算，它属于负债类账户。

这一经济业务引起资产和负债两个会计要素同时发生变化，资产类的“银行存款”账户和负债类的“应付账款”账户同时减少 36 000 元，根据借贷记账原理和资产及负债类账户的结构，银行存款的减少记入贷方，应付账款的减少记入借方。编制的会计分录如下：

借：应付账款　　36 000
　贷：银行存款　　36 000

在审核无误后，应将其过账到相关账户中：

借方　应付账款	贷方
（3）36 000	

借方　银行存款	贷方
	（3）36 000

例 3－4

承例 3－1，3 月 8 日，甲公司收到丙公司归还的上月购买产品的欠款 5 800 元，存入银行。

分析：企业在销售商品、提供劳务过程中形成的债权叫作应收账款，通过“应收账款”账户进行核算，属于资产类账户。

这一业务引起资产这个会计要素内部不同的账户之间发生增减变动。其中，“银行存款”账户增加了 5 800 元，而“应收账款”账户减少了 5 800 元，根据借贷记账原理和资产类账户的结构，银行存款的增加记入借方，应收账款的减少记入贷方。编制的会计分录如下：

借：银行存款　　5 800
　贷：应收账款　　5 800

在审核无误后，应将其过账到相关账户中：

借方　银行存款	贷方
（4）5 800	

借方　应收账款	贷方
	（4）5 800

例 3－5

承例 3－1，3 月 10 日，甲公司从其供应商处购入原材料 10 000 元，款项已通过银行转账支付。

分析：企业购入的生产经营用的材料叫作原材料，通过“原材料”账户进行核算，它是资产类账户；根据税法的规定，企业在购进材料、商品和接受劳务时，按照材料、商品或劳务的价款及相应的增值税税率，支付或承担的增值税，叫进项税额，通过“应交税费”账户进行核算，它是负债类账户。本例中的增值税税额为 1 300 元（10 000×13%），因为企业已经支付，属于负债的减少。

这项业务既引起资产这一会计要素内部不同的账户之间发生增减变动，同时也引起负债的变动。其中，资产类的“原材料”账户增加了 10 000 元、“银行存款”账户减少了 11 300 元；负债类的“应交税费”账户减少了 1 300 元。根据借贷记账原理和资产及负债类账户的结构，银行存款的减少记入贷方，原材料的增加记入借方，应交税费的减少记入借方。编制的会计分录如下：

借：原材料　　10 000

　　应交税费——应交增值税（进项税额）　　1 300

　贷：银行存款　　11 300

在审核无误后，应将其过账到相关账户中：

借方	原材料	贷方
（5）10 000		

借方	银行存款	贷方
		（5）11 300

借方	应交税费	贷方
（5）1 300		

例 3-6

承例 3-1，3 月 16 日，甲公司销售一批服装给丁公司，售价 20 000 元，款项尚未收到。

分析：企业销售商品过程中形成的收入叫作主营业务收入，通过“主营业务收入”账户进行核算，它是收入类账户；销售商品过程中，按照销售额和规定税率计算并向购买方收取的增值税税额叫作销项税额，通过“应交税费”账户进行核算，它是负债类账户。本例中的增值税税额为 2 600 元（20 000×13%），因为企业向买方收取的销项税额只是代国家收取，所以在尚未上缴国家之前引起企业负债的增加。

这项业务引起资产、负债和收入三类账户同时发生变动。其中，资产类的“应收账款”账户增加了 22 600 元，负债类的“应交税费”账户增加了 2 600 元，收入类的“主营业务收入”账户增加了 20 000 元。根据借贷记账原理和资产、负债及收入类账户的结构，应收账款的增加记入借方，应交税费的增加记入贷方，主营业务收入的增加记入贷方。编制的会计分录如下：

借：应收账款　　22 600

　贷：主营业务收入　　20 000

　　　应交税费——应交增值税（销项税额）　　2 600

在审核无误后，应将其过账到相关账户中：

借方	应收账款	贷方
（6）22 600		

借方	主营业务收入	贷方
		（6）20 000

借方	应交税费	贷方
		（6）2 600

例 3－7

承例 3－1，3 月 25 日，甲公司用银行存款支付广告费 15 000 元。

分析：企业支付广告费是为了扩大产品或商品的销售，因此，广告费属于销售过程中发生的费用，通过“销售费用”账户进行核算，它是费用类账户。

这项业务引起资产和费用两类账户发生变动。资产类的“银行存款”账户减少 15 000 元，费用类的“销售费用”账户增加 15 000 元。根据借贷记账原理和资产、费用类账户的结构，“银行存款”账户的减少记入贷方，“销售费用”账户的增加记入借方。编制的会计分录如下：

借：销售费用　　15 000

　贷：银行存款　　15 000

在审核无误后，应将其过账到相关账户中：

销售费用

借方	贷方
(7) 15 000	

银行存款

借方	贷方
	(7) 15 000

例 3－8

承例 3－1，3 月 31 日，将本月实现的收入和发生的费用结转到“本年利润”账户。

分析：按照收入和费用类账户的特征，期末需将当期实现的收入和发生的费用进行结转，形成一定会计期间的利润，通过“本年利润”账户进行核算，它是所有者权益类账户。

将收入结转利润会影响所有者权益类账户和收入类账户，所有者权益类的“本年利润”账户增加，收入类的“主营业务收入”账户减少。根据借贷记账原理和所有者权益、收入类账户的结构，“本年利润”账户的增加记入贷方，“主营业务收入”账户的减少记入借方。编制的会计分录如下：

借：主营业务收入　　20 000

　贷：本年利润　　20 000

将费用结转利润会影响所有者权益类账户和费用类账户，所有者权益类的“本年利润”账户减少，费用类的“销售费用”账户减少。根据借贷记账原理和所有者权益、费用类账户的结构，“本年利润”账户的减少记入借方，“销售费用”账户的减少记入贷方。编制的会计分录如下：

借：本年利润　　15 000

　贷：销售费用　　15 000

在审核无误后，将以上两个会计分录过账到相关账户中：

销售费用

借方	贷方
	(8) 15 000

本年利润

借方	贷方
(8) 15 000	(8) 20 000

主营业务收入

借方	贷方
(8) 20 000	

例3-1至例3-4和例3-7、例3-8编制的是简单分录，例3-5和例3-6编制的是复合分录。简单分录使账户一一对应，可以更清晰地反映经济业务中账户的对应关系；复合分录则可以集中地反映经济业务的全貌，简化记账手续。

需要说明的是，会计分录是对经济业务本质的反映，一项业务需要编制简单分录还是复合分录，完全取决于业务本身。既不能人为地将复合分录拆成几个简单分录，更不允许将几个简单分录合并编制复合分录。将复合分录拆成简单分录，既无法完整地表现经济业务全貌，也很难使所附的原始凭证分别对其进行辅助说明；将简单分录合并编制复合分录，则会人为地加大会计分录的复杂程度，使经济业务所涉及的会计账户之间的对应关系不明确，甚至造成混淆。因此，在编制会计分录时，为保持清晰的账户对应关系，应尽力避免编制“多借多贷”的会计分录，除非是经济业务所需。

3.1.4 试算平衡

企业日常发生的每笔经济业务都要记入有关账户。由于经济业务内容庞杂，登记账户次数繁多，在手工会计核算方式下稍有疏忽就可能会发生重记、漏记、错记等现象，影响财务信息的客观性和真实性，影响财务报告信息的质量。因此，有必要对全部账户的记录定期进行试算和检查，以核实其正确性。

1. 试算平衡的概念

试算平衡是指利用账户本期发生额或余额各自存在的等量关系，在会计核算中检查和验算账户记录是否正确的一种方法。借贷记账法的试算平衡，依据“资产＝负债＋所有者权益”这一基本的会计等式以及复式记账的基本原理进行。

2. 试算平衡的种类

按照借贷记账法的记账规则，根据任何经济业务所编制的会计分录，其借贷双方的金额必然相等。因此，将一定时期内所有会计分录的借方金额和贷方金额按照会计账户合并之后的合计也必然相等；同理，一定时期内所有会计分录涉及的会计账户的借方余额和贷方余额合计也会相等。因此，试算平衡可分为会计分录试算平衡、发生额试算平衡和余额试算平衡。

（1）会计分录试算平衡。会计分录试算平衡的平衡公式为：

借方科目金额＝贷方科目金额

这是根据“有借必有贷，借贷必相等”的记账规则直接推导出的。会计分录试算平衡在日常编制会计分录、进行账务处理时采用。

（2）发生额试算平衡。会计账户在一定时期内借方发生的金额合计叫借方发生额，贷方发生的金额合计叫贷方发生额。因为每一笔会计分录的借方科目金额都等于贷方科目金额，所以一定时期内全部分录的借方科目金额合计（借方发生额合计）也必然等于全部分录的贷方科目金额合计（贷方发生额合计）。

发生额试算平衡的平衡公式为：

全部账户借方发生额合计＝全部账户贷方发生额合计

（3）余额试算平衡。资产、负债、所有者权益类账户有期末余额，其中，资产类账户一般为借方余额，负债和所有者权益类账户一般为贷方余额。根据会计等式，资产类账户的期末余额合计必然等于负债加所有者权益类账户的期末余额合计，所以全部账户的借方余额合计一定等于全部账户的贷方余额合计。

余额试算平衡的平衡公式为：

全部账户借方余额合计＝全部账户贷方余额合计

3. 试算平衡表的种类

除会计分录试算平衡在日常编制会计分录时使用外，发生额和余额的试算平衡一般会定期进行。每一会计期末，在结出各个账户的本月发生额和余额后，可以通过编制发生额或余额的试算平衡表进行试算平衡。

试算平衡表包括发生额试算平衡表、余额试算平衡表和将发生额和余额合并在一张表上编制的综合试算平衡表三类。

（1）发生额试算平衡表。发生额试算平衡表又叫本期发生额试算平衡表，是列示账户借方本期发生额和贷方本期发生额的试算表。其格式如表 3－2 所示。

表 3－2　　**本期发生额试算平衡表**

年　月

账户名称	借方发生额	贷方发生额
合计		

（2）余额试算平衡表。余额试算平衡表是仅列示账户期末余额的试算表。其格式如表 3－3 所示。

表 3－3　　**余额试算平衡表**

年　月

会计科目	借方余额	贷方余额
合计		

（3）综合试算平衡表。综合试算平衡表是既列示账户本期发生额，又列示账户

期末余额的试算平衡表。其格式如表3-4所示。

表3-4 综合试算平衡表

年 月

会计科目	期初余额		本期发生额		期末余额	
	借方	贷方	借方	贷方	借方	贷方
合计						

4. 试算平衡的作用和局限

根据会计分录和账户记录编制的试算平衡表，可以检查账户记录的正确性，为编制报表提供依据，但试算平衡也存在一定的局限。

（1）试算平衡的作用。试算平衡主要有以下两个方面的作用。

1）验证会计记录中有无错误。通过试算平衡可以及时发现账户记录中可能存在的错误，并及时改正。

2）粗略显示企业的财务状况和经营成果，为编制资产负债表和利润表提供依据。试算平衡表是根据各账户借贷方发生额和余额汇总编制的，提供了企业一定时期内资产、负债、所有者权益、收入和费用的总括信息，为编制报表提供了基本的会计资料。

（2）试算平衡的局限性。如果试算时达到平衡，则可以确定以下两点：其一，企业的全部经济业务均以相等的金额记入账户的借方和贷方；其二，试算平衡表所列账户发生额和余额的结果正确无误。然而，试算平衡并不能保证记账一定正确，因为在记账工作中有些错误是不会破坏试算平衡的，这类错误主要有以下几种：

1）记账时借贷方同时漏记。这类错误可能使试算的借贷总额减少，但因为借贷双方同时漏记，所以不会影响试算表的平衡。

2）记账时借贷方同时重复记录。这类错误可能使试算表的借贷总额增加，但因为多记的数字相等，所以仍不会影响试算表的平衡。

3）借贷方发生同数额的错误，但差错金额正好相互抵销。在编制会计分录和过账时，若某项经济业务的借（贷）方少记（或多记），而另一项借（贷）方正巧以相同的金额多记（或少记），两个错误刚好抵销，借贷总额的平衡性仍未受到影响。

4）会计科目记错或借贷方向记反。这类错误不会影响记入账户的金额，当然也不会影响试算的平衡性。

由于记账工作中的大部分错误往往会使借贷总额相等的关系失衡，因此，试算平衡在验证会计处理正确性方面有着重要作用，是一种简便、有效的验证工具。但是，如上所述，通过试算平衡并不能保证会计分录编制和过账工作完全没有错误，于是，会计分录的日常复核或定期检查及期末对账就非常必要。

5. 试算平衡表编制举例

编制试算平衡表，需要首先计算出各账户的本期借贷方发生额合计，有期末余额的账户需计算出期末余额；然后加计所有账户的借贷方发生额合计，或者借贷方的期末余额合计。

在编制试算平衡表时，一般是按资产、负债、所有者权益、收入和费用的顺序，将资产负债表的账户列在前面，利润表账户列在后面。

下面仍以甲公司为例，根据例 3－1 至例 3－8 的资料，进行试算平衡表的编制。

例 3－9

假定甲公司 20××年 3 月初有关账户的余额如表 3－5 所示。

表 3－5　　甲公司总分类账户期初余额表　　单位：元

会计账户	借方余额	贷方余额
库存现金	2 000	
银行存款	50 000	
应收账款	5 800	
原材料	80 000	
固定资产	100 000	
应付账款		37 800
实收资本		200 000
合计	237 800	237 800

要求：编制甲公司 20××年 3 月的综合试算平衡表。

分析：以“银行存款”账户为例，列示其发生额和余额的计算过程如下。

借方	银行存款		贷方
期初余额	50 000		
(1)	50 000	(3)	36 000
(2)	20 000	(5)	11 600
(4)	5 800	(7)	15 000
本期发生额	75 800	本期发生额	62 600
期末余额	63 200		

其他账户本期发生额及期末余额的计算略。

计算出各个账户的本期发生额和期末余额后，就可以根据期初余额、各账户本期发生额和期末余额编制试算平衡表。本例编制的综合试算平衡表如表 3－6 所示。

表3-6 甲公司总分类账户综合试算平衡表

20××年3月 单位：元

会计科目	期初余额		本期发生额		期末余额	
	借方	贷方	借方	贷方	借方	贷方
库存现金	2 000				2 000	
银行存款	50 000		75 800	62 300	63 500	
应收账款	5 800		22 600	5 800	22 600	
原材料	80 000		10 000		90 000	
固定资产	100 000				100 000	
短期借款				20 000		20 000
应付账款		37 800	36 000			1 800
应交税费			1 300	2 600		1 300
实收资本		200 000		50 000		250 000
本年利润			15 000	20 000		5 000
主营业务收入			20 000	20 000		
销售费用			15 000	15 000		
合计	237 800	237 800	195 700	195 700	278 100	278 100

从表3-6可以看出，甲公司总分类账户的期初借方余额合计为237 800元，等于其期初贷方余额合计；本期借方发生额合计为195 700元，等于本期贷方发生额合计；期末借方余额合计278 100元，等于期末贷方余额合计。这符合试算平衡的要求。

3.2 会计凭证

企业在经济业务发生以及日常核算时，需取得或填制相应的证明材料，这就是会计凭证。会计凭证按不同的标准可以进行不同的分类，而且具有特定的内容和填制方法，需按照既定的程序传递和保管。

3.2.1 会计凭证的定义和分类

会计凭证是记录经济业务，明确经济责任，按一定格式编制的据以登记会计账簿的书面证明。填制和审核会计凭证是会计核算的一项重要方法。

经济业务主体在从事经济业务活动时，需要取得相关的原始凭证，按照要求签名或盖章，明确经济责任。取得原始凭证后，再由企业财会人员编制记账凭证，并在记账凭证上签名或盖章，明确经济责任，经审核无误后登记账簿。所以，会计凭证既可以反映经济业务，提供记账依据，也可以明确经济责任，并在审核过程中发挥会计的监督控制作用。

会计凭证按其填制程序和用途不同，可分为原始凭证和记账凭证。

1. 原始凭证

原始凭证是经办单位或人员在办理经济业务过程中取得或填制的，用以记录经济业务发生或完成情况、明确经济责任的书面证明。它是进行会计核算的原始资料和重要依据，真实的、审核无误的原始凭证具有法律效力。

原始凭证可以按照不同的标准进行分类。

（1）原始凭证按填制单位的不同分类。原始凭证按填制单位的不同，可分为自制凭证和外来凭证。

自制凭证亦称内部凭证，是单位在发生经济业务过程中，由本单位经办业务的部门或人员在办理经济业务时填制的并被本单位使用的原始凭证。常用的自制凭证有入库单、领料单、借款单等。其格式如表 3－7 至表 3－9 所示。

表 3－7　　入库单

仓　　库：__________

供货单位：__________　　年　月　日　　第　号

名称	规格	单位	数量	单价	金额	备注

负责人：　　经手人：

表 3－8　　领料单

领料部门：__________　　第　号

用　　途：__________　　年　月　日　　发料仓库：________

材料类别	材料编号	材料名称及规格	计量单位	数量	单价	金额

负责人：　　经手人：

表 3－9　　借款单

借款用途：__________　　年　月　日

借款单位：		
借款事由：		
借款金额：		
本单位负责人意见：		
领导意见：	会计主管人员核批：	付款记录：

出纳：　　借款人：

外来凭证亦称外部凭证，是单位在发生经济业务过程中，由外单位经办业务的部门或人员在办理经济业务时填制的并被本单位使用的原始凭证。常用的外来凭证有供货单位填制的发票，车、船、飞机票，出租汽车发票，餐饮业发票等。增值税专用发票的格式如表 3－10 所示。

表 3－10

××增值税专用发票

2200101170　　　　发票联　　　　№ 00727342

开票日期：　年　月　日

国税函[2009]649号 北京印钞厂

购货单位	名　称： 纳税人识别号： 地址、电话： 开户行及账号：				密码区		
货物或应税劳务名称	规格型号	单位	数量	单价	金额	税率	税额
合计							
价税合计（大写）					（小写）		
销货单位	名　称： 纳税人识别号： 地址、电话： 开户行及账号：				备注		

收款人：　　复核：　　开票人：　　销货单位：（章）

第三联 发票联 购货方记账凭证

（2）原始凭证按完成业务手续不同分类。原始凭证按完成业务手续的不同，可分为一次凭证、累计凭证、记账编制凭证和汇总原始凭证。

一次凭证是指一次填制完成、登记一笔经济业务的原始凭证。大部分外来凭证都是一次凭证，常用的一次凭证有发票、收据等。

累计凭证是指在一定时期内，经多次填制完成、累计连续发生的多笔相同经济业务的原始凭证。常用的累计凭证有限额领料单、费用登记表等。限额领料单的格式如表 3－11 所示。

表 3－11　　**限额领料单**

领料部门：________　　　　第　号

用　途：________　　年　月　日　　发料仓库：________

材料类别	材料编号	材料名称及规格	计量单位	单价	全月领用限额	全月实际领用额	
						数量	金额

日期	领用			退料			限额结余
	数量	领料人	发料人	数量	退料人	收料人	
合计							

生产计划部门（签章）______　　供销部门（签章）______　　仓库（签章）______

记账编制凭证是根据账簿记录和经济业务的需要编制的一种自制原始凭证。常用的记账编制凭证有制造费用分配表等。其格式如表 3 - 12 所示。

表 3 - 12 **制造费用分配表**

年 月

分配对象	分配标准	分配率	分配金额
甲产品			
乙产品			
丙产品			
合计			

制表（签章）______ 审核（签章）______

汇总原始凭证是根据反映相同经济业务的多张原始凭证，按一定标准综合后一次填制完成的原始凭证。常用的汇总原始凭证有差旅费报销单、发出材料汇总表等。差旅费报销单的格式如表 3 - 13 所示。

表 3 - 13 **差旅费报销单**

单位名称： 出差起止日期： 年 月 日至 年 月 日

<table>
<tr><td colspan="2">出差人姓名</td><td></td><td colspan="2">出差地点</td><td></td><td colspan="2">出差天数</td><td></td><td>事由</td><td></td></tr>
<tr><td rowspan="8">车船及住宿费</td><td>种类</td><td>票据张数</td><td>金额</td><td rowspan="8">出差补助费</td><td>项目</td><td>天数</td><td>标准</td><td>金额</td><td colspan="2" rowspan="2">报销结算情况</td></tr>
<tr><td>火车费</td><td></td><td></td><td>途中伙食补助</td><td></td><td></td><td></td></tr>
<tr><td>飞机费</td><td></td><td></td><td>住勤伙食补助</td><td></td><td></td><td></td><td colspan="2" rowspan="5">退还或补交

出纳：</td></tr>
<tr><td>长途汽车费</td><td></td><td></td><td>交通补助</td><td></td><td></td><td></td></tr>
<tr><td>市内汽车费</td><td></td><td></td><td>通信补助</td><td></td><td></td><td></td></tr>
<tr><td>住宿费</td><td></td><td></td><td></td><td></td><td></td><td></td></tr>
<tr><td>其他</td><td></td><td></td><td>其他</td><td></td><td></td><td></td></tr>
<tr><td>小计</td><td></td><td></td><td>小计</td><td></td><td></td><td></td><td colspan="2"></td></tr>
<tr><td colspan="2">金额合计</td><td colspan="4">大写：</td><td colspan="3">小写：</td><td colspan="2">负责人：</td></tr>
</table>

会计主管： 审核： 制单： 部门主管： 公出人：

（3）原始凭证按凭证格式分类。原始凭证按凭证格式的不同，可分为统一凭证和专用凭证。

统一凭证是由有关主管部门统一制作并在相应范围内使用的标准格式的原始凭证。如全国统一使用的银行结算票据、某地区统一使用的收据或发票等。

专用凭证是单位自行制作并在本单位范围内使用的特殊格式的原始凭证。如差旅费报销单等。

原始凭证的分类如图 3 - 5 所示。

- 原始凭证
  - 按填制单位分类
    - 外来原始凭证
    - 自制原始凭证
  - 按完成业务的手续分类
    - 一次凭证
    - 累计凭证
    - 记账编制凭证
    - 汇总原始凭证
  - 按格式分类
    - 专用凭证
    - 统一凭证

图3-5 原始凭证的分类

2. 记账凭证

记账凭证又称分录凭证，是会计人员根据审核无误的原始凭证，应用复式记账法和会计科目，将经济业务内容归类整理后填制的作为登记会计账簿依据的会计凭证。审核无误的记账凭证是登记账簿的依据。

记账凭证按照不同的标准可以进行不同的分类。

（1）记账凭证按经济内容不同分类。记账凭证按经济内容的不同，可分为收款凭证、付款凭证和转账凭证。

收款凭证是根据有关库存现金和银行存款收款业务的原始凭证填制的记账凭证。它不仅是登记账簿的依据，也是出纳人员收款的依据。其格式如表3-14所示。

表3-14 **收 款 凭 证**

借方科目： 年 月 日 凭证编号______

摘要	贷方科目		金额	记账符号
	总账科目	明细科目		
合计				

附件××张

会计主管人员： 记账： 制单： 出纳： 审核：

付款凭证是根据有关库存现金和银行存款付款业务的原始凭证填制的记账凭证。它是登记账簿和出纳人员据以支付款项的依据。其格式如表3-15所示。

表3-15 **付 款 凭 证**

贷方科目： 年 月 日 凭证编号______

摘要	借方科目		金额	记账符号
	总账科目	明细科目		
合计				

附件××张

会计主管人员： 记账： 审核： 制单： 出纳：

转账凭证是根据不涉及库存现金和银行存款的转账业务的原始凭证填制的记账凭证。其格式如表 3－16 所示。

表 3－16　　转 账 凭 证

年　月　日　　凭证编号______

摘要	总账科目	明细科目	√	借方金额	√	贷方金额
合计						

附件××张

会计主管人员：　记账：　制单：　审核：

（2）记账凭证按用途分类。记账凭证按用途可分为分录记账凭证和汇总记账凭证。

分录记账凭证简称分录凭证，是根据原始凭证确定并编制会计分录的记账凭证。

汇总记账凭证简称汇总凭证，是根据分录记账凭证归类汇总会计科目合计发生额的记账凭证。

（3）记账凭证的其他分类。记账凭证按适用的经济业务不同可分为专用记账凭证和通用记账凭证。专用记账凭证是专门用于记录某一种经济业务的记账凭证，如收款凭证、付款凭证等；通用记账凭证是适合所有经济业务的记账凭证。通用记账凭证的格式如表 3－17 所示。

表 3－17　　通用记账凭证

年　月　日　　凭证编号______

摘要	总账科目	明细科目	√	借方金额	√	贷方金额
合计						

附件××张

会计主管人员：　记账：　制单：　出纳：　审核：

记账凭证的分类如图 3－6 所示。

- 记账凭证
  - 按经济内容分类
    - 收款凭证
    - 付款凭证
    - 转账凭证
  - 按用途分类
    - 分录记账凭证
    - 汇总记账凭证
  - 按适用的经济业务分类
    - 专用记账凭证
      - 收款凭证
      - 付款凭证
      - 转账凭证
      - 记账凭证
    - 通用记账凭证

图 3-6　记账凭证的分类

3.2.2　会计凭证的基本内容

会计凭证是记录经济活动的载体和传导信息的工具，是登记账簿的依据和进行会计监督的手段，为保证会计资料的真实、可靠和正确，会计凭证必须具备特定内容。

1. 原始凭证的内容

各单位的经济业务不同，原始凭证的名称、格式和内容也不相同。但所有的原始凭证为反映经济业务的发生或完成情况，明确经办人员的责任，必须具备一些共同的基本内容。

原始凭证的基本内容如下：

（1）凭证名称。

（2）填制凭证日期。

（3）经济业务内容摘要。

（4）经济业务的数量、单价和金额。

（5）填制凭证单位或填制人员姓名。

（6）经办人员签名或盖章。

（7）接受凭证单位的名称。

另外，为满足计划、统计等需要，除了上述内容，原始凭证还可以有相关的计划任务、合同号码等内容，以对经济业务事项进行相应的补充。

2. 记账凭证的内容

记账凭证尽管反映的经济业务内容不同，形式多样，但均需要对经济业务的内容进行分类核算，确定会计科目，编制会计分录，登记账簿。因此，记账凭证也必须具有一些特定的内容。

（1）凭证名称。

（2）填制凭证日期和编号。

（3）经济业务的内容摘要。

（4）经济业务所涉及会计科目的名称，包括总分类科目和明细科目的名称。

（5）经济业务的金额。

（6）过账的标记。

（7）所附原始凭证或其他资料的张数。

（8）凭证应具备的签字与盖章。

3.2.3　会计凭证的填制和审核

不同凭证的用途不同，其填制和审核的要求也有所不同，下面分别原始凭证和记账凭证进行说明。

1. 原始凭证的填制和审核

为确保原始凭证能正确、及时、清晰地反映各项经济业务的真实情况，原始凭证的填制必须符合特定要求，而且必须经过必要的审核。

（1）原始凭证的填制要求。原始凭证的填制应符合以下要求：

1）内容齐全。凭证名称、填制凭证的日期、填制凭证单位名称或填制人姓名等内容必须填写齐全，而且凭证填写的手续必须完备，符合内部牵制原则。

2）明确责任。填制的原始凭证必须由经办人员或部门签名或盖章，以明确其经济责任。

3）记录真实。凭证上记录的经济业务内容、数字、发生的时间等信息应真实可靠，符合实际情况，不得弄虚作假。实物的数量和质量必须经有关部门或人员检查验收，金额应经过有关人员核实。

4）填写及时。每项经济业务在发生或完成后，应由经办人员立即填制原始凭证，以便会计部门审核后及时进行账务处理。

5）书写规范。原始凭证上的文字、数字应书写正确，文字简要、数字清晰、易于辨认，且应用蓝黑墨水书写；数量、金额应计算准确；各种凭证不得随意涂改、刮擦、挖补；若书写错误可进行划线更正，由更正人员在更正处盖章。

在原始凭证的填制过程中，还应该注意以下方面：

凡填有大写和小写金额的原始凭证，大写和小写金额必须相符。购买实物的原始凭证，必须有验收证明。支付款项的原始凭证，必须有收款单位和收款人的收款证明。

从外单位取得的原始凭证，必须盖有填制单位的公章；从个人处取得的原始凭证，必须有经办单位负责人或其指定人员的签名或盖章；对外开出的原始凭证，必须加盖本单位公章。

一式几联的原始凭证，应当注明各联的用途，只能以一联作为报销凭证；一式几联的发票和收据，必须用双面复写纸套写，并连续编号，而且应保证各联都能辨认，内容一致；作废时应加盖“作废”戳记，连同存根一起保存，不得撕毁。

发生销货退回时，除了填制退货发票，退款时必须取得对方的收款收据或汇款银行的凭证，不得以退货发票代替收据。

职工出差借款的借据，必须附在记账凭证上，收回借款时应另开收据或退还借据副本，不得退还原借据。

经过上级批准的经济业务，应将批准文件作为原始凭证附件。如果批准文件需要单独归档，应在凭证上注明批准机关名称、日期和文件字号。

数字的书写应注意以下规范：小写数字，书写时要有一定的倾斜度（数字与底线应成60度的倾斜），并以向左下方倾斜为好；数字应占格长的1/2，数字之间不应连接，也不可预留间隔；每位数字上方预留的1/2空格位置，可在订正错误记录时使用；书写金额的汉字应使用“会计体”汉字，使用不易涂改的正楷字书写，如壹、贰、叁、肆、伍、陆、柒、捌、玖、拾、佰/百、仟/千、万、亿、元、角、分、零、整等。

（2）原始凭证的填制方法。原始凭证的填制方法大致有以下三种：

1）根据经济业务执行和完成的实际情况直接填制，如根据产品销售情况开具的增值税专用发票。

2）根据账簿记录对某项经济业务加以归类、整理后重新编制，如制造费用分配表、产品成本计算表等。

3）以若干张反映同类经济业务的原始凭证为依据，定期汇总填制汇总原始凭证，如发料凭证汇总表等。

（3）原始凭证的审核。《会计法》第十四条规定，会计机构、会计人员必须按照国家统一的会计制度的规定对原始凭证进行审核，对不真实、不合法的原始凭证有权不予接受，并向单位负责人报告；对记载不准确、不完整的原始凭证予以退回，并要求按照国家统一的会计制度的规定更正、补充。同时还规定，原始凭证记载的各项内容均不得涂改；原始凭证有错误的，应当由出具单位重开或者更正，更正处应当加盖出具单位印章。原始凭证金额有错误的，应当由出具单位重开，不得在原始凭证上更正。根据《会计法》的规定，为保证原始凭证的真实合法，财会部门需对其进行严格的审查和核对。原始凭证的审核，主要包括以下内容：

1）真实性审核。真实性审核主要包括两个方面的内容：凭证本身是否真实，是否伪造或有其他不正当来源；业务内容是否真实，是否虚构、捏造的经济业务。

2）合法性、合理性审核。审核原始凭证所记录的经济业务是否合法、合规，是否符合审批权限和手续等。

3）完整性审核。审核原始凭证填制的手续是否完备，项目是否齐全。对于记载不准确、不完整的原始凭证有权退回，并要求有关人员予以纠正。

4）正确性审核。审核原始凭证的摘要和数字是否填写清楚、正确，数量、单价、金额合计数等有无差错，大小写金额是否相符等。对于填写错误的，应由经办人员予以更正。

2. 记账凭证的填制和审核

记账凭证是登记账簿的依据，其填制质量会影响到账簿记录的正确性以及会计核算工作的可靠性。因此，记账凭证的填制必须符合一定要求，且经过必要的审核。

（1）记账凭证的填制要求。

1）摘要简明。摘要应简明扼要地说明经济业务的要点，行文简明，内容真实。

2）记录清晰，科目正确。一般来说，一项经济业务填制一张记账凭证，而不应将不同经济业务合并填制在一张记账凭证上，以保证账户的对应关系清晰，符合会计核算的要求。另外，必须按统一规定的会计科目及其核算内容，结合经济业务的性质，正确编制会计分录。

3）逐项填写，内容完整。记账凭证应按照次序逐行填写，不能跳行，若金额最后一笔数字与合计数之间有空行，应划斜线或“S”线注销；且应内容完整、项目齐全，并按规定办理签章手续。

4）顺序编号。记账凭证应按经济业务发生的顺序进行连续编号；一项经济业务需填制多张记账凭证的，应采用“分数编号法”。例如，一笔经济业务需要编制两张转账凭证，凭证的顺序号为 28 时，可编“转字第 28 $\frac{1}{2}$ 号”“转字第 28 $\frac{2}{2}$ 号”。前面的整数表示业务顺序，分子表示两张中的第一张或第二张，分母表示编制的张数。

5）附件完整。记账凭证所附的原始凭证必须完整无损，并在记账凭证上注明原始凭证的张数。若一张原始凭证所列出的支出需要几个单位共同承担，应将其他单位负担的部分开具原始凭证分割单（必须具备原始凭证的基本内容），以便结算；如果原始凭证需要另行保管，则应在附件栏目内加以注明；对于结账和更正错账的记账凭证，可以不附原始凭证。

（2）记账凭证的填制方法。下面先以收款凭证、付款凭证和转账凭证等专用记账凭证为例逐一讲解其填制方法。

1）收款凭证。收款凭证按照库存现金和银行存款的收入业务进行编制，其借方科目为“库存现金”或“银行存款”，贷方科目为与“库存现金”和“银行存款”相对应的总分类科目及其明细科目；编号可以分别“现收字第×号”和“银收字第×号”编制，也可以统一为“收字第×号”，具体的编号一般从会计期初的 1 号开始排列，顺序编号到期末为止，不得重号或漏号。

2）付款凭证。付款凭证按照库存现金和银行存款的支出业务进行编制，其贷方科目为“库存现金”或“银行存款”，借方科目为与“库存现金”和“银行存款”相对应的总分类科目及其明细科目；编号可以分别“现付字第×号”和“银付字第×号”编制，也可以统一为“付字第×号”，具体的编号一般从会计期初的 1 号开始排列，顺序编号到期末为止，不得重号或漏号。

现金收款和付款凭证的日期按办理现金收付的日期填写；银行存款收款业务的记账凭证，一般按银行进账单或银行受理回执戳记的日期填写；银行存款付款业务的记账凭证，按付款单位开出付款单据的日期或承付的日期填写；月末结转的业务，按当月最后一天的日期填写。

收款凭证和付款凭证不仅是登记库存现金日记账和银行存款日记账的依据，也是出纳人员收付款的依据。对于货币资金之间的收付业务，如从银行提取现金或将现金存入银行，为了避免重复记账，一律填制付款凭证，进行账务处理。

3）转账凭证。转账凭证是根据有关转账业务的原始凭证或原始凭证汇总表填制的，在转账凭证的“会计科目”栏，应分别填写应借、应贷的总账科目和所属的明细科目，按先借后贷的顺序填写。

各种记账凭证既可以根据每一张原始凭证单独填制，也可以根据若干张同类的原始凭证汇总填制。通用记账凭证是由出纳员或会计人员根据审核无误的原始凭证填制的，其填制方法与转账凭证基本相同。

（3）记账凭证的审核。为了保证记账凭证的准确性，监督款项收付，全面提供会计信息，必须对记账凭证进行严格的审核。

1）记账凭证是否与原始凭证相符。应审核记账凭证是否根据审核无误的原始凭证编制，是否附有原始凭证；所附原始凭证的张数、经济内容、金额合计是否与记账凭证一致。

2）会计分录是否正确。会计分录是记账凭证的主要内容，应审核记账凭证所确定的会计分录的科目和金额是否正确，对应关系是否清晰。

3）内容是否齐全。审核记账凭证的内容是否填制全面、完备。

4）填制是否合法。根据现行会计准则、会计制度的规定，审核记账凭证的填制是否合规、合法，确保记账凭证所使用的账户名称、核算内容符合相关法律、法规及企业自身经济管理的要求。

例3-10

承例3-1，3月5日，甲公司接受某股东A企业投入的资金50 000元，款项收到存入银行。

分析：此项业务涉及银行存款的收入，因此需要编制收款凭证或银行收款凭证，如表3-18所示。

表3-18 收款凭证 凭证编号 收字第6号

借方科目：银行存款 20××年3月5日 附件 1 张

摘要	贷方科目		金额	记账符号
	总账科目	明细科目		
收到投入资金	实收资本	A股东	50 000	√
合计			50 000	√

会计主管人员：张山 记账：李斯 制单：王武 出纳：赵琉 审核：钱琪

例 3－11

承例 3－7，3 月 25 日，甲公司用银行存款支付广告费 15 000 元。

分析：此项业务涉及银行存款的支付，因此需要编制付款凭证或银行付款凭证，如表 3－19 所示。

表 3－19　　**付款凭证**　　凭证编号　付字第 9 号

贷方科目：银行存款　　20××年 3 月 25 日　　附件 1 张

摘要	借方科目		金额	记账符号
	总账科目	明细科目		
支付广告费	销售费用	广告费	15 000	√
合计			15 000	√

会计主管人员：张山　　记账：李斯　　制单：王武　　出纳：赵旒　　审核：钱琪

例 3－12

承例 3－8，3 月 31 日，甲公司将本月实现的收入和发生的费用结转到“本年利润”账户。

分析：此项业务没有涉及货币资金的收付，因此需要编制两张转账凭证，如表 3－20、表 3－21 所示。

表 3－20　　**转款凭证**　　凭证编号　转字第 91 号

20××年 3 月 31 日　　附件 0 张

摘要	总账科目	明细科目	√	借方金额	√	贷方金额
结转收入	主营业务收入		√	20 000		
	本年利润	未分配利润			√	20 000
合计				20 000		20 000

会计主管人员：张山　　记账：李斯　　制单：王武　　审核：钱琪

表 3－21　　**转款凭证**　　凭证编号　转字第 92 号

20××年 3 月 31 日　　附件 0 张

摘要	总账科目	明细科目	√	借方金额	√	贷方金额
结转收入	销售费用	广告费			√	15 000
	本年利润	未分配利润	√	15 000		
合计				15 000		15 000

会计主管人员：张山　　记账：李斯　　制单：王武　　审核：钱琪

3.2.4 会计凭证的传递和保管

会计凭证是单位重要的会计资料，在编制完成之后，应及时传递并进行妥善保管。

1. 会计凭证的传递

会计凭证传递是指会计凭证从编制时起到归档为止，在单位内部各有关部门及人员之间的传递顺序、传递时间和衔接手续。正确组织会计凭证的传递，能把本单位各有关部门和人员的活动紧密联系起来，使他们既有分工又有协作，从而使正常的经济活动得以实现，并可以进行有效的监督。合理组织会计凭证的传递，应注意以下问题：

（1）合理确定会计凭证传递应经过的环节。各单位应根据自身经济业务的特点、企业规模、内部机构设置、人员配备和经济管理的需要，恰当规定会计凭证传递所应该经过的环节以及各种会计凭证的份数，既要保证各部门管理的需要，又要尽量避免重复和烦琐，减少不必要的环节，提高会计工作的效率。

（2）合理规定会计凭证在各个环节停留的时间。企业应根据有关部门和经办人员办理各项经济业务的必要手续，合理规定会计凭证在各个环节停留的时间，在保证经济业务手续完整的前提下，保证会计凭证的传递速度。

（3）规定严密的会计凭证交接和签收制度。为保证会计凭证的安全与完整，应使会计凭证传递的各个环节紧密衔接，手续齐备，完善会计凭证传递的交接和签收制度，以防丢失，并明确不同部门和人员的经济责任。

2. 会计凭证的保管

会计凭证是企业重要的会计资料和会计档案，各单位对会计凭证必须妥善保管。会计凭证保管和销毁的相关规定见7.2节的“会计档案”部分。

3.3 会计账簿

会计账簿简称账簿，可以将会计凭证上记录的零散的会计资料系统地反映出来，是继会计凭证后记载企业经济业务的又一个重要载体。

3.3.1 会计账簿的含义和分类

1. 会计账簿的含义

会计账簿是由具有一定格式、相互联系的若干账页组成，以会计凭证为依据，全面、连续、系统地记录各项经济业务的会计簿籍。

设置和登记账簿是会计核算的重要方法，也是会计循环的主要环节，其作用体现在以下几个方面：

（1）提供全面、系统的会计信息。通过设置和登记账簿，可以使在会计凭证中记载的大量分散的会计核算资料，按会计账户进行分类、整理、汇总，从而系统、连续、全面地反映企业的经济业务。

（2）为财务报表的编制提供依据。会计账簿通过对会计凭证所反映的大量经济业务进行序时、分类的记录和加工，在一定时期终了，再将这些资料进行整理后，就可以作为定期编制财务报表的主要的、直接的依据。

（3）保证财产物资的安全完整。通过设置和登记账簿，能够对各项财产物资的增减变动及结存情况进行连续的反映和监督，并可通过财产清查的方法，确定财产物资的实际结存数，将账簿记录和实际结存数量进行比较，保证财产物资的安全完整。

（4）便于监管企业的经济活动。通过账簿记录，可以提供有关各项资产、负债、所有者权益和收入、成本、利润的指标，以便考核成本、利润计划的完成情况，评价企业财务状况和经营成果的好坏。同时，通过账簿记录可以实施会计分析和检查，以便发现管理中存在的问题，找出差距，挖掘潜力，促使单位加强经营管理，提高经济效益。

2. 会计账簿的分类

会计账簿按照不同的标准可以分成不同的种类，一般来说可进行以下分类。

（1）会计账簿按用途的分类。会计账簿按用途不同可分为序时账簿、分类账簿和备查账簿。

1）序时账簿。序时账簿也称日记账，是按照经济业务发生的时间先后顺序，逐日逐笔登记经济业务的账簿。序时账簿按照记录的内容不同，可分为普通日记账和特种日记账。

普通日记账是用来登记各单位全部经济业务的日记账。通常把每天所发生的经济业务，按照业务发生的先后顺序，编成会计分录记入账簿中，所以又称分录日记账。

特种日记账是用来登记某一类经济业务发生情况的日记账。只把重要的项目按发生时间的先后顺序记入日记账中，反映某特定项目的详细情况。实务中，除库存现金和银行存款的收付要记入库存现金日记账和银行存款日记账之外，其他项目一般不再设置特种日记账进行登记。

2）分类账簿。分类账簿是对全部经济业务按总分类账户和明细分类账户进行分类登记的账簿。

总分类账簿简称总账，是根据总分类科目开设账户，用来登记全部经济业务，进行总分类核算，提供总括核算资料的分类账簿。总分类账能够全面反映单位经济活动的概况，是编制会计报表的主要依据。

明细分类账簿简称明细账，是根据总账科目设置，按其所属明细分类科目开设账户，用来登记某一类经济业务，进行明细分类核算，提供明细核算资料的分类账簿。明细分类账可以反映经济活动的详细情况，为企业经营管理提供较全面的核算资料。

3）备查账簿。备查账簿是对某些在日记账簿和分类账簿中未能记载或记载不全的经济业务进行补充登记的账簿。如以经营租赁方式租入固定资产的登记簿、受托加工材料登记簿、应收票据登记簿、代管商品物资登记簿等。备查账簿只是对其他账簿记录的一种补充，起到备忘参考和补充信息的作用。

（2）会计账簿按外表形式的分类。会计账簿按外表形式不同可分为订本式账簿、活页式账簿和卡片式账簿。

1）订本式账簿。订本式账簿简称订本账，是在启用前将编有顺序页码的一定数量账页装订成册的账簿。对于重要的、具有统驭作用的账簿一般采用订本式账簿，如总分类账、库存现金日记账和银行存款日记账等。订本式账簿能够防止账页散失和被非法抽换，可以保证账簿记录的安全完整；但需预留账页，可能会造成预留账页的不足或浪费，且不能同时由多人记账，不便于分工。

订本式账簿主要适用于库存现金日记账、银行存款日记账和总分类账。

2）活页式账簿。活页式账簿简称活页账，是将一定数量零散的账页置于活页夹内，可根据记账内容的变化而随时增加或减少部分账页的账簿，适用于各种明细账。活页式账簿可根据需要增减账页从而避免浪费，可以同时由多人记账，便于分工，但容易散失或被不正当地抽换。因此，活页式账簿在使用时应顺序编号，并由有关人员在账页上签名盖章。

3）卡片式账簿。卡片式账簿简称卡片账，是将一定数量的卡片式账页存放于专设的卡片箱中，账页可以根据需要随时增添的账簿，主要适用于记录内容比较复杂的财产明细账，如固定资产卡片、低值易耗品卡片等。卡片式账簿便于随时查阅和归类整理，且不容易损坏，但是与活页式账簿相同，易出现卡片散失或被抽换的问题。因此，在使用卡片式账簿时也应顺序编号，并由有关人员在账页上签名盖章。

（3）会计账簿按账页格式的分类。会计账簿按账页格式不同可分为三栏式账簿、数量金额式账簿和多栏式账簿。

1）三栏式账簿。三栏式账簿是指由设置借方、贷方和余额三个金额栏目的账页组成的账簿。它适用于总分类账、日记账，也适用于仅进行金额核算而不需要数量核算的明细分类账，如“应收账款”“应付账款”“短期借款”等债权债务类账户。

2）数量金额式账簿。数量金额式账簿也称三大栏式账簿，账簿中的账页先设置“收入”“发出”“结存”三个大栏目，在每一个大栏内再设置“数量”“单价”“金额”三个小栏目。这种账簿适用于既需要进行实物数量核算，又需要进行金额核算的明细账簿，如“原材料”“库存商品”等财产物资账簿。

3）多栏式账簿。多栏式账簿是指由三个以上金额栏目的账页组成的账簿。这种账簿根据经济业务的特点和经营管理的要求，把同一个一级账户所属的明细账户集中在一张账页上设置专栏，反映有关明细账户的核算资料。多栏式账簿还可以分为借方多栏式、贷方多栏式和借贷方多栏式三种格式，分别适用于费用类、收入类和利润明细账。

会计账簿的分类如图3－7所示。

- 会计账簿
  - 按用途分类
    - 序时账
      - 普通日记账
      - 特种日记账
        - 库存现金日记账
        - 银行存款日记账
    - 分类账
      - 总分类账
      - 明细分类账
    - 备查账
  - 按外表形式分类
    - 订本式
    - 活页式
    - 卡片式
  - 按账页格式分类
    - 三栏式
    - 数量金额式
    - 多栏式
      - 借方多栏式
      - 贷方多栏式
      - 借贷方多栏式

图3－7　会计账簿的分类

3.3.2　会计账簿的设置和登记

《会计法》第三条规定：“各单位必须依法设置会计账簿，并保证其真实、完整。”第十六条规定：“各单位发生的各项经济业务事项应当在依法设置的会计账簿上统一登记、核算，不得违反本法和国家统一的会计制度的规定私设会计账簿登记、核算。”因此，任何单位均应根据其规模大小、业务繁简及经营管理需要等情况，设置一定种类和数量的账簿。

1. 账簿设置的原则

为保证账簿的设置与登记能提供单位全面、系统的会计信息，账簿的设置需遵循一定的原则。

（1）适应企业规模和特点，满足管理要求。设置的账簿要能保证全面、系统地反映各会计主体的经济活动情况，为经营管理提供系统分类的会计核算资料。

（2）适当简化。设置账簿要贯彻“单不重填，账不重设”的原则，在满足实际业务需要的前提下，注意人力、财力和物力的节约，避免重复设账。账簿的格式要按照所记录的经济业务内容进行选择，力求简便、实用、易行。

（3）科学严谨。设置账簿时，应保证其体系完整，以利用不同账簿间的数据关系，在账簿间形成一种严谨的勾稽关系，并通过记账人员的合理分工进行审核，避免经济业务的重记、漏记等，保证账簿资料的真实可靠。

2. 账簿的主要内容

账簿记录的经济业务内容不同，提供指标的详细程度不同，其格式也不尽相同，但一般来说，账簿应该具有如下基本内容。

（1）封面。封面上应写明账簿的名称。如总分类账、材料物资明细账等。

（2）扉页。扉页上应列明单位名称、账簿名称、账簿编号、启用日期、经管人员等信息，其格式如表 3－22 所示。

表 3－22　　账簿启用登记表

<table>
<tr><td>单位名称</td><td colspan="3"></td><td>印鉴</td></tr>
<tr><td>账簿名称</td><td colspan="3"></td><td rowspan="4"></td></tr>
<tr><td>账簿编号</td><td colspan="3"></td></tr>
<tr><td>账簿页数</td><td colspan="3">本账簿共计　　页</td></tr>
<tr><td>账簿起讫日期</td><td colspan="3">年　月　日至　年　月　日</td></tr>
<tr><td>责任者</td><td>主管</td><td>会计</td><td>记账</td><td>审核</td></tr>
<tr><td rowspan="5">经管人姓名
及交接日期</td><td></td><td></td><td></td><td></td></tr>
<tr><td></td><td></td><td></td><td></td></tr>
<tr><td></td><td></td><td></td><td></td></tr>
<tr><td></td><td></td><td></td><td></td></tr>
<tr><td></td><td></td><td></td><td></td></tr>
<tr><td>备注</td><td colspan="4"></td></tr>
</table>

为保证账簿记录的合法性与账簿记录的完整性，明确记账责任，账簿在启用前应详细填写账簿启用登记表，并加盖单位公章和责任人员名章。

（3）账页。账页的具体格式随记录内容的不同而不同，但一般都包含如下基本内容：账户名称、登账日期、凭证种类和号数、摘要、金额和方向、页次。

（4）粘贴印花税票。启用新账簿时应按照规定粘贴印花税票。印花税票应粘贴在账簿的右上角并且划线注销；在使用缴款书缴纳印花税时，应在右上角注明“印花税已缴”及缴款金额。

3. 登账的规则

为保证账簿记录的正确、完整和及时，账簿在登记时，必须遵循一定的规则。

（1）必须根据经过审核无误的会计凭证登账。每一笔账都要记明日期、凭证号数、摘要和金额。记账后，要在记账凭证上注明所记账簿的页次，或划“√”符号，以免重记、漏记。

（2）登账时必须用蓝（黑）色墨水钢笔书写，除了复写，不得用圆珠笔。除了结账划线、冲销、调整账务和更正错误记录，不得用红色墨水书写。

（3）登账时应按账户页次顺序逐行逐页登记，不得跳行、隔页。如果发生跳行、隔页，应在空行、空页处用红色墨水笔划对角线注销，注明“此行作废”或“此页作废”字样，并由记账人员盖章。

（4）记账时，要保持账页清晰、整洁，记账的文字或数字都要端正、清楚。数字一般不应超过格长的 1/2，以便于错账更正。

(5) 记账时，应按会计凭证上的分录所指的借、贷方向登记，凡需结出余额的账户，在结出余额后，应在“借”或“贷”栏内写明“借”或“贷”字样，没有余额的账户，应在该栏内写“平”字以表示该账户已经结平，同时在金额栏“元”位上用“-0-”表示。库存现金、银行存款日记账必须逐日结出余额。

(6) 保证账簿记录的连续性。各个账户在一张账页记满时，要在该账页的最末一行结出本页借、贷双方发生额并结出余额，在该行“摘要”栏内注明“过次页”字样，然后再将这个发生额合计数和余额数填列到下一页的第一行内，并在“摘要”栏内注明“承前页”字样，以保证账簿记录的连续性。

(7) 保证账簿记录的完整性。订本式账簿一般都编有账页的顺序号，不得任意撕毁。活页式账簿的账页在启用后，除了经会计主管人员同意，也不得随便调换。

(8) 账簿记录发生错误时，应按规定的方法进行更正，严禁挖补、刮擦、涂改或用药水消除字迹。

4. 普通日记账的设置与登记

普通日记账又称日记账，是用来逐日序时登记一个单位全部经济业务的账簿。它根据日常发生的经济业务所取得的原始凭证逐日逐笔序时登记，将每一笔经济业务转化为会计分录登记入账，然后再转记到分类账中。因此，普通日记账也称分录簿，可以起到记账凭证的作用。账页格式一般只设借、贷两栏。其格式如表 3-23 所示。

表 3-23 **普通日记账** 第 页

20××年		分录编号	摘要	账户名称	账页	金额	
月	日					借方	贷方
9	1	001	收到投资者投入资本	银行存款 　实收资本——张三		100 000	 100 000
	5	002	银行存款购买固定资产	固定资产 应交税费——进项税额 　银行存款		40 000 5 200	 45 200
	6	003	购买原材料货款暂欠	原材料 应交税费——进项税额 　应付账款		60 000 7 800	 67 800
	8	004	借入长期借款	银行存款 　长期借款		200 000	 200 000

普通日记账的登记方法如下：

(1)“日期”栏和“分录编号”栏按照经济业务发生时间的先后顺序逐项登记，并按顺序写明分录的编号或序号。

(2) 在“摘要”栏内，摘录经济业务事项的内容。

(3) 在“账页”索引栏内填写会计分录所收入的分类账的编号、页码，用于和分类账进行对照检查。

(4)“账户名称”栏登记该笔经济业务应借、应贷的账户名称和记账方向。

（5）“借方金额”和“贷方金额”栏登记各个账户的借方或贷方金额。

5. 库存现金和银行存款日记账的设置与登记

库存现金日记账和银行存款日记账又称特种日记账，是针对库存现金和银行存款业务，按其发生的时间先后顺序，逐日逐笔进行连续登记的账簿。货币资金是流动性最强，也是最容易出问题的财产，为加强管理，需设置库存现金日记账和银行存款日记账分别对其进行序时反映。

（1）库存现金日记账的格式与登记。库存现金日记账是用来核算和监督库存现金的收入、支出和结余情况的序时账簿。为防止账页丢失，便于查阅，手工记账方式下必须采用订本式账簿。

库存现金日记账可采用三栏式和多栏式两种格式。

1）三栏式库存现金日记账。三栏式库存现金日记账的格式如表3－24所示。

表3－24　　库存现金日记账（三栏式）　　第　页

20××年		凭证		摘要	对方科目	收入	支出	余额
月	日	字	号					
12	1			期初余额				20 000
	16	付	5	支付购买材料运费	在途物资		100	19 900
	21	付	9	销售产品负担运费	销售费用		300	19 600
	28	付	12	付工程费用	在建工程		60	19 540
	29	收	7	小李报销差旅费	其他应收款	500		20 040
	31			本月合计		500	460	20 040

三栏式库存现金日记账由出纳根据库存现金的收付款凭证以及反映从银行提取现金业务的银行存款付款凭证，按照业务发生时间先后顺序逐日逐笔登记。

2）多栏式库存现金日记账。为了更清晰地反映账户之间的对应关系，了解库存现金变化的来龙去脉，库存现金日记账可以在“收入”和“支出”栏下分别设置其对应科目进行登记，形成多栏式库存现金日记账。

多栏式库存现金日记账的格式如表3－25所示。

表3－25　　库存现金日记账（多栏式）　　第　页

年		记账凭证		摘要	收入						支出						余额
月	日	种类	号数		应贷科目					合计	应借科目					合计	

采用表3－25的多栏式日记账格式时，按照收入、支出的对应科目分设专栏逐日逐笔登记，到月末结账时分栏加计发生额，便于反映每笔收支的来源和用途，能

够为企业的经济活动分析和财务收支分析提供详细具体的资料；但如果对应账户较多，库存现金日记账表格就会过大，也不便于分工登记。为此，可将上述表格一分为二，分别设置库存现金收入日记账和库存现金支出日记账，并按库存现金收入和支出的对应账户设置专栏进行登记。其格式如表 3－26 和表 3－27 所示。

表 3－26 库存现金收入日记账（多栏式） 第 页

年		记账凭证		摘要	贷方科目				收入合计	支出合计	余额
月	日	种类	号数								

表 3－27 库存现金支出日记账（多栏式） 第 页

年		记账凭证		摘要	借方科目				收入合计	支出合计	余额
月	日	种类	号数								

多栏式库存现金日记账的登记方法一般有两种：其一是由出纳人员根据审核后的收付款凭证逐日逐笔进行登记，每日将支出日记账中的当日支出合计数转入收入日记账中当日支出合计栏，以结出当日余额。月末，会计人员根据审核后的库存现金多栏式日记账的各专栏数登记总分类账。其二是另外设置库存现金出纳登记簿，由出纳人员根据审核后的库存现金收付款凭证逐日逐笔登记，然后由出纳将凭证转交会计人员据以登记库存现金日记账，月末根据库存现金日记账登记总分类账。

（2）银行存款日记账的格式和登记。银行存款日记账是用来核算和监督银行存款的收入、支出和结余情况的序时账簿。为防止账页丢失，便于查阅，手工记账方式下必须采用订本式账簿。

银行存款日记账的格式一般采用三栏式，也可在收入和支出项下分别设置其对应科目，采用多栏式银行存款日记账。银行存款日记账格式基本同库存现金日记账，只是为了反映银行存款所采用的结算方式，并利于与银行核对账目，增设了“结算凭证种类和号数”栏，三栏式银行存款日记账的格式如表 3－28 所示。

表 3－28 银行存款日记账（三栏式） 第 页

年		记账凭证		结算凭证		摘要	对方科目	收入	支出	余额
月	日	种类	号数	种类	号数					

银行存款日记账由出纳根据银行存款的收付款凭证以及反映将库存现金送存银行业务的库存现金付款凭证，按照业务发生时间先后顺序逐日逐笔登记。其“结算

凭证种类和号数”栏，根据收款凭证和付款凭证所附的银行结算凭证填列，以便与银行对账。种类为库存现金支票和转账支票等，号数为支票号码。

多栏式银行存款日记账与多栏式库存现金日记账类似，只是增设了“结算凭证种类和号数”栏，其登记方法也与多栏式库存现金日记账类似，此处不再赘述。

6. 分类账簿的设置与登记

分类账簿有总分类账簿和明细分类账簿两种。

（1）总分类账簿的设置与登记。总分类账簿简称总分类账，是按照总分类账户分类登记全部经济业务的账簿。在总分类账中，应按照会计制度规定的会计科目编号顺序分设账户，并为每个账户预留若干账页。应用总分类账能够总括、全面地反映经济活动情况，并为编制会计报表提供依据，因而任何单位都必须设置总分类账，手工核算方式下需采用订本式账簿。

总分类账一般采用借、贷、余三栏式的订本账，也可根据需要增设对方科目栏或采用多栏式总分类账。三栏式总分类账的格式分别如表3－29和表3－30所示。

表3－29　　总分类账（不设对方科目的三栏式）

会计科目________　　　　第　页

年		记账凭证		摘要	借方	贷方	借或贷	余额
月	日	种类	号数					

表3－30　　总分类账（设对方科目的三栏式）

会计科目________　　　　第　页

年		记账凭证		摘要	借方		贷方		借或贷	余额
月	日	种类	号数		金额	对方科目	金额	对方科目		

多栏式总分类账是指将所有总账科目集中设在一张账页上的总分类账。这种格式的总分类账也叫日记总账，其格式如表3－31所示。

表3－31　　总分类账（日记总账）　　　　第　页

年		记账凭证		摘要	发生额	科目		科目		…
月	日	种类	号数			借方	贷方	借方	贷方	

总分类账的登记依据和方法取决于所采用的会计核算组织程序，详见3.4节。

（2）明细分类账簿的分类与登记。明细分类账簿简称明细分类账，是根据二级账户或明细账户开设，用来详细记录和反映各会计科目的增减变动详细情况的账簿。各单位应根据经营管理的需要设置明细账簿。

明细账簿可采用三栏式、多栏式以及数量金额式等不同格式。

1）三栏式明细分类账簿。三栏式明细分类账簿一般采用借、贷、余三栏式，适用于只需要进行金额核算不需要进行数量核算的债权、债务结算科目，如“应收账款”“应付账款”等。其格式如表3-32所示。

表3-32 **××明细账**

明细科目__________ 第　页

年		记账凭证		摘要	借方	贷方	借或贷	余额
月	日	种类	号数					

2）多栏式明细分类账。多栏式明细分类账是在一张账页内记录某一科目所属的各明细科目内容，按该总账科目的明细项目设专栏记录的账簿。适用于只记金额不记数量，且管理上需要了解其构成内容的费用、收入、利润科目。

费用明细账按借方设多栏，收入明细账按贷方设多栏，利润明细账分别按贷方和借方设多栏。前两种明细账的格式如表3-33所示，利润明细账的格式如表3-34所示。

表3-33 **××明细账** 第　页

年		记账凭证		摘要	借（贷）方					贷（借）方	余额
月	日	种类	号数						合计		

表3-34 **利润明细账** 第　页

年		记账凭证		摘要	借方				贷方				借或贷	余额
月	日	种类	号数					合计				合计		

3）数量金额式明细分类账。数量金额式明细分类账需要分别在收入、支出和余额栏下设置数量、单价和金额三个小栏，以同时提供实物信息和价值量信息。其格式如表3-35所示。

表 3-35　　　　××明细账

类别：　　　　品名和规格：　　　　第　页

编号：　　　　计量单位：　　　　存放地点：

年		记账凭证		摘要	借方			贷方			余额		
月	日	种类	号数		数量	单价	金额	数量	单价	金额	数量	单价	金额

上述各种明细分类账的登记方法取决于单位经济业务的繁简程度和经济管理的要求，既可以根据原始凭证或记账凭证逐笔登记，也可以定期汇总登记。

（3）总分类账和明细分类账的平行登记。总分类账簿提供单位所有账户的总括核算指标，明细分类账簿提供各个明细账户的详细核算指标，二者之间是统驭与被统驭的关系。总分类账对其所属的明细分类账起着统驭和控制的作用，明细分类账对总分类账起着补充和说明的作用。由于二者登账的依据相同，因此需进行平行登记。

平行登记是指经济业务发生后，根据会计凭证一方面登记有关的总分类账户，另一方面登记该总分类账户所属的各有关明细账户。

平行登记的要点包括：登记的依据相同且同期登记入账，当经济业务发生时，应根据同一张会计凭证同时在总分类账和明细分类账中分别进行登记；登记的方向一致，若某项经济业务根据某张记账凭证登在了总分类账的借方，则必然登在其所属明细分类账的借方；登记的金额相等。因此，总分类账户与其所属的明细分类账户之间会存在一定的数量关系。

总分类账户与其所属的明细分类账户之间的数量关系用公式表示如下：

总分类账户本期发生额＝所属明细分类账户本期发生额合计

总分类账户期末余额＝所属明细分类账户期末余额合计

在会计核算中，可以利用二者之间的上述关系，编制总分类账和明细分类账本期发生额和余额对照表，检查账簿记录的正确性。

例 3-13

假设长江公司20××年11月有关原材料的资料如下：

（1）期初余额为：A材料25千克，单价100元，金额2 500元；B材料50千克，单价200元，金额10 000元。

（2）5日，购入A材料10千克，单价100元；B材料20千克，单价200元。材料已验收入库，货款通过银行转账支付，材料的增值税税率均为13%。

（3）6日，生产甲产品分别领用A，B材料各15千克。

本月未发生其他与原材料有关的经济业务。

要求：试进行总分类账和明细分类账的平行登记。

第一，根据以上资料开设“原材料”总分类账和明细分类账，并登记期初余额。

第二，根据发生的经济业务编制如下会计分录：

5 日，

借：原材料——A 材料 1 000

——B 材料 4 000

应交税费——应交增值税（进项税额） 650

贷：银行存款 5 650

6 日，

借：生产成本——甲产品 4 500

贷：原材料——A 材料 1 500

——B 材料 3 000

第三，根据会计分录平行登记有关的总分类账和明细分类账，并结出各账簿的本期发生额和期末余额。账簿登记的结果分别如表 3－36 至表 3－38 所示。

表 3－36 **总分类账**

会计科目：原材料 第 页

20××年		记账凭证		摘要	借方	贷方	借或贷	余额
月	日	种类	号数					
11	1			月初余额			借	12 500
	5	银付	1	购入材料	5 000		借	17 500
	6	转	1	生产领用		4 500	借	13 000
	30			本月合计	5 000	4 500	借	13 000

表 3－37 **原材料明细账**

类别：略 品名和规格：A 材料 第 页

编号：略 计量单位：千克 存放地点：略

20××年		记账凭证		摘要	借方			贷方			余额		
月	日	种类	号数		数量	单价	金额	数量	单价	金额	数量	单价	金额
11	1			月初余额							25	100	2 500
	5	银付	1	购入材料	10	100	1 000				35	100	3 500
	6	转	1	生产领用				15	100	1 500	20	100	2 000
	30			本月合计	10	100	1 000	15	100	1 500	20	100	2 000

表 3－38 **原材料明细账**

类别：略 品名和规格：B 材料 第 页

编号：略 计量单位：千克 存放地点：略

20××年		记账凭证		摘要	借方			贷方			余额		
月	日	种类	号数		数量	单价	金额	数量	单价	金额	数量	单价	金额
11	1			月初余额							50	200	10 000
	5	银付	1	购入材料	20	200	4 000				70	200	14 000
	6	转	1	生产领用				15	200	3 000	55	200	11 000
	30			本月合计	20	200	4 000	15	200	3 000	55	200	11 000

第四，编制总分类账和明细分类账本期发生额和余额对照表，进行核对。本期发生额和余额对照表如表3－39所示。

表3－39 原材料账户本期发生额和余额对照表

20××年11月

账户名称	计量单位	单价	期初余额		本期发生额				期末余额	
					收入		发出			
			数量	金额	数量	金额	数量	金额	数量	金额
A材料	千克	100	25	2 500	10	1 000	15	1 500	20	2 000
B材料	千克	200	50	10 000	20	4 000	15	3 000	55	11 000
明细账				12 500		5 000		4 500		13 000
总分类账				12 500		5 000		4 500		13 000

根据本期发生额和余额对照表，原材料明细账发生额和余额的金额合计与总分类账的发生额和余额相等。

7. 备查账的设置与登记

对于序时账簿和分类账簿未能或无法反映的特殊经济事项，可以通过备查账簿进行记录。备查账簿无规定格式，而是取决于特殊经济业务的种类、内容及各单位会计核算和经营管理的需要，根据有关的凭证进行登记。

3.3.3 错账更正

在日常会计核算中，存在种种原因可能导致凭证编制或记账错误，这时就需要进行错账更正。

1. 错账的基本类型

会计核算是一项细致的工作，稍有不慎就可能导致错账。在手工核算的方式下错账大致有以下两大类型：

（1）会计凭证正确，账簿记录错误。凭证的填制正确无误，但记账人员在记账时产生失误，导致账簿记录出现错误。

（2）会计凭证错误，并据以登记账簿。会计凭证错误又表现为几种不同的情况：会计科目使用错误；会计科目正确，但记账凭证上的发生额填制错误，可以表现为金额多写或少写。

2. 错账的更正

记账错误发生后，应采用规定的方法进行更正。更正错账的方法有划线更正法、红字更正法和补充登记法。

（1）划线更正法。划线更正法是对账簿记录中的错误文字或者数字，划红线注销，并做更正的一种方法。

在结计余额之前，如果发现账簿记录有文字或数字上的错误，而记账凭证没有错误，即纯属账簿记录中的笔误，则可采用划线更正法。

具体做法是：先将错误数字全部划一条红线予以注销，然后，将正确的数字用蓝字写在划线上面，并由记账员在更正处盖章，以明确责任。但不得只划线更正其中个别数字；而且对已划线注销的数字，应当保持原有字迹仍可辨认，以备查核。

（2）红字更正法。红字更正法是指由于记账凭证错误而使账簿记录发生错误，用红字冲销原记账凭证，以更正账簿记录的一种方法。

适用范围有两个方面：

1）记账以后，发现记账凭证中应借应贷的会计科目或记账方向有错误时，可采用红字更正法予以更正。

更正的具体方法是：用红字填写一份与原用科目、借贷方向和金额相同的记账凭证，以冲销原来的记录；然后用蓝字重新填制一份正确记账凭证，一并登记入账。

例 3－14

车间领用原材料 6 000 元用于一般性消耗。编制如下记账凭证，并据以登记入账。

借：生产成本　　6 000

　贷：原材料　　6 000

发现记账错误后，应先按照原分录用红字填制一张记账凭证以冲销原会计分录：

借：生产成本　　6 000

　贷：原材料　　6 000

同时，再用蓝字填制一张正确的记账凭证：

借：制造费用　　6 000

　贷：原材料　　6 000

以上有关账户的记录如下：

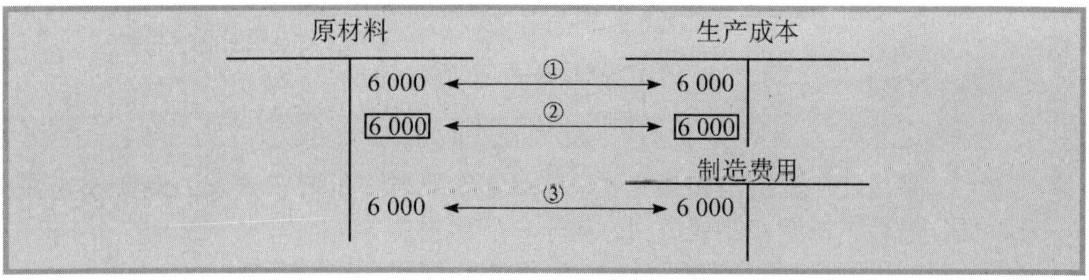

2）记账以后，如发现原记账凭证中应借、应贷会计科目和记账方向正确，只是金额发生错误，且所记金额大于应记金额。

其更正方法是：用红字填写一张记账凭证，用以冲销多记金额（即正确数与错误数之间的差数），并据以用红字登记入账，以求得正确金额。

例 3-15

用库存现金购买办公用品800元。根据下面的会计凭证已登记入账。

借：管理费用　　8 000

　贷：库存现金　　8 000

发现记账错误后，应将多记的7 200元用红字分录予以冲销：

借：管理费用　　[7 200]

　贷：库存现金　　[7 200]

以上有关账户的记录如下：

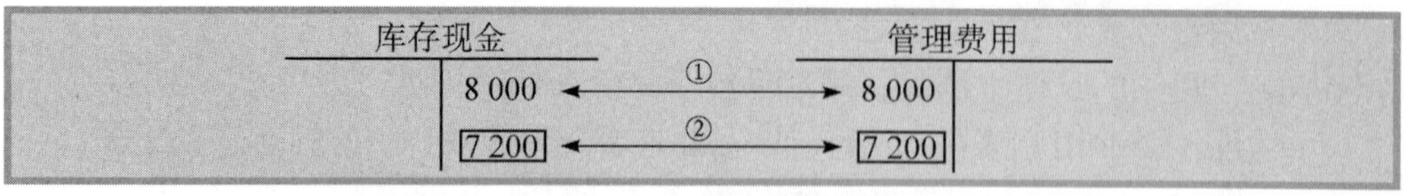

（3）补充登记法。补充登记法是指由于记账凭证错误导致账簿记录错误，从而采用编制补充凭证，以更正账簿记录的一种方法。

记账以后，如果发现记账凭证上应借、应贷的会计科目和记账方向并无错误，但所填金额小于应填金额，可采用补充登记法更正。

具体的更正方法为：按少记的金额再用蓝字填一张应借、应贷的会计科目和记账方向与原错误记账凭证相同的记账凭证，并据以登记入账，以补充少记的金额。

例 3-16

用转账支票支付业务招待费6 000元。已根据编制的如下会计凭证登记入账。

借：管理费用　　600

　贷：银行存款　　600

发现错误时，可将少记的5 400元再编制一张记账凭证，如下：

借：管理费用　　5 400

　贷：银行存款　　5 400

以上有关账户的记录如下：

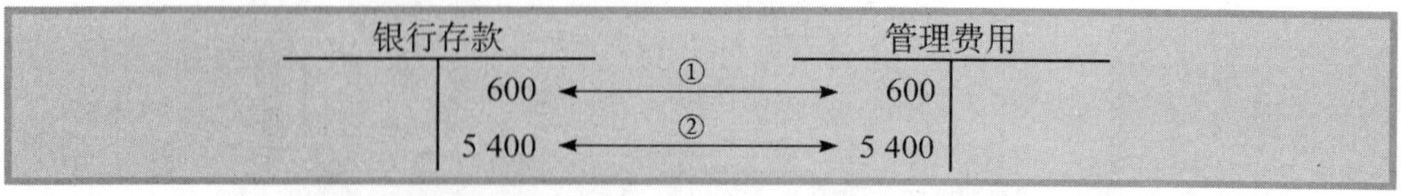

采用红字更正法和补充登记法更正错账时，都要在凭证的摘要栏内注明原错误凭证号数、日期和错误原因，便于日后核对。

3.3.4 会计账簿的保管与更换

会计账簿是单位重要的会计档案资料，且有些是需要保密的。因此，各单位必须按照国家的有关规定，建立健全保管和更换制度。

1. 会计账簿的保管制度

会计账簿的保管包括账簿的日常管理和归档保管。

（1）会计账簿的日常管理。会计账簿的日常管理包括以下内容：各种账簿应指定专人保管，一般是谁记账谁负责保管；未经单位领导或会计主管批准，非经管人员不得随意翻阅查看会计账簿；会计账簿除了与外单位核对账目，一般不允许携带外出；会计账簿不能随意交与其他人员管理，以保证账簿安全完整。

（2）会计账簿的归档保管。会计账簿归档保管的相关规定见 7.2 节中相关内容。

2. 会计账簿的更换制度

会计账簿的使用以会计年度为限，在每个会计年度末，应当将旧账更换为新账。一般来说，库存现金日记账、银行存款日记账、总分类账及大部分明细分类账都要每年更换新账。

固定资产明细账或固定资产卡片可继续使用，不必每年更换。

更换账簿一般在年终结账时进行，直接将各账户的年末余额抄入新账的有关账户，在摘要栏内注明“上年结转”或“年初余额”即可。如果因会计制度变更需变更账户名称及其核算内容，应在上年度结账时，编制余额调整分录，按本会计年度的账户名称、核算内容，将上年度有关账户的余额进行合并或分解。结出新账中应列出的余额，然后过渡到新账中的各有关账户；或者在上年度结账后，通过编制余额调整工作底稿的方式，将上年度有关账户余额分解、归并为本年度有关账户的余额，然后开设本年度新账，将余额抄入有关账户第一行，并标明余额方向即可。上年末编制的余额调整分录，应与上年度会计凭证一并归档保管；编制的余额调整工作底稿应与上年度的账簿一并归档保管。

3.4 会计账务处理程序

为了合理组织会计工作，确保会计信息的及时提供，必须把各种会计凭证、账簿等按一定要求结合起来，形成一定的账务处理程序。会计账务处理程序主要有记账凭证账务处理程序、科目汇总表账务处理程序和汇总记账凭证账务处理程序等三种，本节将分别予以讲解。

3.4.1 会计账务处理程序概述

在对日常经济业务的逐层加工、汇总、综合的过程中，填制会计凭证是核算资料的收集及初步分类，登记账簿是核算资料的分类整理，编制报表是核算资料的再加工。凭证填制、账簿登记以及财务报告的编制之间具有一定的联系。编制报表的资料来自账簿，报表的内容对账簿的种类、格式和记录内容又有一定的制约作用；

同样，凭证是登记账簿的依据，账簿的种类、格式又决定着凭证的种类和格式等。凭证、账簿、报表三者之间存在相互联系、相互制约的关系，三者之间以及各种凭证之间、账簿之间、报表之间的配合决定了会计核算资料的全面性、综合性和及时性。每一个单位都应当根据实际情况，设计会计凭证、账簿、财务报表及其传递程序，即会计核算的组织程序。

1. 会计账务处理程序的含义和分类

会计账务处理程序也称会计核算组织程序，是指以账簿组织为核心，把会计凭证、账簿、报表、记账程序和记账方法有机结合起来的技术组织方式。账簿组织是指会计凭证和账簿的种类、格式、登记内容以及各种凭证与账簿之间的相互联系；记账程序和记账方法是指从审核、整理原始凭证开始，通过编制记账凭证、登记各种账簿，到编制报表为止的整个工作步骤和方法。

我国的会计核算工作在长期的实践中，根据登记总分类账的依据不同，主要形成了三种会计核算组织程序，分别是：记账凭证核算组织程序，科目汇总表核算组织程序，汇总记账凭证核算组织程序。

2. 会计账务处理程序的要求

为保证会计工作更好地发挥效用，企业应选择科学、合理、适用的会计核算组织程序。企业在选择会计核算组织程序时应考虑以下问题。

（1）满足经济管理的需要。企业的会计核算组织程序要适应本单位、主管部门和国家经济管理的需要，能全面、系统、正确、及时地提供经济管理所需要的数据资料，为不断改善经营管理、提高经济效益服务。

（2）同本单位的实际情况相结合。企业的会计核算组织程序要适应本单位的生产经营特点、规模大小、经济业务的繁简等情况，有利于会计机构的设置、会计人员的配备和分工，有利于会计岗位责任制的建立，为提高会计核算工作的效益服务。

（3）尽量简化核算手续。企业的会计核算组织程序要在保证会计工作质量的前提下尽量简化核算手续，减少不必要的核算环节，节约人力、物力，做到周密组织、科学安排各项会计工作，确保会计所提供的各种信息资料正确、及时、完整，为提高会计工作质量和效益而有效服务。

3. 会计账务处理程序的作用

会计核算组织程序的选择是企事业单位会计工作的一项重要内容。合理的会计核算组织程序，对于科学地组织单位的会计核算工作有着重要意义，主要表现在以下几个方面。

（1）可以保证会计处理程序有条不紊地进行，保证会计记录正确、及时、完整，并迅速编制报表，提高会计核算工作的效率。

（2）可以保证及时提供全面、连续、系统、清晰的会计信息资料，准确、完整地反映单位的财务状况和经营成果，满足各方面对会计信息的需要，提高会计核算的质量。

（3）可以减少不必要的核算环节和手续，避免重复，精简会计人员，节约核算费用，提高会计核算的效益。

3.4.2　基本会计账务处理程序——记账凭证核算组织程序

记账凭证核算组织程序是最基本的一种会计核算组织程序，是其他会计核算组织程序的基础，其他核算形式都是由此演变而来的。

1. 记账凭证核算组织程序的概念和特点

记账凭证核算组织程序是指直接根据各种记账凭证逐笔登记总分类账的一种会计核算组织程序。这种会计核算组织程序的会计信息从凭证到账簿环节不经过任何载体。

记账凭证核算组织程序的特点是：根据记账凭证逐笔登记总分类账。其优点是：记账程序简单明了，易于理解和掌握；总分类账记录详细，来龙去脉清晰，便于用账、查账。其缺点表现为：登记总分类账的工作量较大，不便于对会计工作进行分工。但是在会计电算化日益发展的今天，逐笔登账所带来的工作量大的问题已不复存在，因而为大多数企业所采用。

2. 记账凭证核算组织程序的具体内容

（1）凭证与账簿设置。在记账凭证核算组织程序下，记账凭证一般采用收款凭证、付款凭证、转账凭证三种格式，也可以采用通用格式的记账凭证。

在这种核算组织程序下应设置的账簿有现金日记账、银行存款日记账、总分类账和明细分类账。各种日记账和总分类账的格式一般采用三栏式；明细分类账的格式可根据实际情况，分别采用三栏式、多栏式、数量金额式等不同形式。

（2）账务处理程序。记账凭证核算组织程序的基本流程如图 3－8 所示。

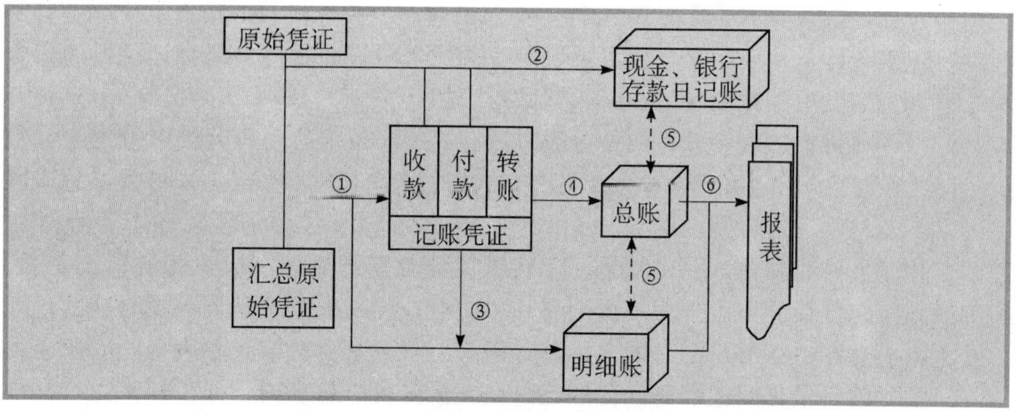

图 3－8　记账凭证核算组织程序流程图

采用记账凭证核算组织程序，其基本流程可以分为以下六步：

①根据原始凭证或汇总原始凭证编制记账凭证。

②根据收款凭证、付款凭证和所附原始凭证，逐笔登记现金日记账和银行存款日记账。

③根据原始凭证、汇总原始凭证和记账凭证，逐笔登记明细分类账。

④根据各种记账凭证，逐笔登记总分类账。

⑤月末，将现金日记账、银行存款日记账和明细分类账的余额与总分类账有关账户的余额核对，以保证账账相符，为正确编制会计报表做准备。

⑥月末，根据明细分类账和总分类账编制会计报表。

3.4.3 科目汇总表核算组织程序

1. 科目汇总表核算组织程序的概念和特点

科目汇总表核算组织程序又称记账凭证汇总表核算组织程序，是定期将所有记账凭证汇总编制成科目汇总表，再根据科目汇总表登记总分类账的账务处理程序。

科目汇总表核算组织程序的优点是：由于总分类账根据定期编制的科目汇总表登记，大大减少了登记总分类账的工作量；另外，科目汇总表本身可以进行试算平衡，从而可以保证总账记录的正确性；最后，此种形式核算手续简便，易学易懂。

科目汇总表核算组织程序的缺点是：科目汇总表的汇总工作比较复杂，而且不能反映账户的对应关系；根据科目汇总表登记总账，不便于分析和检查经济业务的来龙去脉，不便于查对账目。

2. 科目汇总表的编制

科目汇总表是根据记账凭证，按照相同的会计科目定期归类、汇总编制的表格。

科目汇总表的具体编制方法是：根据记账凭证，将相同的会计科目进行归类，定期（如3天、5天或10天等）汇总出每一个会计科目的借方发生额合计和贷方发生额合计，并填写在科目汇总表的有关栏目内；最后将全部会计科目的借方发生额和贷方发生额分别合计，其合计数应该相等。

科目汇总表一般有两种分类方法：第一，按汇总内容分类可分为全部汇总和分类汇总。全部汇总是将一定时期内的各种记账凭证汇总在一张科目汇总表内；分类汇总是将一定时期内的各种记账凭证按照不同字号分别汇总在若干张科目汇总表内，如按收款凭证、付款凭证和转账凭证分别汇总编制成三张科目汇总表。第二，按汇总次数分类可分为一次汇总和多次汇总。一次汇总是将一定时期的记账凭证一次汇总在一张科目汇总表内，每月可汇总若干张，其格式如表3－40所示；多次汇总是将每个月的记账凭证分期汇总在一张科目汇总表内，如按旬汇总，其格式如表3－41所示。

表 3－40　科目汇总表（1）

年　月　日　　汇字第　号

会计科目	本期发生额		记账凭证起讫号数	总账页数
	借方	贷方		
合计				

会计主管：　　记账：　　出纳：　　审核：　　填制：

表 3－41　科目汇总表（2）

年　月　日　　汇字第　号

会计科目	1—10 日		11—20 日		21—31 日		发生额合计		总账页数
	借方	贷方	借方	贷方	借方	贷方	借方	贷方	
合计									

会计主管：　　记账：　　出纳：　　审核：　　填制：

3. 科目汇总表核算组织程序的具体内容

（1）凭证与账簿设置。在科目汇总表核算组织程序下，记账凭证和账簿的设置基本上与记账凭证核算组织程序相同。记账凭证一般采用收款凭证、付款凭证、转账凭证三种格式，也可以采用通用格式的记账凭证，同时设置科目汇总表。应设置的账簿有现金日记账、银行存款日记账、总分类账和明细分类账，各种账簿的格式与记账凭证会计核算组织程序相同。

（2）账务处理程序。

科目汇总表核算组织程序的账务处理流程如图 3－9 所示。

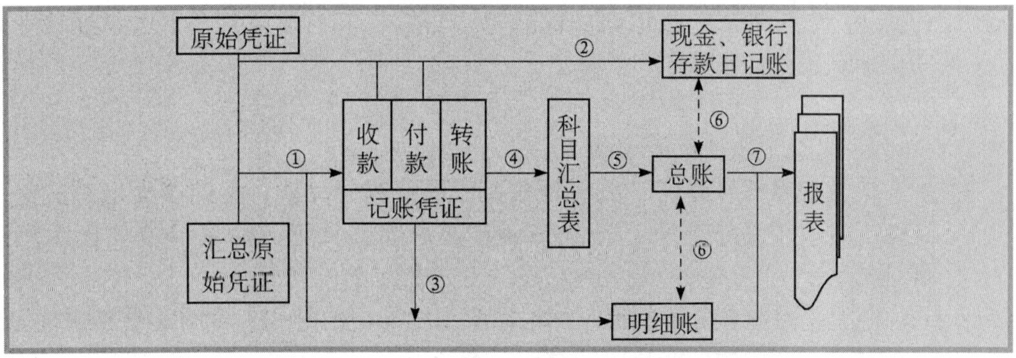

图 3－9　科目汇总表核算组织程序流程图

采用科目汇总表核算组织程序，其基本流程可以分为以下七步：

①根据原始凭证或汇总原始凭证编制记账凭证。

②根据收款凭证、付款凭证和所附原始凭证，逐笔登记现金日记账和银行存款日记账。

③根据原始凭证、汇总原始凭证和记账凭证，逐笔登记明细分类账。

④根据记账凭证，定期编制科目汇总表；在归类汇总每一科目的借贷方发生额后，加计本期发生额合计数，如果借方发生额合计数与贷方发生额合计数相等，说明记账凭证和科目汇总表的编制基本正确，可以根据科目汇总表登记总分类账。

⑤根据科目汇总表，登记总分类账。总分类账的登记日期依科目汇总表的编制时间而定，汇总编制科目汇总表后，即可根据科目汇总表登记一次总分类账。若按月分旬编制科目汇总表，可每汇总一次就登记一次总分类账，也可按全月合计数于月末一次登记总分类账。

⑥月末，将现金日记账、银行存款日记账和明细分类账的余额与总分类账有关账户的余额核对，以保证账账相符，为正确编制会计报表做准备。

⑦月末，根据明细分类账和总分类账编制会计报表。

3.4.4 汇总记账凭证核算组织程序

1. 汇总记账凭证核算组织程序的概念和特点

汇总记账凭证核算组织程序，是指定期将所有记账凭证汇总编制成汇总记账凭证，然后根据汇总记账凭证登记总分类账的核算组织程序。

汇总记账凭证核算组织程序的优点是：这种核算组织程序可以将日常发生的大量记账凭证分散在平时整理，通过汇总归类，月末时一次登入总分类账，减轻登记总账的工作量，为及时编制会计报表提供方便；汇总记账凭证是按照科目对应关系归类、汇总编制的，能够明确地反映账户之间的对应关系，便于经常分析检查经济活动的发生情况。

汇总记账凭证核算组织程序的缺点是：汇总记账凭证的编制工作比较复杂，工作量较大；另外，汇总记账凭证按每一贷方科目归类汇总，不考虑经济业务的性质，不利于会计核算工作的分工。

2. 汇总记账凭证的编制

汇总记账凭证是将记账凭证按照账户的对应关系，定期归类汇总编制的一种记账凭证。汇总记账凭证分为三种：汇总收款凭证、汇总付款凭证和汇总转账凭证。

（1）汇总收款凭证的编制。汇总收款凭证是根据一定时期的全部收款凭证，按月汇总编制而成的。汇总收款凭证按借方科目“库存现金”和“银行存款”设置，按其相对应的贷方科目加以归类，定期汇总，按月编制。月末时，结算出汇总收款凭证中各贷方科目的合计数，作为登记总分类账的依据。收款凭证科目的借方只有“库存现金”和“银行存款”，以借方为主体，按贷方科目归类汇总编制汇总收款凭证的张数会较少。按月编制汇总收款凭证时只需编制一张库存现金汇总收款凭证和一张银行存款汇总收款凭证就可以囊括全部收款凭证。库存现金汇总收款凭证的格式如表 3－42 所示。

表 3－42　　**汇总收款凭证**

借方科目：库存现金　　年　月　　汇收第　号

贷方科目	金额				总账页数	
	1—10 日 收款凭证 第　号～第　号	11—20 日 收款凭证 第　号～第　号	21—31 日 收款凭证 第　号～第　号	合计	借方	贷方
合计						

会计主管：　记账：　出纳：　审核：　填制：

（2）汇总付款凭证的编制。汇总付款凭证是根据一定时期的全部付款凭证，按月汇总编制而成的。汇总付款凭证按贷方科目“库存现金”和“银行存款”设置，按其相对应的借方科目加以归类，定期汇总，按月编制。月末时，结算出汇总付款凭证中各借方科目的合计数，作为登记总分类账的依据。付款凭证科目的贷方只有“库存现金”和“银行存款”，以贷方为主体，按借方科目归类汇总编制汇总付款凭证的张数会较少。按月编制汇总付款凭证时只需编制一张库存现金汇总付款凭证和一张银行存款汇总付款凭证就可以囊括全部付款凭证。银行存款汇总付款凭证的格式如表 3－43 所示。

表 3－43　　**汇总付款凭证**

贷方科目：银行存款　　年　月　　汇付第　号

借方科目	金额				总账页数	
	1—10 日 付款凭证 第　号～第　号	11—20 日 付款凭证 第　号～第　号	21—31 日 付款凭证 第　号～第　号	合计	借方	贷方
合计						

会计主管：　记账：　出纳：　审核：　填制：

（3）汇总转账凭证的编制。汇总转账凭证是根据一定时期的转账凭证，按月汇总编制而成的。转账凭证的借、贷方科目均无规律性，为避免混乱，规定汇总转账凭证一律按转账凭证的贷方科目分别设置，按与设置科目对应的借方科目加以归类，定期汇总，按月编制。月末时，结算出各汇总转账凭证中各借方科目的合计数，作为登记总分类账的依据。

汇总转账凭证的格式如表 3－44 所示。

表3-44　　汇总转账凭证

贷方科目：　　　　年　月　　　　汇转第　号

借方科目	金额				总账页数	
	1—10日 转账凭证 第　号～第　号	11—20日 转账凭证 第　号～第　号	21—31日 转账凭证 第　号～第　号	合计	借方	贷方
合计						

会计主管：　　记账：　　审核：　　填制：

为便于编制汇总记账凭证，要求收款凭证按一个借方科目与一个或几个贷方科目相对应编制，付款凭证按一个贷方科目与一个或几个借方科目相对应编制，转账凭证按一个贷方科目与一个或几个借方科目相对应编制。

3. 汇总记账凭证核算组织程序下的凭证和账簿设置

汇总记账凭证核算组织程序下，记账凭证和账簿的种类、格式的设置基本上与记账凭证核算组织程序相同，只是需要多设置汇总收款凭证、汇总付款凭证和汇总转账凭证。

4. 汇总记账凭证核算组织程序的基本程序

汇总记账凭证核算组织程序的基本流程如图3-10所示。

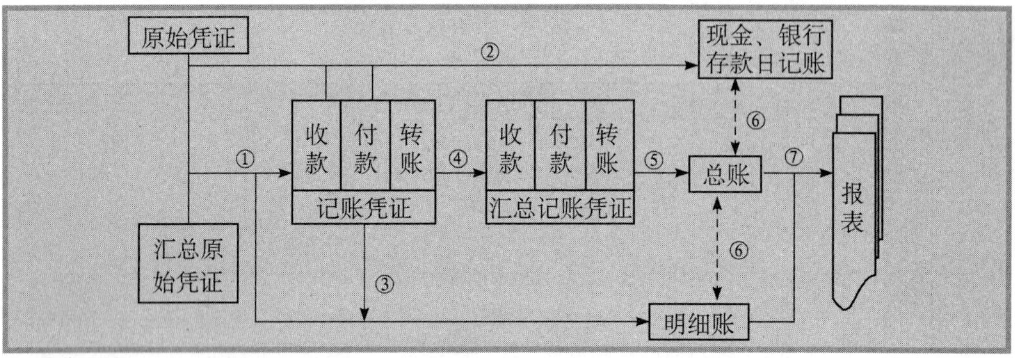

图3-10　汇总记账凭证核算组织程序流程图

采用汇总记账凭证核算组织程序，其基本流程分为七步：

①根据原始凭证或汇总原始凭证编制记账凭证。

②根据收款凭证、付款凭证和所附原始凭证，逐笔登记现金日记账和银行存款日记账。

③根据原始凭证、汇总原始凭证和记账凭证，逐笔登记明细分类账。

④根据记账凭证，定期编制汇总记账凭证。

⑤根据汇总记账凭证，登记总分类账。为使总分类账的内容与各种汇总记账凭

证一致，总分类账所采用的借、贷、余三栏式中的借、贷两栏应设有“对方科目”专栏。月末时，根据汇总收款凭证的合计数，登记在“库存现金”“银行存款”等总分类账户的借方，以及有关账户的贷方；根据汇总付款凭证的合计数，登记在“库存现金”“银行存款”等总分类账户的贷方，以及有关账户的借方；根据汇总转账凭证的合计数，记入有关总分类账户的借方和设置汇总凭证账户的贷方。

⑥月末，将现金日记账、银行存款日记账和明细分类账的余额与总分类账有关账户的余额核对。

⑦月末，根据明细分类账和总分类账编制会计报表。

3.5　会计电算化

会计电算化是以计算机为媒体，将当代电子信息技术应用到会计工作中，采用计算机，替代手工记账、算账、报账，完成对会计信息的分析、预测、决策的过程，是现代社会化大生产和新技术革命的必然产物。

3.5.1　会计电算化的含义和特点

会计电算化是指会计人员运用以财务软件为核心的电子计算机系统，按照一定的程序和方法对会计数据进行加工处理，以获取会计信息的一种管理活动。

会计电算化有以下特点。

1. 为财务决策提供辅助作用

利用会计软件提供的各类会计信息，在财务分析模块上，可以通过比率分析、因果分析、因素分析、对比分析等方法，对企业的财务信息进行分析。同时，可利用计算机的智能，完成人脑逻辑判断难以完成的信息分析工作，辅助企业管理人员进行财务决策。

2. 实现财务信息共享

目前的网络财务软件，通过网络的形式以电子数字和电子信号迅速传递信息，满足了不同用户的需要，还可以使用卫星通信技术，以数字化形式传递各种经济信息，大大提高了信息共享的能力。

3. 业务处理程序化

在会计电算化系统中，系统按照预先设计好的程序和步骤来完成会计处理。对于日常业务中可能遇到的情况以及应如何处理这些情况等都能够预先确定。

4. 系统设计的专业化和专门化

系统的开发和实施要有专门的系统分析设计人员对会计信息系统进行周密

的分析和设计，由程序员完成编码和调试；同时还要对会计人员进行专门培训，才能保证系统的正常运行；在使用过程中，也必须配备专业人员对系统进行维护。

3.5.2 会计电算化与手工会计

会计作为一种信息系统，可以是手工会计信息系统（hand accounting information system，HAIS），也可以是以计算机为工具的计算机会计信息系统（computer accounting information system，CAIS）。用 CAIS 替代 HAIS，体现了会计工作效率的提高，标志着会计管理工作的改进和现代化。

1. 会计电算化与手工会计的关系

会计电算化和手工会计有着密切的联系。二者的系统目标一致、基本功能相同，都是为加强经营管理，提供会计信息，参与经营决策和提高经济效益服务，而且都具备信息的采集输入、存储、加工处理、传输和输出的功能；采用的基本会计理论和方法以及法律规范相同，都遵循基本的会计理论和方法以及会计和财务制度，采用复式记账原理，以会计恒等式为基本依据；编制会计报表的要求相同且都要保存会计档案，两系统都要按照《企业会计准则》的要求编制会计报表，按照规定提供给相应的信息使用者，并应妥善保管会计档案。

但二者也存在很多不同，表现在：系统初始化设置及科目的设置和使用不同；账簿的格式、功能和登账规则不同；账务处理程序以及会计报表的编制过程不同；等等。

2. 会计电算化对手工会计的影响

会计电算化信息系统，使会计的核算方法和工作程序均发生了重大的变化，对传统会计形成了一系列较大的冲击。

（1）改变会计工作的组织机构。会计电算化改变了会计人员的工作分工，引起了会计工作组织机构的变化。主要表现在以下两个方面：一是企业将大量的会计数据处理工作集中在计算机部门；二是会计人员的原有职能岗位，应按会计电算化信息系统的要求重新设置。

（2）改变会计数据的处理方式。计算机的应用改变了手工处理会计数据的方法，只要会计人员根据原始凭证的内容，在财务软件中录入记账凭证，经审核后，计算机就可以按照预置功能自动完成汇总、记账、转账、编制报表等一系列工作，而且可以随时输出报表。

（3）改变会计信息质量。会计电算化可以大大提高会计信息的可靠性、相关性、可比性等会计信息的质量特征，而且计算机可以同时存储实物量和货币量信息，使会计信息向多种量度单位发展，在需要时能迅速检索，汇总输出。

（4）改变建立会计信息系统的方法。建立会计电算化信息系统的方法与手工会计的方法有很大不同，企业在建立会计信息系统时，对记账方法的选用、会计科目的设置、凭证账簿格式的设计、财务报表的选择等，都应从人工和计算机两方面加以考虑。

（5）改变会计档案的保管形式。使用计算机后，会计档案主要以磁介质的形式存放，对环境、温度等有特殊的要求，而且存放在磁盘上的信息是看不见的，需要借助计算机才能存取数据。

（6）改变会计内部控制的方法和技术。在会计电算化信息系统中，为保证数据和数据处理的正确、安全、可靠，需要相应的方法和技术，其中许多方法和技术是在计算机中实现或通过人工与机器的结合来完成的。

3.5.3 财务软件的主要模块

会计电算化系统使用的财务软件可以由企业自行开发、由企业委托软件公司开发或与软件公司合作开发等，也可以直接从市场上购入通用的财务软件。市场上所销售的通用财务软件一般有以下模块。

1. 账务电算化模块

账务电算化模块也称总账系统模块，是各单位财会工作的最基础部分。这部分的电算化主要包括采用计算机完成记账凭证的输入、汇总、复核核对，产生总账、明细账和各种汇总表等，提供各种账表的查询功能并处理银行对账、数量核算、外币核算等内容。

2. 报表电算化模块

报表电算化模块包括报表格式定义、公式定义、报表数据管理和报表输出等内容，提供了报表格式管理、数据处理、图形图表、报表打印等多种功能，报表中的数据主要从账务模块和其他资料中自动生成。

3. 核算电算化模块

核算电算化模块主要包括工资核算、固定资产核算、材料核算、应收应付核算、成本核算和销售核算电算化等。该模块将手工会计中日常的大量核算工作交由计算机来完成。

4. 管理电算化模块

管理电算化模块是指利用计算机进行财务计划、财务预算、财务预测、财务分析和财务控制等工作。这部分往往由项目管理模块、预算管理模块、资金管理模块等组成。

以上四项内容中，账务电算化模块和报表电算化模块是必备的，是财务工作最基本的内容，称为第一层次；工资、固定资产、材料核算等单项核算部分，是从核算的角度提高财务工作的自动化，并非所有单位都需要，但企业一般都会有这些核算，做得好能显著改善财务工作的劳动强度和核算精度，因此，这部分称为第二层次，也叫核算层次；管理电算化部分是从财务的角度提高财务工作自动化，能够将会计的事后核算转变为事前管理和事中控制，这部分称为第三层次，也叫管理层次。

□ 重要名词

复式记账法（double entry）
借贷记账法（debit-credit bookkeeping）
会计分录（accounting entries）
试算平衡（trial balancing）
过账（posting）
账户对应关系（correspondence of account）
会计凭证（accounting document）
原始凭证（source document）
记账凭证（recording voucher）
会计账簿（accounting book）
序时账簿（chronological book）
总分类账簿（general ledger）
明细分类账簿（detail ledger）
划线更正法（correction by drawing a straight line）
红字更正法（correction by using red ink）
补充登记法（correction by extra recording）
会计账务处理程序（accounting procedures）
会计电算化（accounting computerization）
记账凭证核算组织程序（bookkeeping procedure using vouchers）
科目汇总表核算组织程序（bookkeeping procedure using categorized accounts summary）
汇总记账凭证核算组织程序（bookkeeping procedure using summary vouchers）

□ 自测题

一、单项选择题（在每小题的四个备选答案中选出一个正确的答案，并将正确的答案填在题中括号内）

1. 复式记账法对每项经济业务都以相等的金额，在（　　）中进行登记。

A. 一个账户　　B. 两个账户
C. 全部账户　　D. 两个或两个以上的账户

2. 负债及所有者权益类账户的期末余额一般在（　）。
A. 借方　　B. 借方和贷方
C. 贷方　　D. 借方或贷方

3. 账户发生额试算平衡是根据（　）确定的。
A. 借贷记账法的记账规则
B. 经济业务的内容
C. “资产=负债+所有者权益”的恒等关系
D. 经济业务的类型

4. 下列各项中，属于简单会计分录的是（　）的会计分录。
A. 一借多贷　　B. 一贷多借
C. 一借一贷　　D. 多借多贷

5. 在借贷记账法下，负债、所有者权益账户贷方表明（　）。
A. 负债、所有者权益增加　　B. 资产、成本和费用增加
C. 负债、所有者权益减少　　D. 资产、成本和费用减少

6. 将会计凭证划分为原始凭证和记账凭证两大类的依据是（　）。
A. 填制的时间　　B. 填制的方法
C. 填制的程序和用途　　D. 凭证反映的经济内容

7. 在一定时期内连续记载许多同类经济业务的会计凭证，称为（　）。
A. 原始凭证汇总表　　B. 累计凭证
C. 汇总凭证　　D. 复式凭证

8. 在采用收款凭证、付款凭证和转账凭证的情况下，涉及现金和银行存款之间的划转业务，按规定（　）。
A. 只填收款凭证　　B. 只填付款凭证
C. 既填收款凭证又填付款凭证　　D. 只填转账凭证

9. 销售商品50 000元，当即收到转账支票一张，计35 000元，其余暂欠，该笔经济业务应编制（　）。
A. 一张转账凭证和一张收款凭证　　B. 两张转账凭证
C. 一张银行存款收款凭证　　D. 一张收款凭证和一张付款凭证

10. 平行登记法是指同一项经济业务（　）登记。
A. 在汇总凭证与有关账户之间
B. 在各有关总分类账户中
C. 在各有关明细分类账户中
D. 在总账及其所属明细账户之间

11. 在结账之前，如果发现账簿记录有错误，而记账凭证填制正确，更正时可用（　）。
A. 红字更正法　　B. 划线更正法

C. 补充登记法　　D. 更换账页法

12. 记账以后，如果发现记账凭证上应借、应贷的会计科目和记账方向并无错误，但所填金额小于应填金额，可采用（　　）更正。

A. 红字更正法　　B. 划线更正法

C. 补充登记法　　D. 更换账页法

13. 为保证会计账簿记录的正确性，会计人员编制记账凭证时必须依据（　　）。

A. 金额计算正确的原始凭证

B. 填写齐全的原始凭证

C. 审核无误的原始凭证

D. 盖有填制单位财务公章的原始凭证

14. 下列关于会计账簿日常管理的说法中，不正确的是（　　）。

A. 各种账簿应指定专人保管，一般是谁记账谁负责保管

B. 非经管人员可随意翻阅查看会计账簿

C. 会计账簿除与外单位核对账目外，一般不允许携带外出

D. 会计账簿不能随意交与其他人员管理

15. 一般来说，下列各项中不必每年都更换新账的是（　　）。

A. 库存现金日记账　　B. 银行存款日记账

C. 固定资产明细账　　D. 总分类账

16.（　　）是指会计凭证和账簿的种类、格式、登记内容以及各种凭证与账簿之间的相互联系。

A. 会计凭证　　B. 会计账簿

C. 记账程序　　D. 账簿组织

17. 下列流程图描述的是（　　）。

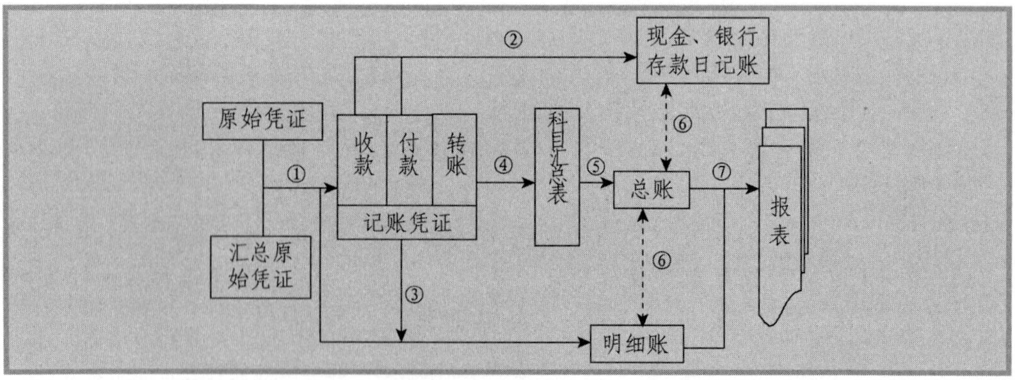

A. 分录日记账会计核算组织程序

B. 记账凭证核算组织程序

C. 科目汇总表会计核算组织程序

D. 汇总记账凭证会计核算组织程序

18. 下列各项中，不属于科目汇总表核算组织程序优点的是（　　）。

A. 可以保证总账记录的正确性

B. 大大减少了登记总分类账的工作量

C. 总分类账记录详细，来龙去脉清晰，便于用账、查账

D. 核算手续简便，易学易懂

二、多项选择题（每题均有多个正确答案，请从每题的备选答案中选出你认为正确的所有答案填在题中括号内）

1. 不能通过试算平衡发现的记账错误有（　　）。

A. 只登记了贷方金额，未登记借方金额

B. 借贷双方同时少记了相等的金额

C. 某项经济业务未登记入账

D. 应借应贷的账户中错记了借贷方向

E. 借贷双方同时多记了相等的金额

2. 复式记账法的优点有（　　）。

A. 账户对应关系清楚

B. 体现了基本会计等式的平衡原理

C. 能全面、系统地反映经济活动和经营成果

D. 便于核对账户记录

E. 便于试算平衡，检查账户记录是否正确

3. 总分类账户发生额及余额试算平衡表中的平衡数字有（　　）。

A. 期初借方余额合计数和期初贷方余额合计数相等

B. 期初借方余额合计数和期末借方余额合计数相等

C. 期初贷方余额合计数和期末贷方余额合计数相等

D. 本期借方发生额合计数和本期贷方发生额合计数相等

E. 期末借方余额合计数和期末贷方余额合计数相等

4. 借贷记账法下账户借方登记（　　）。

A. 资产增加　　B. 负债减少

C. 费用减少　　D. 所有者权益增加

E. 收入、利润增加

5. 下列各项中，属于外来原始凭证的有（　　）。

A. 领料单　　B. 购货发票

C. 银行对账单　　D. 出差人员车船票

E. 银行存款余额调节表

6. 原始凭证按完成业务手续的不同，可分为（　　）。

A. 一次凭证　　B. 累计凭证

C. 执行凭证　　D. 记账编制凭证

E. 汇总原始凭证

7. 下列经济业务中，应填制转账凭证的有（　　）。

A. 国家以厂房对企业投资　　B. 外商以货币资金对企业投资

C. 购买材料未付款

D. 销售商品收到商业汇票一张

E. 向职工发放工资

8. 下列经济业务中，应填制付款凭证的有（　　）。

A. 提现金备用

B. 购买材料预付定金

C. 购买材料未付款

D. 以存款支付前欠某单位账款

E. 以上均可

9. 下列记账凭证中，可以不附原始凭证的有（　　）。

A. 收款凭证

B. 付款凭证

C. 结账的记账凭证

D. 更正错账的记账凭证

E. 转账凭证

10. 下列说法中正确的有（　　）。

A. 原始凭证必须记录真实，内容完整

B. 一般原始凭证发生错误，必须按规定办法更正

C. 有关现金和银行存款的收支凭证，如果填写错误，必须作废

D. 购买实物的原始凭证，必须有验收证明

E. 退款时必须取得对方的收款收据或汇款银行的凭证，必要时可以用退货发票代替收据

11. 对记账凭证审核的要求有（　　）。

A. 内容是否真实

B. 书写是否正确

C. 科目是否正确

D. 金额是否正确

E. 是否与原始凭证相符

12. 关于会计账簿的意义，下列说法中正确的有（　　）。

A. 提供全面、系统的会计信息

B. 为财务报表的编制提供依据

C. 保证财产物资的安全完整

D. 通过账簿的设置和登记，编报、输出会计信息

E. 便于监管企业的经济活动

13. 账簿按其用途可以分为（　　）。

A. 订本账簿

B. 活页账簿

C. 序时账簿

D. 分类账簿

E. 备查账簿

14. 会计账簿按账页格式不同，可分为（　　）。

A. 三栏式账簿

B. 数量金额式账簿

C. 活页式账簿

D. 卡片式账簿

E. 多栏式账簿

15. 会计电算化是指会计人员运用以会计核算软件为核心的电子计算机系统，按照一定的程序和方法对会计数据进行加工处理，以获取会计信息的一种管理活动。其主要特点有（　　）。

A. 业务处理程序化　　B. 为财务决策提供辅助作用
C. 系统设计的专业化和专门化　　D. 实现财务信息共享
E. 提供企业的现金流量

16. 市场上销售的通用财务软件一般有（　　）模块。
A. 管理电算化　　B. 结账电算化
C. 账务电算化　　D. 报表电算化
E. 核算电算化

17. 会计电算化和手工会计的不同，主要体现在（　　）。
A. 账簿的格式、功能不同
B. 账务处理程序不同
C. 登账规则不同
D. 系统初始化设置及科目的设置和使用不同
E. 会计报表的编制过程不同

18. 为保证会计工作更好地发挥效用，企业应选择科学、合理、适用的会计核算组织程序，企业在选择会计核算组织程序时应考虑（　　）等问题。
A. 满足经济管理的需要　　B. 尽量简化核算手续
C. 需要上级组织的批准　　D. 其他企业的应用情况
E. 同本单位的实际情况相结合

三、判断题（在下列各括号内填入判断结果，你认为正确的用“√”表示，错误的用“×”表示）

1. 借贷记账法是世界各国普遍采用的一种记账方法。（　　）
2. 记账方法按记录方式不同，可分为单式记账法和借贷记账法。（　　）
3. 借贷记账法的账户结构可概括：左借右贷，上下三块。（　　）
4. 资产类账户一般为借方余额，负债和所有者权益类账户一般为贷方余额。（　　）
5. 凡是余额在借方的都是资产类账户。（　　）
6. 原始凭证和记账凭证都是具有法律效力的证明文件。（　　）
7. 手工会计核算方式下，现金日记账和银行存款日记账必须采用订本式账簿。（　　）
8. 采用累计原始凭证可以减少凭证的数量和填制的次数。（　　）
9. 总分类账户和明细分类账户平行登记的要点可概括为：登账依据相同，方向一致，金额相等。（　　）
10. 除结账和更正错误的记账凭证以外，所有的记账凭证后都必须附有原始凭证。（　　）
11. 每页日记账记完转页时，可以在上页最后一行结出发生额和余额，然后用蓝黑墨水在下页第一行写出上页的发生额和余额，并在“摘要”栏内写上“承前页”字样。（　　）
12. 装订成册的会计凭证，年度终了，可暂由本单位财会部门保管一年，期满

后可申请销毁。（　）

13. 账簿按其外表形式不同可分为备查账簿和联合账簿。（　）

14. 一式几联的原始凭证，应当注明各联的用途，企业可以用任何一联作为报销凭证。（　）

15. 会计部门应于记账之后，定期对各种会计凭证进行分类整理，并将各种记账凭证按编号顺序排列，连同所附的原始凭证一起加具封面，装订成册。（　）

16. 我国相关法律不允许直接从市场上购入通用的财务软件，因此会计电算化系统使用的财务软件一般由企业自行开发、由企业委托软件公司或与软件公司合作开发等。（　）

17. 会计电算化的采用可以大大提高会计信息的可靠性、相关性、可比性等会计信息的质量特征，而且计算机可以同时存储实物量和货币量信息，使会计信息向多种量度单位发展，并在需要时能迅速检索、汇总输出。（　）

18. 为便于编制汇总记账凭证，要求收款凭证按一个借方科目与一个或几个贷方科目相对应编制，付款凭证按一个贷方科目与一个或几个借方科目相对应编制，转账凭证按一个贷方科目与一个或几个借方科目相对应编制。（　）

□ 综合实训

综合实训一

一、目的

练习凭证编制和账簿登记。

二、资料

东方公司是一家普通的家具制造企业，材料和产品适用的增值税税率为13%，该公司20××年8月发生如下经济业务。库存现金期初余额为借方余额12 000元，银行存款期初余额为借方余额108 000元。

8月3日，接受某股东A企业投入的资金60 000元，款项收到存入银行。

8月5日，从银行借款40 000元，期限6个月，款项已存入企业的存款账户。

8月8日，以银行存款偿还前欠乙公司货款52 000元。

8月10日，收到丙公司归还的上月购买产品的欠款5 800元，存入银行。

8月11日，从银行提取现金8 000元。

8月12日，用现金支付业务招待费2 000元.

8月15日，销售一批家具给丁公司，售价30 000元，款项尚未收到。

8月26日，用银行存款支付广告费28 000元。

8月28日，用现金1 000元购买管理部门使用的办公用品。

8月31日，将本月实现的收入和发生的费用结转到“本年利润”账户。

三、要求

1. 根据以上业务，请编制对应的收款凭证、付款凭证和转账凭证，凭证格式如表3-45至表3-47所示。

表3-45 **收款凭证** 凭证编号____

借方科目： 20××年 月 日 附件____张

摘要	贷方科目		金额	记账符号
	总账科目	明细科目		
合计				

会计主管人员： 记账： 制单： 出纳： 审核：

表3-46 **付款凭证** 凭证编号____

贷方科目： 20××年 月 日 附件____张

摘要	借方科目		金额	记账符号
	总账科目	明细科目		
合计				

会计主管人员： 记账： 制单： 出纳： 审核：

表3-47 **转款凭证** 凭证编号____

20××年 月 日 附件____张

摘要	总账科目	明细科目	√	借方金额	√	贷方金额
合计						

会计主管人员： 记账： 制单： 审核：

2. 设置并登记三栏式库存现金日记账、银行存款日记账（见表3-48）。

表3-48　　××日记账（三栏式）　　第　页

年		凭证		摘要	对方科目	收入	支出	余额
月	日	字	号					
				本月合计				

综合实训二

一、目的

练习错账更正方法的应用。

二、资料

佳佳公司20××年7月在对账过程中发现以下凭证或记账错误。

1. 结转本月实际完工产品的制造成本共计4 500元。原编记账凭证如下：

借：库存商品　　5 400

　贷：生产成本　　5 400

2. 收到购货单位偿还上月所欠货款8 700元，存入银行。原编记账凭证如下：

借：银行存款　　7 800

　贷：应收账款　　7 800

3. 采购员报销差旅费400元，原借600元，交回现金200元。原编记账凭证如下：

借：管理费用　　400

　　库存现金　　200

　贷：其他应收款　　600

在登记总账时“其他应收款”科目贷方所记金额为60元。

三、要求

将上述各项经济业务账簿处理的错误，分别采用适当的更正错账的方法予以更正。

第 4 章 Chapter 4 企业主要经济业务核算

学习目标

1. 掌握企业资金筹集、采购业务、生产业务、销售业务、利润形成和利润分配的核算方法。

2. 熟悉各种经济业务需要设置的账户。

3. 了解产品生产成本的构成内容和计算过程。

引导案例

长江股份有限公司开展经营业务活动，首先需要筹集资金，然后采购生产所需的办公设备和原材料，接着进行生产制造，完工后再组织商品销售，最后汇总计算经营盈亏、形成利润并进行利润的分配。对这些不同的业务进行核算需要设置哪些会计科目和账户？经济业务对不同会计要素的影响如何？本章以制造企业为例对企业主要经济业务的核算进行讲解。

4.1 企业主要经济业务概述

企业是以盈利为目的的经济组织。企业从事生产经营活动首先需要筹集一定的资金。企业所需资金的来源主要有两种渠道：投资者投入资金（权益筹资）和借入资金（债务筹资）。企业初始资金一般来自创始股东的投资，企业设立后还可以通过债务方式筹集资金。企业开展经营活动还需要一定的生产资料（如厂房、机器设备等）和劳动对象（如原材料等）。为了保证生产经营的正常进行，企业需要将取得的资金用于采购或者建造厂房、机器设备，还需要采购生产所需要的原材料及辅助材料。做好生产准备工作之后，企业就可以合理组织生产活动，将原材料加工成能够满足用户需求的完工产品，并采取得力措施组织产品销售，最后收回货币现金，赚取利润并将利润进行合理分配，这就完成了一次资金的循环。接着又开始新的资金循环。企业这种周而复始的资金循环被称作资金的周转。

不同行业有不同的行业特点和业务流程，因此其主要业务的会计核算也各有特点。按照企业业务发生的顺序，会计核算的内容包括筹资业务的核算、采购业务的核算、生产业务的核算、销售业务的核算、利润形成和利润分配业务的核算。对不同阶段的经济业务需要设置相应的账户进行核算。本章以资金周转较为完整、典型的制造企业长江股份有限公司为例，综合运用借贷记账法及会计凭证与会计账簿的知识，讲解企业的资金筹集、设备购置、材料采购、产品生产、商品销售、利润形成和分配等经济业务的核算，以求完整理解和把握制造企业的资金循环和业务流程。

4.2 筹资业务核算

4.2.1 投资者投入资本的核算

企业要开展生产经营活动，必须以一定量的资金为前提，即企业必须从各种渠道、以各种形式筹集资金，这是所有企业资金运动的起点。筹资是指企业为了满足生产经营的需要，筹措或集中所需资金的过程。在此过程中发生的经济业务，称为资金筹集业务。从性质看，企业生产经营所需资金的获得，一般来说有两种渠道：一种是企业投资者的投入，另一种是从债权人处借入。前者构成所有者权益，这部分资金在企业正常生产经营中一般不返还给投资者，但投资者可以分享企业获得的利润；后者形成企业的负债，企业需要按法定或约定偿还本金和支付利息。

1. 企业的投资者和投资方式

投资者投入的资本是企业生产经营的“本钱”，是企业所有者权益的主要组成部分。

企业的投资者可以是国家、法人、外商和个人，所以对企业的实收资本应分别投资者的不同进行明细核算，设置“国家投入资本”“法人投入资本”“个人投入资本”“外商投入资本”等明细科目。

2014年3月1日开始实施的修订后的《中华人民共和国公司法》（简称《公司法》），将注册资本实缴登记制改为认缴登记制，除了法律、法规另有规定，取消公司制企业最低注册资本的限制以及公司设立时股东（发起人）首次出资比例、货币出资比例和缴足出资期限的限制。但这并不意味着投资者不用向企业投入资金。如上所述，企业要开展生产经营活动必须以一定数量的资金为前提，因此，在开始生产经营之前，投资者仍需要向企业投入保证企业正常活动开展的相应数量的资金。

《公司法》第二十七条规定，有限责任公司的股东可以用货币出资，也可以用实物、知识产权、土地使用权等可以用货币估价并可以依法转让的非货币财产作价出资；但是，法律、行政法规规定不得作为出资的财产除外。对作为出资的非货币财产应当评估作价，核实财产，不得高估或者低估作价。法律、行政法规对评估作价有规定的，从其规定。《公司法》第八十二条同时规定，股份有限责任公司发起人的出资方式，适用第二十七条的规定。

投入资本是投资者实际投入企业生产经营的各种财产物资所形成的资本。投资者作为企业的所有者将根据企业经营情况的好坏，按照出资比例、企业章程或协议的约定分享利润或承担风险、分担亏损。企业应正确核算资本的投入以及保值增值的情况，以更好地维护投资者的利益。

2. 需设置的账户

为核算企业收到的投资者投入的资本，需设置“实收资本/股本”“资本公积”“银行存款”“原材料”“应交税费”“固定资产”“无形资产”等账户。

（1）“实收资本/股本”账户。实收资本是投资者按照企业章程，或合同、协议的约定，实际投入企业的资本。“实收资本/股本”账户属于所有者权益类账户，核算企业接受投资者投入的实收资本。股份有限公司应将其改为“股本”账户。账户贷方登记实收资本的增加额，包括企业接受投资者投入的资本、股东大会批准的利润分配方案中分配的股票股利进行增资等情况引起的增加额；借方登记企业按法定程序报经批准减少注册资本的数额。由于投资者不得任意抽回资本，因而其借方一般较少有发生额。“实收资本/股本”期末贷方余额，反映企业实收资本或股本的总额。

企业收到投资者出资超过其在注册资本或股本中所占份额的部分，作为资本溢价或股本溢价，通过“资本公积”账户核算。

（2）“资本公积”账户。资本公积也叫准资本，是指归企业所有者共有的资本。“资本公积”账户属于所有者权益类账户，核算企业收到投资者出资额超出其在注册资本或股本中所占份额的部分以及以其他方式形成的资本公积。该账户贷方登记企业取得的资本公积，包括企业接受投资者投入的资本以及可转换公司债券持有人行使转换权利将债务转为资本过程中形成的资本公积；借方登记资本公积减少额，包括支付与发行权益性证券直接相关的手续费、佣金等交易费用，资本公积转增资本等；期末贷方余额，反映企业的资本公积。该账户应当分别“资本溢价（股本溢价）”“其他资本公积”进行明细核算。

（3）“银行存款”账户。“银行存款”账户属于资产类账户，核算企业存入银行或其他金融机构的各种款项。该账户借方登记银行存款的增加额；贷方登记银行存款的减少额；期末借方余额，反映企业存在银行或其他金融机构的各种款项。企业可以按照开户银行或其他金融机构、存款种类等设置明细账户，进行明细核算。

（4）“原材料”账户。“原材料”账户属于资产类账户，核算企业库存的各种材料，包括原料及主要材料、辅助材料、外购半成品（外购件）、修理用备件（备品备件）、包装材料、燃料等的计划成本或实际成本。其借方核算外购、自制或接受投资者投入并已验收入库的原材料的成本；贷方核算由于领用、出售、委托外单位加工等发出的原材料的成本；期末借方余额，反映企业实际库存的原材料价值。“原材料”账户可按保管地点、材料的类别或品种等设置明细分类账户，进行明细核算。

（5）“应交税费”账户。“应交税费”账户属负债类账户，核算企业按照税法等规定计算应交纳的各种税费，包括增值税、消费税、所得税、城市维护建设税、教育费附加等。企业代扣代缴的个人所得税，也通过本科目核算。企业应交未交税费的增加记入贷方，应交税费的减少记入借方；期末贷方余额，反映企业尚未交纳的税费；期末如为借方余额，反映企业多交或尚未抵扣的税费。该账户应按税费的种类进行明细核算。

根据《增值税会计处理规定》，增值税一般纳税人企业应在“应交税费”账户下设置“应交增值税”明细账，并在此明细账户下设置“进项税额”“已交税金”“销项税额”“进项税额转出”“转出未交增值税”“转出多交增值税”等专栏。

“进项税额”专栏记录一般纳税人购进货物、加工修理修配劳务、服务、无形资产或不动产而支付或负担的、准予从当期销项税额中抵扣的增值税税额。

“已交税金”专栏记录一般纳税人当月已交纳的应交增值税税额。

“销项税额”专栏记录一般纳税人销售货物、加工修理修配劳务、服务、无形资产或不动产应收取的增值税税额。

“进项税额转出”专栏记录一般纳税人购进货物、加工修理修配劳务、服务、无形资产或不动产等发生非正常损失以及其他原因而不应从销项税额中抵扣、按规定转出的进项税税额。

“转出未交增值税”和“转出多交增值税”专栏分别记录一般纳税人月度终了转出当月应交未交或多交的增值税税额。

企业还需要在“应交税费”账户下设置“未交增值税”明细账。“未交增值税”明细科目主要核算一般纳税人月度终了从“应交增值税”或“预交增值税”明细科目转入当月应交未交、多交的增值税税额，以及当月交纳以前期间未交的增值税税额。

补充资料

增值税简介

在会计核算过程中，很多业务都涉及增值税的处理，而很多初学者对增值税及其会计处理理解起来有些困难，因此对增值税及其会计处理进行简要说明很有必要。

1. 增值税的概念

增值税是以商品和服务在流转过程中产生的增值额作为计税依据而征收的一种流转税。从计税原理上说，增值税是对商品生产、流通、劳务服务中多个环节的新增价值或商品的附加值征收的一种流转税。增值税实行价外税，也就是由消费者负担，有增值才征税，没有增值不征税。

增值税已经成为中国最主要的税种之一，是收入占比最大的税种。营改增以后增值税的税收收入中50%为中央收入，50%为地方收入。进口环节的增值税由海关负责征收，税收收入全部为中央收入。

2. 增值税的设计原理

增值税，顾名思义是对增值额征税。鉴于直接计算出增值额对其进行征税的成本太高难以实施，人们就设计出税款抵扣制度。企业买卖货物时，会在增值税专用发票上注明货物的金额和相应的增值税税额，交易的总价款就是价税合计。例如，某企业是增值税一般纳税人（适用的增值税税率为13%），在购入10 000元货物时，增值税专用发票上注明的货物金额为10 000元，税额（进项税额）为1 300元，共支付了银行存款11 300元。该企业将该商品以15 000元卖出时，增值税专用发票上注明的货物金额为15 000元，税额（销项税额）为1 950元，共收到银行存款16 950元。其增值税应纳税额＝销项税额－进项税额＝1 950－1 300＝650元。即该企业的商品销售实现了增值额5 000元（15 000－10 000），国家只对增值额征收650元（5 000×13%）的增值税，即增值额乘以适用税率。

增值税的计税原理可以表述如下：按全部销售额计税，但只对货物或劳务价值中新增价值部分征税；实行税款抵扣制度，对以前环节已纳税款予以扣除；税款随货物的销售逐环节转移，最终消费者是全部税款承担者。

3. 纳税人与计税方法

在中华人民共和国境内销售货物、服务、无形资产、不动产，提供加工、修理修配劳务，进口货物的单位和个人，为增值税纳税人。

增值税纳税人分为一般纳税人和小规模纳税人。一般情况下，年应征增值税销售额超过财政部和国家税务总局规定标准的纳税人为一般纳税人，未超过规定标准的纳税人为小规模纳税人。

增值税的计税方法包括一般计税方法和简易计税方法。一般纳税人适用一般计税方法计税，小规模纳税人适用简易计税方法计税。

一般计税方法的应纳税额是指当期销项税额抵扣当期进项税额后的余额。

应纳税额＝当期销项税额－当期进项税额
进项税额＝买价×增值税税率
销项税额＝销售额×增值税税率

其中，进项税额是企业购进货物、劳务、服务、无形资产、不动产时支付或者负担的增值税税额；销项税额是企业销售货物、劳务、服务、无形资产、不动产时计算并收取的增值税税额。当期销项税额小于当期进项税额不足抵扣时，其不足部分可以结转下期继续抵扣。

简易计税方法的应纳税额是指按照销售额（不含税）和增值税征收率（3%）计算的增值税税额，不得抵扣进项税额。

应纳税额＝销售额×征收率

4. 增值税税率

增值税的税率主要有13%，9%，6%和0四档。

(1) 纳税人销售货物、劳务、有形动产租赁服务或者进口货物，除了另有规定，税率为13%。

(2) 纳税人销售交通运输、邮政、基础电信、建筑、不动产租赁服务，销售不动产，转让土地使用权，销售或者进口下列货物，税率为9%：粮食等农产品、食用植物油、食用盐；自来水、暖气、冷气、热水、煤气、石油液化气、天然气、二甲醚、沼气、居民用煤炭制品；图书、报纸、杂志、音像制品、电子出版物；饲料、化肥、农药、农机、农膜；国务院规定的其他货物。

(3) 纳税人销售服务、无形资产，除了另有规定，税率为6%。

(4) 纳税人出口货物，税率为0；国务院另有规定的除外。

(5) 境内单位和个人跨境销售国务院规定范围内的服务、无形资产，税率为0。

5. 增值税专用发票

增值税专用发票是限于增值税一般纳税人领购使用的，既是反映纳税人经济活动的重要会计凭证，又是兼记销货方纳税义务和购货方进项税额的合法证明。增值税专用发票的基本联次为三联：

(1) 记账联（销售方用来记账）是销货方发票联，作为销货方销售货物或服务的原始凭证，金额是销售货物或服务取得的收入，税额是增值税销项税额。

(2) 发票联（购买方用来记账）作为购买方支付货款的原始凭证，金额是购买货物或服务的成本，税额是增值税进项税额。

(3) 抵扣联（购买方用来扣税）经过税务机关验证后作为购买方扣税的凭证认定。

6. 账户设置

由于实务中涉及增值税的情形复杂多样，增值税的核算就显得比较复杂缜密。为此，财政部于2016年12月发布了《增值税会计处理规定》，为增值税核算做出了具体规定。

增值税一般纳税人应当在“应交税费”科目下设置“应交增值税”“未交增值税”等明细科目。增值税一般纳税人应在“应交增值税”明细账内设置“进项税额”“销项税额抵减”“已交税金”“转出未交增值税”“减免税款”“出口抵减内销产品应纳税额”“销项税额”“出口退税”“进项税额转出”“转出多交增值税”等专栏。

相关资料可查阅国务院2017年11月修订发布的《增值税暂行条例》、财政部2016年12月发布的《增值税会计处理规定》以及有关营业税改征增值税的规定。

---

(6)“固定资产”账户。固定资产是指同时具有下列特征的有形资产：为生产商品、提供劳务、出租或经营管理而持有；使用寿命超过一个会计年度。使用寿命是指企业使用固定资产的预计期间，或者该固定资产所能生产产品或提供劳务的数量。

“固定资产”账户属于资产类账户，核算企业持有的固定资产原值（原始价值)。该账户借方登记增加的固定资产的原始价值，包括由于投资者投入、购建、融资租入等增加的固定资产原值；贷方登记减少的固定资产的价值，包括由于出售、报废、毁损、盘亏、投资转出等减少的固定资产原值；期末借方余额，反映企业固定资产的原值。该账户可按固定资产类别和项目进行明细核算。

（7）“无形资产”账户。无形资产是指企业拥有或者控制的没有实物形态的可辨认非货币性资产。“无形资产”账户属于资产类账户，核算企业持有的无形资产原值，包括专利权、非专利技术、商标权、著作权、土地使用权等。该账户借方登记由于投资者投入、企业外购、自行开发等取得的无形资产原值的增加数；贷方登记由于处置等引起的无形资产原值的减少数；期末借方余额，反映企业无形资产的原值。该账户可按无形资产项目进行明细核算。

特别提示

“固定资产”和“无形资产”账户反映固定资产或无形资产的原值（即原始价值），而不是反映它们的净值。固定资产或无形资产的摊销价值是通过累计折旧或累计摊销账户反映的。净值需要根据原值减去累计折旧或累计摊销以及计提的减值准备后计算得到。

4.2.2　借入资金的核算

企业为了进行正常的生产经营活动，除了利用投资者投入的资金，还经常通过向银行或非银行金融机构借入款项、发行债券等方式筹集资金，这部分资金主要用于弥补投资者投入的不足或用于企业扩大再生产的资金需求，构成企业的负债。

1. 借入资金的方式

企业从外界借入资金，主要可通过向银行或非银行金融机构借款，以及发行债券等方式取得。

企业向银行或其他金融机构等借入的款项叫借款。借款按照还款期的长短，可以分为短期借款和长期借款。借款必须按规定办理手续，偿还本金并支付利息。

企业还可通过发行公司债券的方式向社会公众筹集资金。公司债券是指公司依照法定程序发行、约定在一定期限还本付息的有价证券。《中华人民共和国证券法》第五十七条规定，公司申请公司债券上市交易的，公司债券的期限应该为一年以上。

2. 需设置的账户

为了加强对负债的核算和管理，企业需设置“短期借款”“长期借款”“应付利息”“财务费用”等账户。

（1）“短期借款”账户。“短期借款”账户属于负债类账户，核算企业向银行或其他金融机构等借入的期限在一年以下（含一年）的各种借款。该账户贷方登记企业借入的各种短期借款的增加额；借方登记归还短期借款的数额；期末贷方余额，反映企业尚未偿还的短期借款。该账户可按借款种类、贷款人和币种进行明细核算。

（2）“长期借款”账户。“长期借款”账户属于负债类账户，核算企业向银行或其他金融机构借入的期限在一年以上（不含一年）的各项借款。该账户贷方登记企业借入的各种长期借款本金及利息调整；借方登记归还的各种长期借款本金及利息调整的数额；期末贷方余额，反映企业尚未偿还的长期借款。该账户可按贷款单位和贷款种类，分别设置“本金”“利息调整”等进行明细核算。

（3）“应付利息”账户。“应付利息”账户属于负债类账户，核算企业按照合同约定应支付的利息。该账户贷方登记应付未付的利息；借方登记实际支付的利息；期末贷方余额，反映企业期末应付未付的利息。该账户可按债权人进行明细核算。

（4）“财务费用”账户。“财务费用”账户属于费用类账户，核算企业为筹集生产经营所需资金等而发生的筹资费用，包括利息支出（减利息收入）、汇兑损益以及相关的手续费、企业发生的现金折扣或收到的现金折扣等。该账户借方登记发生的利息支出、汇兑损失及相关手续费；贷方登记冲减财务费用的利息收入、汇兑损益、现金折扣以及期末转入“本年利润”账户的数额，结转后该账户无余额。该账户可按费用项目进行明细核算。

4.2.3 资金筹集的主要经济业务

资金筹集主要经济业务的核算如图4-1所示。

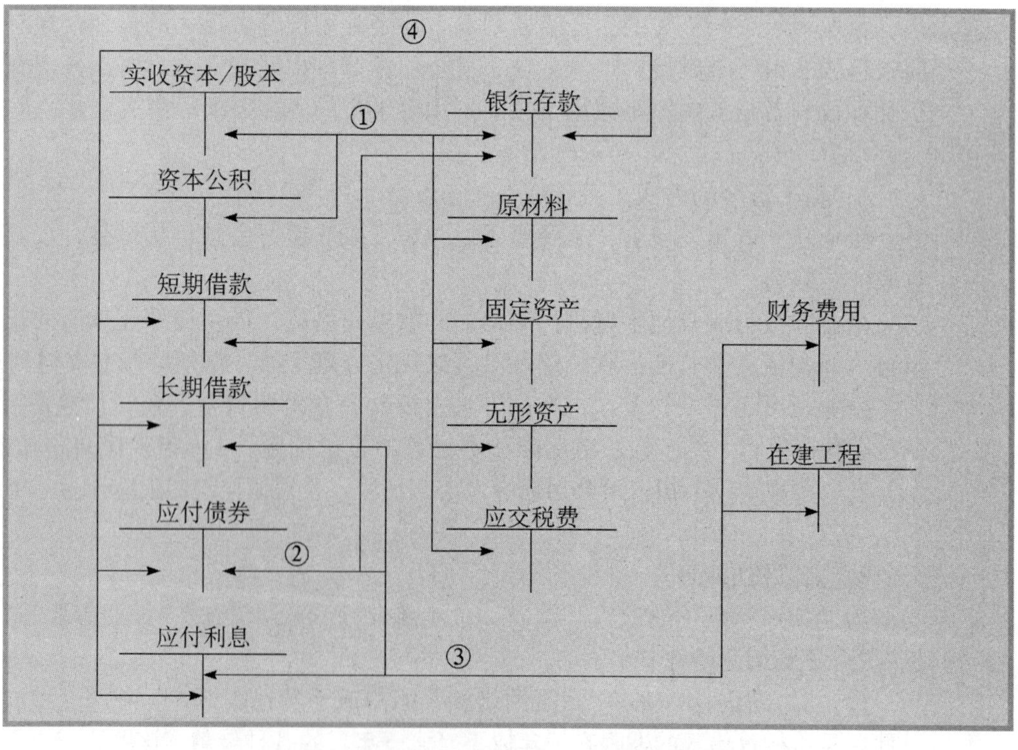

图4-1 资金筹集主要经济业务的核算

说明：①投资者投入资金；②通过负债方式筹集资金；③计算应负担的资金利息；④用银行存款还本付息。

4.2.4　案例分析

下面以长江股份有限公司（简称长江公司）20××年 12 月发生的经济业务为例，说明制造企业主要经济业务的核算。长江公司为增值税一般纳税人，适用的增值税税率为 13%，所得税税率为 25%；原材料按照实际取得时的成本进行核算。该公司 20××年 11 月 30 日各总账科目的账户余额如表 4－1 所示。

表 4－1　　长江公司总账科目余额

20××年 11 月 30 日　　单位：元

账户	借方余额	账户	贷方余额
库存现金	236	短期借款	46 000
银行存款	144 052	应付票据	34 500
应收票据	10 500	应付账款	3 780
应收账款	31 900	其他应付款	400
其他应收款	2 000	应付职工薪酬	60 000
在途物资	5 182	应交税费	8 290
原材料	106 570	应付利润	12 100
生产成本	41 270	长期借款	50 000
库存商品	100 000	累计折旧	181 500
固定资产	401 000	累计摊销	1 400
在建工程	20 000	股本	391 500
无形资产	55 000	盈余公积	5 000
利润分配	32 760	本年利润	156 000
合计	950 470	合计	950 470

有关明细账户的余额如下：

应收账款为应收江南公司的销货款 31 900 元。

原材料 106 570 元，其中 A 材料 50 000 元，B 材料 56 570 元。

生产成本 41 270 元，其中甲产品 30 000 元（直接材料 9 000 元，直接人工 10 000 元，制造费用 11 000 元），乙产品 11 270 元（直接材料 4 300 元，直接人工 4 000 元，制造费用 2 970 元）。

库存商品全部为甲产品，共 5 000 件。

应交税费为 11 月应上缴的增值税税额 8 290 元。

其他应收款为应收后勤办小李的出差借款。

假设长江公司 20××年 12 月发生如下和资金筹集有关的经济业务。

例 4－1

12 月 1 日，长江公司接受投资者八方达公司追加的货币资金投资 500 000 元，款项收到存入银行。

企业收到投资者追加的货币资金投资，导致企业银行存款增加，银行存款的增加是资产的增加，应记入“银行存款”账户的借方；同时企业股本也增加了500 000元，股本的增加是所有者权益的增加，应记入“股本”账户的贷方。会计分录为：

借：银行存款　　500 000
　贷：股本——八方达公司　　500 000

例4-2

12月1日，收到投资者长城公司投入的A原材料一批，发票上标明的材料价值为60 000元，增值税税额为7 800元，材料已验收入库。该原材料折合企业面值1元的普通股股票60 000股。

企业收到投资者投入的材料并验收入库后，导致库存的原材料增加60 000元，原材料增加是资产的增加，应记入“原材料”账户的借方；由于接受原材料投资使得增值税进项税额也增加了7 800元，应按照发票上标明的增值税进项税额，借记“应交税费——应交增值税（进项税额）”；同时企业的股本增加了60 000元，超出股本部分的7 800元属于资本溢价，应计入资本公积，股本和资本公积的增加属于所有者权益的增加，应分别记入“股本”和“资本公积——股本溢价”账户的贷方。会计分录为：

借：原材料——A材料　　60 000
　　应交税费——应交增值税（进项税额）　　7 800
　贷：股本——长城公司　　60 000
　　　资本公积——股本溢价　　7 800

例4-3

12月1日，收到投资者王海公司投入的设备一台，王海公司开出的增值税专用发票上注明的设备金额为60 000元，相应的增值税为7 800元，设备公允价值等于发票列明的金额，已运达企业办理完交接手续；该设备换取企业面值1元的普通股股票55 000股。企业对该设备按固定资产进行核算。

企业接受投资者王海公司投入的设备，导致企业的固定资产增加60 000元，固定资产的增加属于资产增加，应记入“固定资产”账户的借方；按照有关规定，我国从2009年起开始全面实施消费型增值税，自2009年1月1日起，增值税一般纳税人购进（包括接受捐赠、实物投资等）或者自制（包括改扩建、安装等）固定资产发生的进项税额，可从销项税额中抵扣，其进项税额记入“应交税费——应交增值税（进项税额）”科目，所以该项业务导致增值税进项税额增加的7 800元，应记入“应交税费——应交增值税（进项税额）”账户的借方；同时企业的股本增加了55 000元，超出股本部分的12 800元（67 800－55 000）应计入资本公积（股本溢价），股本和资本公积的增加属于所有者权益的增加，应分别记入“股本”和“资本公积——股本溢价”账户的贷方。会计分录为：

借：固定资产——设备　　60 000
　　应交税费——应交增值税（进项税额）　　7 800

贷：股本——王海公司　55 000

资本公积——股本溢价　12 800

例 4－4

12 月 1 日，收到投资者张强公司投入的一项商标权，其公允价值为 120 000 元，由张强公司开具的增值税专用发票上注明增值税进项税额为 7 200 元，该商标权换取企业面值 1 元的普通股股票 100 000 股。

由于接受了投资者张强公司投入的商标权，企业的无形资产增加 120 000 元，无形资产的增加属于资产增加，应记入“无形资产”账户的借方；营业税改征增值税后，根据最新的增值税规定，转让无形资产（土地使用权除外）适用 6%的税率征收增值税，接受方可将其计入增值税的进项税额予以抵扣；同时企业的股本也增加了 100 000 元，超出股本部分的 20 000 元应计入资本公积（股本溢价），股本和资本公积的增加属于所有者权益的增加，应分别记入“股本”和“资本公积——股本溢价”账户的贷方。会计分录为：

借：无形资产——商标权　120 000

应交税费——应交增值税（进项税额）　7 200

贷：股本——张强公司　100 000

资本公积——股本溢价　27 200

例 4－5

12 月 1 日，为建造厂房向银行借入 2 年期借款 3 000 000 元，年利率 6%，资金已划入企业账户。

向银行借入的期限为 2 年的借款为长期借款，长期借款增加了 3 000 000 元，长期借款的增加是负债的增加，应记入“长期借款”账户的贷方；资金已划入企业账户，导致银行存款也相应增加 3 000 000 元，应记入“银行存款”账户的借方。会计分录为：

借：银行存款　3 000 000

贷：长期借款　3 000 000

例 4－6

12 月 1 日，因生产经营需要向银行借入期限为 3 个月的周转资金 80 000 元，年利率 3%，资金已划入企业账户。

向银行借入的期限为 3 个月的借款为短期借款，短期借款增加了 80 000 元，短期借款的增加是负债的增加，应记入“短期借款”账户的贷方；资金已划入企业账户，导致银行存款也相应增加 80 000 元，应记入“银行存款”账户的借方。会计分录为：

借：银行存款　80 000

贷：短期借款　80 000

例4-7

12月31日，计算确定本期短期借款利息为390元，长期借款利息为15 250元，其中符合资本化条件应计入在建工程成本的利息费用为12 000元。

短期借款的利息和不符合资本化条件的长期借款利息属于企业的财务费用，符合资本化条件的利息构成在建工程的成本。因此，此项经济业务的发生，使企业的财务费用增加了3 640元（390＋15 250－12 000），财务费用的增加属于费用的增加，应记入“财务费用”账户的借方；在建工程的支出增加了12 000元，在建工程成本的增加属于企业资产的增加，应记入“在建工程”账户的借方；同时，企业的应付利息增加了15 640元（390＋15 250），应付利息的增加属于负债的增加，应记入“应付利息”账户的贷方。会计分录为：

借：财务费用	3 640	
在建工程	12 000	
贷：应付利息		15 640

特别提示

借款利息构成借款费用的主体内容。借款费用的会计处理有两种方式：费用化处理和资本化处理。费用化处理是发生借款费用时直接计入当期损益，即计入财务费用；资本化处理是发生借款费用时计入相关资产的成本，后续期间随着资产的消耗而转化为成本费用。

4.3 采购业务核算

4.3.1 采购业务概述

企业为进行生产经营活动，需要购置厂房、设备以及产品生产用的材料等经济资源，这些经济资源大多是通过生产准备过程取得的。企业在筹集资金以后，一方面要购置厂房建筑物和机器设备等固定资产，另外还要购置各种材料物资等劳动对象。因此，采购业务包括固定资产的购建和材料物资的购买等过程。

1. 固定资产购建

固定资产购建包括固定资产的购买和建造。购买固定资产是指企业以货币资金直接从供应商处购入不需要安装的机器设备；固定资产建造是指企业通过自建或出包的方式建造生产经营用的设备、厂房等固定资产，或者从供应商处购入需要安装才可投入使用的机器设备等。不论是购买还是建造固定资产，均是现金资产转化为非现金资产的过程。企业固定资产的取得，尽管还有融资租入和投资者投入等不同方式，但购建是最主要的方式。

在固定资产购建过程中，固定资产价值的确认是关键环节。按照《企业会计准则第 4 号——固定资产》的规定，固定资产应当按照成本进行初始计量。外购固定资产的成本，包括购买价款、相关税费、使固定资产达到预定可使用状态前所发生的可归属于该项资产的运输费、装卸费、安装费和专业人员服务费等。若以一笔款项购入多项没有单独标价的固定资产，应当按照各项固定资产的公允价值占总价值的比例对总成本进行分配，分别确定各项固定资产的成本。购买固定资产的价款超过正常信用条件延期支付，实质上具有融资性质的，固定资产的成本以购买价款的现值为基础确定。自行建造的固定资产价值，由建造该项资产达到预定可使用状态前所发生的必要支出构成。

2. 材料物资购买

购置设备是制造企业开始生产的基础，却不是企业的经常业务，制造企业的主要采购业务是材料物资的采购。材料物资的采购包括从上游供应商处订购材料到运输、装卸以及验收入库并支付价款的全过程，其实质是通过材料物资的采购，将企业的货币资金转换为存货资金。在材料物资的购买过程中，材料物资价值的确认是关键环节，直接决定了产品成本计算的正确性。

（1）材料的确认。企业购买材料，应于材料验收入库或支付材料价款取得所有权时将其作为一项资产确认；在材料领用时将其作为一项费用确认；会计期末，全部库存材料作为企业的流动资产确认。

（2）材料的计量。材料的计量包括材料入库和发出两个环节的计量。

1）增加材料的计量。企业外购材料的成本包括材料价款和价外费用。其中，价外费用指采购时支付的运费、装卸费、途中保险费等运杂费，以及入库前的挑选整理费、途中的合理损耗、进口材料的佣金与关税、进口时发生的外汇价差等，但不包括支付的进项税额。

若企业同时采购两种以上的材料，需将价外费用按合理的方法在各种材料之间分配。分配的标准有重量、体积、材料价款等。

2）发出材料的计量。对于生产领用或其他用途领用的材料，可按先进先出法、加权平均法、移动加权平均法、个别计价法等不同方法确定减少材料的价值。具体方法见生产业务和第 5 章的“财产清查”部分。

3. 款项结算

固定资产和材料物资的购买，除了核算资产的入账价值，还应对款项的结算进行反映和监督。采购业务从付款环节看，可以分为三种情况：购进时直接支付货款和采购费用；购进时未支付货款，形成一笔负债；先预付货款，后取得固定资产和材料。

4.3.2　采购业务需设置的账户

根据以上分析，企业的采购业务除了需设置材料、固定资产等资产类账户，还应该设置与款项结算有关的账户。所以，采购业务需设置的账户有“库存现金”“银行存款”“在途物资”“原材料”“固定资产”“在建工程”“工程物资”“应付账款”“应付票据”“预付账款”等。

原材料、固定资产、银行存款等账户已在资金筹集业务中进行了讲解，这里只介绍其他账户。

1. “库存现金”账户

“库存现金”账户属于资产类账户，核算企业的库存现金。库存现金的增加记在账户的借方。减少记在贷方。期末借方余额，反映企业持有的库存现金。

2. “在途物资”账户

“在途物资”账户属于资产类账户，核算企业采用实际成本（或进价）进行的材料、商品等物资的日常核算、货款已付尚未验收入库的在途物资的采购成本。其借方核算归集的物资的买价、运杂费等采购成本；贷方核算验收入库的物资价值；期末借方余额，反映企业在途材料、商品等物资的采购成本。该账户可按供应单位和物资品种进行明细核算。

3. “在建工程”账户

“在建工程”属于资产类账户，核算企业基建、更新改造等在建工程发生的支出。其借方核算在建工程发生的各项工程支出；贷方核算设备达到预定可使用状态时，结转到固定资产的价值；期末借方余额，反映尚未达到预定可使用状态的在建工程的成本。该账户可以通过“建筑工程”“安装工程”“在安装设备”“单项工程”等进行明细核算。

4. “工程物资”账户

“工程物资”账户属于资产类账户，核算企业为在建工程准备的各种物资的成本，包括工程用材料、尚未安装的设备以及为生产准备的工器具等。其借方核算购入的工程物资所增加的金额；贷方登记在建工程领用工程物资以及工程完工后转作本企业存货的物资的成本；期末借方余额，反映企业为在建工程准备的各种物资的成本。该账户可以通过“专用材料”“专用设备”“工器具”等进行明细核算。

5. “应付账款”账户

“应付账款”账户属于负债类账户，核算企业因购买材料、商品和接受劳务等经营活动应支付的款项。该账户贷方登记应付未付的款项；借方登记企业已偿付的款项；期末贷方余额，反映企业尚未支付的应付账款余额。该账户可按债权人进行明细核算。

6. “应付票据”账户

“应付票据”账户属于负债类账户，核算企业购买材料、商品和接受劳务供应等开出、承兑的商业汇票，包括银行承兑汇票和商业承兑汇票。该账户贷方登记企业为抵付货款、应付账款而开出、承兑的商业汇票；借方登记到期偿付或因无力支付票款而转出的商业汇票；期末贷方余额，反映企业尚未到期的商业汇票的票面金额。该账户可按债权人进行明细核算。同时企业应当设置应付票据备查簿，详细登记商业汇票的种类、号数、出票日期、到期日、票面金额、交易合同号和收款人姓名或单位名称，以及付款日期和金额等资料。应付票据到期结清时，应在备查簿中予以注销。

7. “预付账款”账户

“预付账款”账户属于资产类账户，核算企业按照合同规定预付的款项。用到预付款项的情况不多的，也可以不设置该账户，将预付的款项直接记入“应付账款”账户。企业在按照购货合同规定预付给供应单位款项时，记入该账户的借方；收到对方发来的商品抵付预付款或收回供应单位退回的多收款项时，记入该账户的贷方；期末借方余额，反映企业预付的款项；期末如为贷方余额，反映企业尚未补付的款项。

企业进行在建工程预付的工程价款，也在该账户核算。该账户可按供货单位进行明细核算。

4.3.3　采购业务的主要经济核算

采购过程主要经济业务的核算如图 4－2 所示。

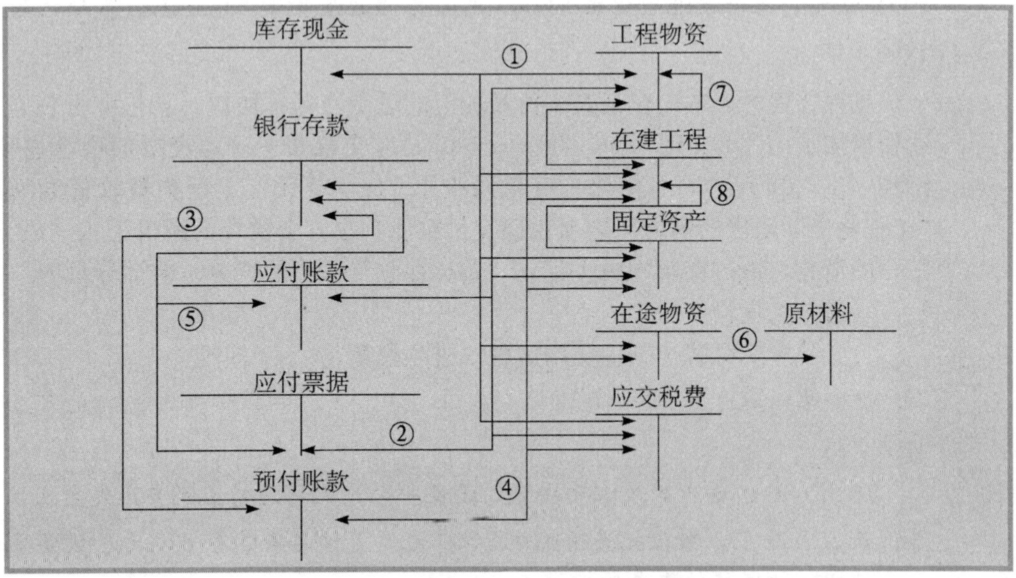

图 4－2　采购过程主要经济业务的核算

说明：①购入固定资产或材料物资，并支付款项；②购入固定资产或材料物资未付款，形成负债；③按合同规定预付货款；④收到预付货款的固定资产或材料物资；⑤偿还前欠的应付款项；⑥结转在途物资的采购成本；⑦在建工程领用工程物资；⑧在建工程完工结转固定资产。

4.3.4 案例分析

下面仍以长江公司为例说明生产准备业务的账务处理。

例 4-8

12 月 5 日，购入生产用设备一台，发票上注明的设备价款 80 000 元，增值税税额 10 400 元，运杂费 2 000 元，无须安装即可使用，设备已运达企业，款项通过银行转账支付。

购入无须安装的设备，一方面使固定资产增加 82 000 元（80 000＋2 000），应交税费——应交增值税（进项税额）增加 10 400 元；另一方面，款项通过银行转账支付，银行存款相应减少 92 400 元。固定资产和银行存款均是资产类账户，固定资产的增加应借记“固定资产”账户，银行存款的减少应贷记“银行存款”账户；应交税费——应交增值税（进项税额）的支付使企业的负债减少，应记入“应交税费”账户的借方。会计分录为：

借：固定资产	82 000	
应交税费——应交增值税（进项税额）	10 400	
贷：银行存款		92 400

例 4-9

12 月 6 日，购入工程物资一批，收到的增值税专用发票上注明的物资价款 100 000 元，增值税进项税额 13 000 元，支付运杂费等 3 000 元。款项已通过银行转账支付。

工程物资的成本应包括其买价及相应的运杂费等，所以，该笔业务使企业工程物资增加了 103 000 元（100 000＋3 000），应交税费——应交增值税（进项税额）增加了 13 000 元，同时使银行存款减少了 116 000 元，工程物资价值的增加记入“工程物资”账户的借方，进项税额支付致使企业应交税费的减少记入“应交税费”账户的借方，银行存款的减少记入“银行存款”账户的贷方。会计分录为：

借：工程物资	103 000	
应交税费——应交增值税（进项税额）	13 000	
贷：银行存款		116 000

例 4-10

12 月 6 日，企业购入需要安装的设备一台，收到的增值税专用发票上注明的设备价款 50 000 元，增值税进项税额 6 500 元，支付运杂费等 800 元。设备已运达企业，款项通过银行转账支付。

该机器设备由企业自行安装，共领用工程物资 5 000 元，A 材料 800 元，应付安装工人工资福利费等 1 000 元，用现金支付其他费用 60 元。

（1）购入的设备需要安装，所以应先将其相关支出计入在建工程，在建工程增加 50 800 元（50 000＋800）；同时，增值税进项税额的支付使企业的应交税费减少了 6 500 元；款项通过银行转账支付，导致银行存款减少 57 300 元。在建工程的增加属于资产的增加，应记入“在建工程”账户的借方，应交税费的减少属于负债的减少，应记入“应交税费”账户的借方，银行存款的减少应记入“银行存款”账户的贷方。会计分录为：

借：在建工程　50 800
　　应交税费——应交增值税（进项税额）　6 500
　贷：银行存款　57 300

（2）领用工程物资、材料，负担安装工人薪酬，支付其他安装费用等导致在建工程成本增加了 6 860 元（5 000＋800＋1 000＋60），同时使工程物资、原材料、库存现金等分别减少了 5 000 元、800 元和 60 元，使应付职工薪酬增加了 1 000 元。在建工程的增加属于资产的增加，应记入“在建工程”账户的借方；工程物资、原材料、库存现金等的减少属于资产的减少，应分别记入“工程物资”“原材料”“库存现金”账户的贷方；应付职工薪酬的增加属于负债的增加，应记入“应付职工薪酬”账户的贷方。会计分录为：

借：在建工程　6 860
　贷：工程物资　5 000
　　　原材料　800
　　　应付职工薪酬　1 000
　　　库存现金　60

例 4－11

12 月 20 日，上述设备安装完工交付使用。

工程完工交付使用，导致固定资产增加 57 660 元（50 800＋6 860），应记入“固定资产”账户的借方；同时，在建工程减少 57 660 元，属于资产的减少，应记入“在建工程”账户的贷方。会计分录为：

借：固定资产　57 660
　贷：在建工程　57 660

例 4－12

12 月 8 日，从黄海公司采购 B 材料一批，买价 10 000 元，增值税税率 13%，物资尚未收到，签发一张票面金额 11 300 元、期限 3 个月的商业承兑汇票抵付相应款项。

材料的入账价值只包括买价和价外费用，不包括相应的增值税税额，相应的增值税计入应交税费，企业支付的进项税额记入“应交税费——应交增值税（进项税额）”账户的借方；物资尚未收到，表现为在途物资增加，在途物资属于企业的资产，资产增加应记入“在途物资”账户的借方；商业承兑汇票属于应付票据的核算范畴，签发商业承兑汇票导致应付票据增加，应付票据属企业的负债，负债增加记入“应付票据”账户的贷方。会计分录为：

借：在途物资——B材料　10 000

　　应交税费——应交增值税（进项税额）　1 300

　　贷：应付票据——黄海公司　11 300

例4-13

12月10日，根据合同规定，预付嘉陵公司材料款22 600元。

预付材料款，导致银行存款减少，预付账款增加。“银行存款”和“预付账款”皆为资产类账户，资产的减少记入贷方，增加记入借方。所以，本经济业务发生后，“银行存款”账户的贷方应记入22 600元，“预付账款”账户的借方应记入22 600元。会计分录为：

借：预付账款——嘉陵公司　22 600

　　贷：银行存款　22 600

例4-14

12月15日，从长和公司购入另一批B材料，价款80 000元，增值税税率13%，材料已验收入库，款项尚未支付。

材料入库导致原材料增加80 000元，原材料属于企业的资产，资产增加应记入“原材料”账户的借方；支付的增值税进项税额记入“应交税费——应交增值税(进项税额)”账户的借方；款项尚未支付形成一笔应付账款，应付账款属于企业的负债，负债增加90 400元，应记入“应付账款”账户的贷方。会计分录为：

借：原材料——B材料　80 000

　　应交税费——应交增值税（进项税额）　10 400

　　贷：应付账款——长和公司　90 400

例4-15

12月16日，8日采购的材料运达企业，用现金支付运杂费100元，材料已验收入库。

购买材料时支付的运杂费应计入相关材料价值，并先由在途物资归集，导致在途物资增加100元，企业的资产增加，应记入“在途物资”账户的借方；同时库存现金减少100元，应记入“库存现金”账户的贷方。会计分录为：

借：在途物资　100

　　贷：库存现金　100

材料验收入库，使库存原材料增加10 100元（10 000+100），原材料增加应记入“原材料”账户的借方，同时使在途物资减少10 100元，在途物资的减少属于资产的减少，应记入“在途物资”账户的贷方。会计分录为：

借：原材料　10 100

　　贷：在途物资　10 100

例4-16

12月16日，收到嘉陵公司发来的已预付货款的材料，其中A材料1.5吨，单价 8 000 元，B 材料 2 吨，单价 4 000 元，材料的增值税税率均为 13%，用转账支票支付运杂费 420 元。材料已验收入库，运杂费按材料重量进行分配。

因为运杂费是采购 A，B 两种材料时共同发生的，所以应由其分别承担其中的一部分。本例运杂费按材料的重量分配，需首先计算 A，B 两种材料各自应负担的运杂费：

$$A\text{材料负担}=1.5\times\frac{420}{1.5+2}=180(\text{元})$$

$$B\text{材料负担}=2\times\frac{420}{1.5+2}=240(\text{元})$$

A，B 材料的成本分别为：

$$A\text{材料成本}=1.5\times8\,000+180=12\,180(\text{元})$$
$$B\text{材料成本}=2\times4\,000+240=8\,240(\text{元})$$

收到材料使企业的原材料增加，应记入“原材料”账户的借方；同时，相应的增值税进项税额记入“应交税费——应交增值税（进项税额）”账户的借方；另外，此项采购使用原来已经预付的货款，从而使预付账款减少，应记入“预付账款”账户的贷方，用转账支票支付运杂费，导致银行存款减少，应记入“银行存款”账户的贷方。会计分录为：

借：原材料——A 材料	12 180	
——B 材料	8 240	
应交税费——应交增值税（进项税额）	2 600	
贷：预付账款		22 600
银行存款		420

例 4-17

12 月 27 日，用银行存款偿还 15 日所欠长和公司的材料款。

用银行存款偿还前欠货款导致银行存款和应付账款同时减少 90 400 元，银行存款的减少应记入“银行存款”账户的贷方，应付账款的减少则应记入“应付账款”账户的借方。会计分录为：

借：应付账款——长和公司	90 400	
贷：银行存款		90 400

4.4　生产业务核算

4.4.1　生产业务概述

制造企业的生产业务，包括生产各种产品（产成品、自制半成品和提供劳务等)、自制材料、自制设备等。本书只介绍产品生产业务的核算。

制造企业将材料投入生产到产品完工的过程称为产品的生产过程，这个过程也是资产的耗费过程。在这个过程中，劳动者运用劳动资料对劳动对象进行加工，改变劳动对象的性质、形态、功能等，使其成为预期的商品产品。在企业的生产经营过程中，费用按照功能可分为生产费用和期间费用。生产过程中为进行产品生产所发生的费用称为生产费用，在生产的产品完工时，生产费用转变为产品的制造成本；在会计期间发生的用于企业经营管理的管理费用、销售费用和财务费用统称为期间费用，期间费用直接计入当期损益。

制造企业在生产过程中的经济活动主要表现在：第一，将材料物资投入生产，其价值随实物形态的改变而一次全部转移到所生产产品的成本中，构成产品制造成本的重要组成部分；第二，固定资产作为劳动资料是生产经营过程中不可缺少的重要生产要素，但固定资产会在长期使用过程中保持原有的实物形态，其价值通过不断磨损而逐步、部分地转移到产品成本中；第三，劳动者在生产过程中通过活劳动的耗费使劳动对象得以改变其使用价值并创造出新价值，其中一部分通过职工薪酬的形式支付给劳动者，构成产品成本的人工成本部分；第四，产品在生产过程中，还会发生一些费用（如办公费、水电费、电话费），这些耗费同样是为产品生产服务的，应该物化为产品价值的一部分。

不论生产费用的具体内容如何，也不管其发生时是否能直接认定产品归属，所有生产费用最终均要计入产品成本。每种产品归集的生产费用，期末要采用一定方法在该种产品的在产品（会计期末未完工的产品）与产成品之间进行分配，其中由产成品负担的部分，构成产品生产成本，随产品完工入库形成库存商品；由在产品负担的部分，形成期末在产品成本。

4.4.2 生产费用

生产费用是生产过程中为进行产品生产所发生的费用，主要包括材料的耗费、活劳动的耗费、固定资产的价值磨损以及生产车间的水电费、办公费等其他耗费，是企业在一定时期内为生产产品而发生的物化劳动和活劳动的货币表现。

生产费用按其计入产品成本的方式不同，分为直接费用和间接费用。生产费用发生时，有的当时就能确认其受益对象，如构成产品实体的各种材料、直接参与产品生产的工人薪酬等，会计上称为直接费用；有的生产费用发生时与几种产品生产有关，如车间管理人员的薪酬、机器设备价值的磨损、车间发生的水电费、电话费、办公费等，则需按照一定程序进行归集、汇总，然后按一定的标准分配，方能确认受益产品的具体金额，叫作间接费用。

为正确计算产品成本，通常将构成产品制造成本的各种耗费按其用途划分为三个成本项目：直接材料、直接人工和制造费用。

直接材料是企业生产过程中，直接用于产品生产，构成产品实体的原材料、辅助材料、外购半成品及有助于产品形成的其他材料等。

直接人工是企业在制造产品的过程中，为获得直接参加产品生产人员提供的服务而给予各种形式的报酬以及其他相关支出。直接材料和直接人工统称为直接费用。

制造费用是企业生产车间（或部门）为生产产品和提供劳务而发生的各项间接费用，包括车间管理人员的薪酬，机器设备和厂房的价值磨损以及修理费，车间的水电费、物料消耗、办公费、劳动保护费及其他制造费用。企业应当根据制造费用的性质，选择合理的制造费用分配方法，将其分配计入产品生产成本。制造费用的分配标准可以是生产工人职工薪酬的比例、工时比例、耗用原材料的数量或成本等。

4.4.3　期间费用

在会计期间发生的用于企业经营管理的管理费用、销售费用和财务费用统称为期间费用。

管理费用是行政管理部门为组织和管理企业生产经营所发生的各种费用。

销售费用是指企业在销售商品和材料、提供劳务过程中发生的各种费用。

财务费用是企业为筹集生产经营所需资金等而发生的筹资费用，包括利息支出（减利息收入）、汇兑损益以及相关的手续费、企业发生的现金折扣或收到的现金折扣等。

制造企业生产经营过程中发生的各种耗费及其分类如图 4－3 所示。

- 费用
  - 生产费用
    - 直接费用
      - 直接材料
      - 直接人工
      - 其他直接支出
    - 间接费用——制造费用
  - 期间费用
    - 管理费用
    - 销售费用
    - 财务费用

图 4－3　制造企业生产过程中发生的各种耗费

4.4.4　生产业务核算需设置的账户

根据以上分析可知，制造企业生产过程业务既需要设置资产耗费的账户，又需要设置产品形成的账户，主要有“生产成本”“制造费用”“管理费用”“研发支出”“原材料”“应付职工薪酬”“周转材料”“固定资产”“累计折旧”“累计摊销”“银行存款”“库存商品”“长期待摊费用”等。

“原材料”“固定资产”“银行存款”账户在前面的业务中已涉及，这里只讲解“生产成本”“制造费用”“管理费用”“研发支出”“应付职工薪酬”“周转材料”“累计折旧”“累计摊销”“库存商品”“长期待摊费用”等账户。

1. “生产成本”账户

按照所反映的经济业务内容，“生产成本”账户属于资产类账户，核算企业进行工业性生产过程中发生的各项生产成本。生产成本也叫制造成本，包括生产各种产品（产成品、自制半成品等）、自制材料、自制工具、自制设备等过程中发生的各项成本。该账户借方登记当期所发生的直接材料、直接人工等各项直接成本和分配计入的制造费用；贷方登记企业已经生产完成并已验收入库的产成品以及自制半成品的成本；期末借方余额，反映企业尚未加工完成的在产品成本。

该账户可按基本生产成本和辅助生产成本进行明细核算。基本生产成本应当分别按照基本生产车间和成本核算对象（产品的品种、类别、订单、批别、生产阶段等）设置明细账（或成本计算单，下同），并按照规定的成本项目设置专栏。

产品生产成本的计算可通过编制产品成本计算单来进行，产品成本计算单包括生产产品过程中发生的各种耗费，是计算产品成本的依据，其格式如表4-2所示。

表4-2 产品成本计算单 单位：元

项目	直接材料	直接人工	制造费用	合计
月初在产品成本				
本月生产费用				
合计				
月末在产品成本				
完工产品成本				
单位成本				

2. “制造费用”账户

按照所反映的经济业务内容，“制造费用”账户属于资产类账户，核算企业生产车间（或部门）为生产产品和提供劳务而发生的各项间接费用。该账户借方登记企业当期发生的各种制造费用，包括车间发生的机物料消耗，车间管理人员工资等职工薪酬，生产车间计提的固定资产折旧，生产车间支付的办公费、水电费，发生的季节性停工损失等；贷方登记按一定标准分配计入生产成本或劳务成本，应由各种产品负担的制造费用；结转后，期末该账户一般应没有余额。该账户可按不同的生产车间、部门和费用项目进行明细核算。

制造费用在进行分配时，通常需先计算制造费用分配率，再分别计算各产品应负担的制造费用部分。其计算公式如下：

$$\text{制造费用分配率}=\frac{\text{制造费用总额}}{\text{各种产品实际（定额）工时工人工资或耗用原材料之和}}$$

$$\text{某产品应负担的制造费用}=\frac{\text{该种产品实际（定额）}}{\text{工时工人工资或耗用原材料}}\times\text{制造费用分配率}$$

制造费用的分配一般是通过编制制造费用分配表进行的。制造费用分配表的格式如表4-3所示。

表 4-3　　　　　　　　　　　　　　　　制造费用分配表

项目	分配标准	分配率	分配金额
甲产品			
乙产品			
⋮			
合计			

3. “管理费用”账户

“管理费用”账户属于费用类账户，核算企业为组织和管理生产经营所发生的各项管理费用，包括企业在筹建期间发生的开办费，董事会和行政管理部门在企业的经营管理中发生的或者应由企业统一负担的公司经费（包括行政管理部门职工薪酬、物料消耗、低值易耗品摊销、办公费和差旅费等），工会经费，董事会费（包括董事会成员津贴、会议费和差旅费等），聘请中介机构费，咨询费（含顾问费），诉讼费，业务招待费，房产税，车船税，土地使用税，印花税，技术转让费，矿产资源补偿费，研究费用，排污费等。企业生产车间（部门）和行政管理部门等发生的固定资产修理费用等后续支出，也在该账户核算。该账户借方登记企业当期发生的各种管理费用；贷方登记结转到“本年利润”账户的金额，结转后该账户应无余额。该账户可按费用项目进行明细核算。

4. “研发支出”账户

按照所反映的经济业务内容，“研发支出”账户属于资产类账户，核算企业进行研究与开发无形资产过程中发生的各项支出。该账户借方登记企业自行开发无形资产发生的研发支出；贷方登记研究开发项目达到预定用途形成无形资产时转入“无形资产”账户的数额或归集的费用化支出转入“管理费用”账户的数额；期末借方余额，反映企业正在进行的无形资产研究开发项目中满足资本化条件的支出。该账户可按研究开发项目，分别以“费用化支出”“资本化支出”进行明细核算。

5. “应付职工薪酬”账户

“应付职工薪酬”账户属于负债类账户，核算企业为获得职工提供的服务或解除劳动关系而给予的各种形式的报酬或补偿，包括短期薪酬、离职后福利、辞退福利和其他长期职工福利。企业提供给职工配偶、子女、受赡养人、已故员工遗属及其他受益人的福利，也属于职工薪酬。该账户贷方登记企业计算的应由本期承担的职工的工资、奖金、津贴和补贴，职工福利费，应当为职工缴纳的医疗保险费、养老保险费、失业保险费、工伤保险费和生育保险费，应当为职工缴存的住房公积金，为职工提供的非货币性福利以及应当支付的因解除劳动关系给予的补偿等；借方登记应付职工薪酬的减少数，包括企业向职工支付的工资、奖金、津贴和补贴、职工福利费，以及支付的用于工会活动和职工培训的工会经费和职工教育经费等；期末贷方余额，反映企业应付未付的职工薪酬。该账户可以通过“工资”“职工福利”“社会保险费”“住房公积金”“工会经费”“职工教育经费”“非货币性福利”“辞退福利”“股份支付”等进行明细核算。

6. “周转材料”账户

“周转材料”账户属于资产类账户，核算企业能够多次使用、逐渐转移其价值但仍保持原有形态，不确认为固定资产的材料，如包装物和低值易耗品等。该账户借方登记增加的各种周转材料的计划成本或实际成本，包括包装物、低值易耗品，以及企业（建造承包商）的钢模板、木模板、脚手架等；贷方登记由于领用或报废等减少的周转材料；期末借方余额，反映企业在库周转材料的计划成本或实际成本以及在用周转材料的摊余价值。企业可按周转材料的种类，分别以“在库”“在用”“摊销”进行明细核算。

7. “累计折旧”账户

“累计折旧”账户属于资产类账户，是固定资产账户的调整账户，反映在固定资产使用寿命内，按照确定的方法对应计折旧额进行系统分摊所累计计提的折旧。应计折旧额是指应当计提折旧的固定资产的原价扣除其预计净残值后的金额。预计净残值是指假定固定资产预计使用寿命已满并处于使用寿命终了时的预期状态，企业从该项资产处置中获得的扣除预计处置费用后的金额。企业应当按月计提折旧，并根据用途计入相关资产的成本或者当期损益。该账户贷方登记企业计提的固定资产折旧数额；借方登记因固定资产出售、报废、盘亏、毁损、调出等转出的折旧数额；期末贷方余额，反映企业固定资产的累计折旧数额。该账户可按固定资产的类别或项目进行明细核算。

8. “累计摊销”账户

“累计摊销”账户属于资产类账户，是无形资产账户的调整账户，反映对使用寿命有限的无形资产累计计提的摊销额。“累计摊销”账户类似于“累计折旧”账户。该账户贷方登记企业计提的无形资产摊销数额；借方登记因无形资产出售、报废、调出等转出的摊销数额；期末贷方余额，反映企业无形资产的累计摊销数额。该账户可按无形资产项目进行明细核算。

特别提示

累计折旧和累计摊销账户虽然属于资产类账户，但是由于属于固定资产或无形资产的备抵调整账户，它们的结构与一般的资产类账户相反，贷方登记增加数，借方登记减少数，余额在贷方。

9. "库存商品"账户

"库存商品"账户属于资产类账户，核算企业库存的各种商品的实际成本（或进价）或计划成本（或售价），包括库存产成品、外购商品、存放在门市部准备出售的商品、发出展览的商品以及寄存在外的商品等。企业接受来料加工制造的代制品和为外单位加工修理的代修品，在制造和修理完成验收入库后，视同企业的产成品，也通过该账户核算。该账户借方登记企业各种已验收入库的产成品的成本；贷方登记企业发出的各种产成品的成本；期末借方余额，反映企业库存商品的实际成本（或进价）或计划成本（或售价）。该账户可按库存商品的种类、品种和规格等进行明细核算。

10. "长期待摊费用"账户

"长期待摊费用"账户属于资产类账户，核算企业已经支出，但应由本期和以后各期分别负担的分摊期限在一年以上的各种费用。如经营租赁方式租入固定资产的改良支出等。该账户借方核算已经支付或发生的待摊费用，贷方核算按受益期限摊销的金额；期末借方余额，反映企业已经支付尚未摊销完毕的长期待摊费用。该账户可按费用项目进行明细核算。

4.4.5　生产业务的总分类核算

生产业务的总分类核算如图 4－4 所示。

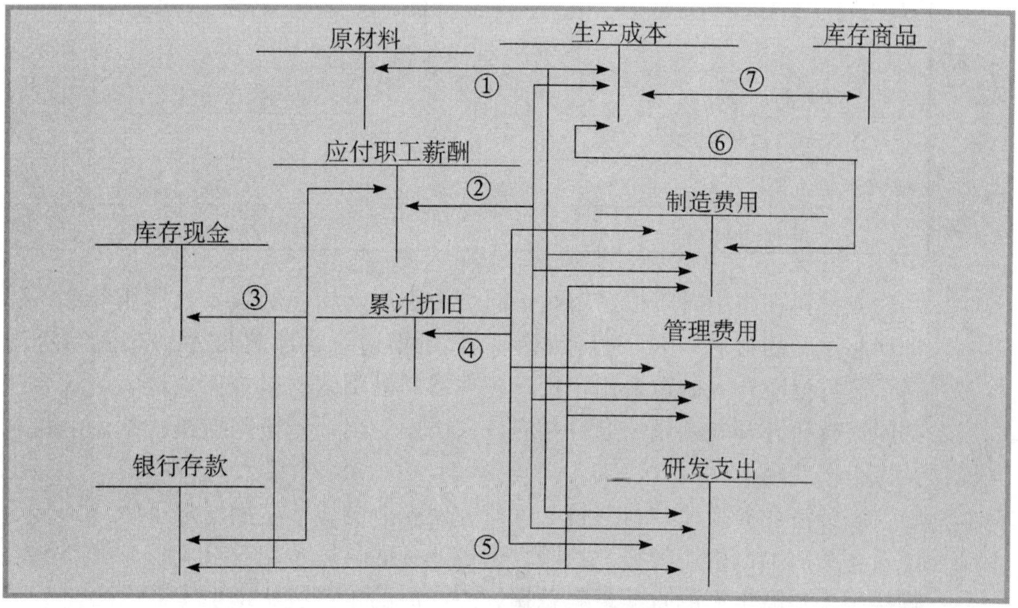

图 4－4　生产业务的总分类核算

说明：①领用原材料；②计算分配本月的应付职工薪酬；③发放职工薪酬；④计提固定资产折旧；⑤支付生产经营和管理过程中发生的其他各种支出；⑥分配结转制造费用；⑦结转完工入库的产品成本。

4.4.6 案例分析

为帮助学生尽快掌握生产过程业务的相关核算及账务处理流程，我们依然以长江公司为例进行说明。

例4-18

12月5日，签发一张金额为60 000元的支票，并将上月企业职工工资结算表及账户信息提供给银行，委托开户银行直接将职工薪酬转发至职工的工资卡。

支付职工工资使企业对员工的负债减少60 000元，应记入“应付职工薪酬”账户及其所属明细账户的借方；同时，发放工资使企业的银行存款减少，应记入“银行存款”账户的贷方。会计分录为：

借：应付职工薪酬——工资　　60 000

　贷：银行存款　　60 000

例4-19

12月16日，仓库发出材料一批，材料出库单所列明的材料用途如表4-4所示。

表4-4　　发出材料汇总表　　单位：元

用途	A材料	B材料	合计
生产产品——甲	30 000	8 000	38 000
——乙	10 000	12 000	22 000
车间一般消耗	4 000	6 000	10 000
行政管理部门消耗		3 000	3 000
研究开发部门	1 000		1 000
合计	45 000	29 000	74 000

原材料在领用时应根据用途不同，分别记入相应的成本、费用类账户：直接用于产品生产的材料，属于直接材料，其价值应计入生产成本；车间间接消耗的材料，其价值应计入制造费用；行政管理部门领用的材料价值应计入管理费用；研发部门进行研究开发领用的原材料应计入研发支出；专设销售机构领用的材料价值应计入销售费用。

该经济业务表明，材料投入生产，使企业的成本费用增加了74 000元，应分别记入有关成本、费用类账户的借方。该业务的材料费用可分为以下几个部分：一是直接用于产品生产的直接材料费用，使产品的生产成本增加了60 000元，其中甲产品38 000元，乙产品22 000元，应记入“生产成本”账户及其明细账户的借方；另外13 000元的材料消耗分别是车间和行政管理部门为组织和管理生产而耗用的，应分别记入“制造费用”和“管理费用”账户的借方；研究开发部门领用的材料导致研发支出增加，应记入“研发支出”账户的借方；同时，材料领用后导致库存原材料减少 74 000 元，应记入“原材料”账户的贷方。会计分录为：

借：生产成本——甲产品	38 000	
——乙产品	22 000	
制造费用	10 000	
管理费用	3 000	
研发支出	1 000	
贷：原材料——A 材料		45 000
——B 材料		29 000

例 4 - 20

12 月 23 日，根据本月工资表分配本月的职工薪酬。本月发生的应付职工薪酬计 86 000 元，其中，生产工人的职工薪酬为 60 000 元（甲产品生产工人的职工薪酬 40 000 元，乙产品生产工人的职工薪酬 20 000 元），车间管理人员的职工薪酬为 6 000 元，行政管理部门人员的职工薪酬为 10 000 元，研发部门人员的职工薪酬为 10 000 元。

应付职工薪酬根据职工提供的服务不同计入不同的成本费用项目：生产产品的职工薪酬属于直接人工，应计入产品的生产成本；车间管理人员的职工薪酬属于生产过程中的间接消耗，应计入制造费用；行政管理部门人员的职工薪酬属于期间费用，应计入管理费用。应付职工薪酬往往不是在发生时支付，而是固定在每月的某一天支付，在支付之前形成企业的一项负债，导致应付职工薪酬增加。

该经济业务使产品的生产成本增加了 60 000 元，其中甲产品 40 000 元，乙产品 20 000 元，应记入“生产成本”账户及其明细账户的借方；制造费用增加了 6 000 元、管理费用增加了 10 000 元，应分别记入“制造费用”和“管理费用”账户的借方，研究开发费用增加了 10 000 元，应记入“研发支出”账户的借方。同时该业务使应付职工薪酬增加了 86 000 元，属于负债的增加，应记入“应付职工薪酬”账户的贷方。会计分录为：

借：生产成本——甲产品	40 000	
——乙产品	20 000	
制造费用	6 000	
管理费用	10 000	
研发支出	10 000	
贷：应付职工薪酬		86 000

例 4 - 21

12 月 24 日，仓库发出低值易耗品一批，价值 3 000 元（采用一次摊销法），其中生产车间领用 2 000 元，行政管理部门领用 400 元，专设的销售机构领用 600 元。

生产车间领用低值易耗品，使得生产的间接费用增加 2 000 元，应记入“制造费用”账户的借方；行政管理部门和专设的销售机构领用低值易耗品，使期间费用增加1 000元，应分别记入“管理费用”和“销售费用”账户的借方。同时，低值易耗品的领用意味着资产的减少，应记入“周转材料”账户所属“低值易耗品”明细账户的贷方。会计分录为：

借：制造费用　　2 000
　　管理费用　　400
　　销售费用　　600
　贷：周转材料——低值易耗品　　3 000

例4-22

12月25日，计提本月固定资产折旧费80 000元，其中厂房折旧60 000元，机器设备折旧4 000元，行政管理部门房屋建筑物折旧16 000元。

固定资产用途不同，其价值磨损记入的成本、费用类账户也不同。厂房、机器设备的折旧因与产品生产关系密切，计入制造费用；行政管理部门房屋建筑物的折旧则应计入管理费用；同时，提取折旧意味着固定资产的价值损耗增加，导致累计折旧增加。

本例中，由于计提折旧使制造费用增加了64 000元，应记入“制造费用”账户的借方；期间费用增加了16 000元，应记入“管理费用”账户的借方；同时，固定资产的折旧使累计折旧增加了80 000元，应记入“累计折旧”账户的贷方。会计分录为：

借：制造费用　　64 000
　　管理费用　　16 000
　贷：累计折旧　　80 000

例4-23

12月26日，用银行存款支付生产车间设备保险费48 000元，保险期2年（含本月）。

支付受益期为2年的设备保险费，导致长期待摊费用增加了48 000元，应记入“长期待摊费用”的借方；同时使银行存款减少，应记入“银行存款”账户的贷方。会计分录为：

借：长期待摊费用　　48 000
　贷：银行存款　　48 000

例4-24

12月26日，开出转账支票一张，购买办公用品2 000元，其中车间负担1 200元，行政管理部门负担800元。

车间发生的办公用品支出，属于生产经营过程中的间接费用，导致制造费用增加1 200元，应记入“制造费用”账户的借方，行政部门的办公费支出导致期间费用增加，应记入“管理费用”账户的借方；同时，企业的银行存款减少2 000元，应记入“银行存款”账户的贷方。会计分录为：

借：制造费用　　1 200
　　管理费用　　800
　贷：银行存款　　2 000

例 4－25

12 月 28 日，委托开户银行支付本月发生的水电费 6 000 元，其中车间应负担 3 300 元，行政部门应负担 2 700 元。

水电费根据使用的部门不同记入不同的成本费用账户：车间发生的应计入制造费用，行政管理部门负担的则应计入管理费用。该业务使制造费用增加 3 300 元，管理费用增加 2 700 元，应分别记入“制造费用”和“管理费用”账户的借方；款项支付后，企业银行存款减少 6 000 元，应记入“银行存款”账户的贷方。会计分录为：

借：制造费用　　3 300
　　管理费用　　2 700
　贷：银行存款　　6 000

例 4－26

12 月 28 日，摊销本月应负担的设备保险费 2 000 元。

摊销应由本月负担的设备保险费，一方面使制造费用增加 2 000 元（48 000 元÷2 年÷12 月），另一方面使长期待摊费用减少 2 000 元，应分别记入“制造费用”账户的借方和“长期待摊费用”账户的贷方。会计分录为：

借：制造费用　　2 000
　贷：长期待摊费用　　2 000

例 4－27

12 月 29 日，计算并分配当月发生的全部制造费用，以两种产品的应付职工薪酬为标准进行分配。

首先，需要对本月发生的全部制造费用进行归集，从例 4－19 至例 4－26 共发生制造费用 88 500 元，通过“制造费用”账户进行归集，如图 4－5 所示。

制造费用	
(19)　10 000	
(20)　6 000	
(21)　2 000	
(22)　64 000	(27)　88 500
(24)　1 200	
(25)　3 300	
(26)　2 000	

图 4－5　制造费用账户归集分配示例

其次，按照两种产品的应付职工薪酬为基准进行分配。制造费用分配表如表

4-5 所示。

表 4-5　　本月制造费用分配表　　单位：元

项目	分配标准	分配率	分配金额
甲产品	40 000	1.475	59 000
乙产品	20 000	1.475	29 500
合计	60 000		88 500

分配制造费用，使本月的制造费用减少了 88 500 元，应记入“制造费用”账户的贷方；同时使产品成本增加了 88 500 元，其中甲产品成本增加了 59 000 元，乙产品成本增加了 29 500 元，应分别记入“生产成本”账户及其明细账户的借方。会计分录为：

借：生产成本——甲产品　　59 000
　　　　　　——乙产品　　29 500
　贷：制造费用　　88 500

例 4-28

12 月 29 日，产品完工入库，其中甲产品完工 6 000 件，月末在产品成本为 47 000 元（直接材料 15 000 元，直接人工 16 000 元，制造费用 16 000 元），乙产品月末全部完工，共 2 000 件。计算甲、乙两种产品的生产成本并进行完工入库的账务处理。

首先，需要编制产品成本计算单，甲、乙产品的生产成本计算单如表 4-6 和表 4-7 所示。

表 4-6　　甲产品成本计算单　　单位：元

项目	直接材料	直接人工	制造费用	合计
月初在产品成本	9 000	10 000	11 000	30 000
本月生产费用	38 000	40 000	59 000	137 000
合计	47 000	50 000	70 000	167 000
月末在产品成本	15 000	16 000	16 000	47 000
完工产品成本	32 000	34 000	54 000	120 000
单位成本	5.33	5.67	9	20

表 4-7　　乙产品成本计算单　　单位：元

项目	直接材料	直接人工	制造费用	合计
月初在产品成本	4 300	4 000	2 970	11 270
本月生产费用	22 000	20 000	29 500	71 500
合计	26 300	24 000	32 470	82 770
月末在产品成本	0	0	0	0
完工产品成本	26 300	24 000	32 470	82 770
单位成本	13.15	12	16.235	41.385

甲、乙产品完工入库导致库存商品增加了 202 770 元，应分别记入“库存商品”账户所属“甲产品”和“乙产品”明细账户的借方；同时，使本月生产成本减少了 202 770 元，应记入“生产成本”账户及其所属明细账户的贷方。会计分录为：

借：库存商品——甲产品	120 000	
——乙产品	82 770	
贷：生产成本——甲产品		120 000
——乙产品		82 770

4.5 销售业务核算

4.5.1 销售业务概述

企业的销售过程是从销售商品、产品，提供劳务开始，到取得销售收入直至收回货款为止的全过程。销售业务包括产品或商品销售收入的确认、相关费用的计算和确认以及销售款项的结算等事项。

销售收入按经营业务的主次，分为主营业务收入和其他业务收入。主营业务收入是企业确认的销售商品、提供劳务所取得的收入；其他业务收入是企业确认的除主营业务活动以外的其他经营活动实现的收入，包括出租固定资产、出租无形资产、出租包装物和商品，销售材料、用材料进行非货币性资产交换（非货币性资产交换具有商业实质且公允价值能够可靠计量）或债务重组等实现的收入。企业应当按照收入的确认条件及时确认销售收入。

企业取得销售收入是以付出商品、提供劳务为代价的，按照配比原则，应该在销售收入确认的当期，确认与其相关的成本费用。其中：已经销售的产品的生产成本就是产品的销售成本；销售的原材料的购进成本即其他业务成本；销售过程中发生的运杂费、装卸费、包装费以及为产品销售而支付的广告费等，形成企业的销售费用。此外，企业还要按照国家有关税法规定的税种和税率以及实现的销售收入金额计算缴纳税金及附加，这些都构成企业销售业务过程中的费用。

最后，商品的销售可能是现金销售，也可能是赊销，因此还会涉及销售款项的回收问题，即货款的结算业务。

4.5.2 销售过程业务应设置的账户

为正确核算销售过程中的收入、费用以及款项的结算等业务，企业需设置的账户有“主营业务收入”“主营业务成本”“其他业务收入”“其他业务成本”“税金及附加”“管理费用”“销售费用”“应收票据”“应收账款”“预收账款”等。“管理费用”在生产过程业务核算时已经做过介绍，此处只介绍其他的新设账户。

1. “主营业务收入”账户

“主营业务收入”账户属于收入类账户，核算企业销售商品、提供劳务过程中确认的主营业务收入。该账户贷方登记企业销售商品、提供劳务过程中所实现的收入；借方登记发生的销售退回或销售折让以及期末结转“本年利润”账户的数额；结转后期末无余额。该账户可按主营业务的种类进行明细核算。

2. “主营业务成本”账户

“主营业务成本”账户属于费用类账户，核算企业销售商品、提供劳务过程中应结转的成本。该账户借方登记本期销售各种商品、提供劳务等的实际成本；贷方登记期末发生的、已经结转销售成本的销售退回及期末结转“本年利润”账户的成本总额；结转后期末无余额。该账户可按主营业务的种类进行明细核算。

3. “其他业务收入”账户

“其他业务收入”账户属于收入类账户，核算企业确认的除主营业务活动以外的其他经营活动实现的收入，包括出租固定资产、出租无形资产、出租包装物和商品，销售材料、用材料进行非货币性资产交换（非货币性资产交换具有商业实质且公允价值能够可靠计量）或债务重组等实现的收入。该账户贷方登记企业发生上述业务实现的收入；借方登记期末结转“本年利润”账户的数额；结转后期末无余额。该账户可按其他业务收入种类进行明细核算。

4. “其他业务成本”账户

“其他业务成本”账户属于费用类账户，核算企业确认的除主营业务活动以外的其他经营活动所发生的支出，包括销售材料的成本、出租固定资产的折旧额及相关的维修费用、出租无形资产的摊销额及发生的其他直接支出、出租包装物的成本或摊销额等。该账户借方登记企业发生的各种其他业务的成本；贷方登记结转到“本年利润”账户的数额；结转后期末应无余额。该账户可按其他业务成本的种类进行明细核算。

5. “税金及附加”账户

“税金及附加”账户属于费用类账户，核算企业经营活动过程中发生的消费税、资源税、城市维护建设税、教育费附加、房产税、车船税、土地使用税和印花税等相关税费。该账户借方登记企业按规定计算出的经营活动应负担的相关税费；贷方登记期末结转“本年利润”账户的数额；结转后期末无余额。

6. “销售费用”账户

“销售费用”账户属于费用类账户，核算企业销售商品、提供劳务过程中发生的各种费用，包括保险费、包装费、展览费和广告费、商品维修费、预计产品质量保证损失、运输费、装卸费等以及为销售本企业商品而专设的销售机构（含销售网点、售后服务网点等）的职工薪酬、业务费、折旧费等经营费用。企业发生的与专设销售机构相关的固定资产修理费用等后续支出，也在该账户核算。该账户借方登记在销售商品过程中发生的费用，以及为销售本企业商品而专设的销售机构的费用；贷方登记期末结转“本年利润”账户的数额；结转后期末无余额。该账户可按费用项目进行明细核算。

7.“应收票据”账户

“应收票据”账户属于资产类账户，核算企业因销售商品、提供劳务等而收到的商业汇票，包括银行承兑汇票和商业承兑汇票。该账户借方登记企业因销售商品而收到的票据的票面金额；贷方登记持未到期的商业汇票向银行贴现、背书的应收票据的票面金额以及到期收回的票面金额；期末借方余额，反映企业持有的商业汇票的票面金额。该账户可按开出、承兑商业汇票的单位进行明细核算。

企业应当设置应收票据备查簿，详细登记商业汇票的种类、号数、出票日、票面金额、交易合同号和付款人、承兑人、背书人姓名或单位名称，以及到期日、背书转让日、贴现日、贴现率、贴现净额和收款日、收回金额、退票情况等资料。应收票据到期结清时，应在备查簿中予以注销。

8.“应收账款”账户

“应收账款”账户属于资产类账户，核算企业因销售商品、提供劳务等经营活动应收取的款项。该账户借方登记应收而未收的款项和企业代购货单位垫支的包装费、运杂费等；贷方登记企业实际收回的款项和经批准转销的坏账损失；期末借方余额，反映企业尚未收回的应收账款；期末如为贷方余额，反映企业预收的账款。该账户可按债务人进行明细核算。

9.“预收账款”账户

“预收账款”账户属于负债类账户，核算企业按照合同规定预收的款项。预收账款情况不多的，也可以不设置该账户，将预收的款项直接记入“应收账款”账户。该账户贷方登记企业向购货单位预收的款项；借方登记销售实现时向购货单位发出商品抵付的货款；期末贷方余额，反映企业预收的款项；期末如为借方余额，反映企业尚未转销的款项。该账户可按购货单位进行明细核算。

特别提示

“应收账款”“预收账款”“应付账款”“预付账款”都属于往来类账户或债权债务账户。一般情况下，“应收账款”“预付账款”账户的余额在借方，反映的是企业的资产；“应付账款”“预收账款”账户的余额在贷方，反映的是企业的负债。但也可能出现相反的情况，即“应收账款”“预付账款”某些明细账户的余额在贷方，反映的是企业的负债；“应付账款”“预收账款”某些明细账户的余额在借方，反映的是企业的资产。

4.5.3 销售业务的总分类核算

销售业务的总分类核算如图4-6所示。

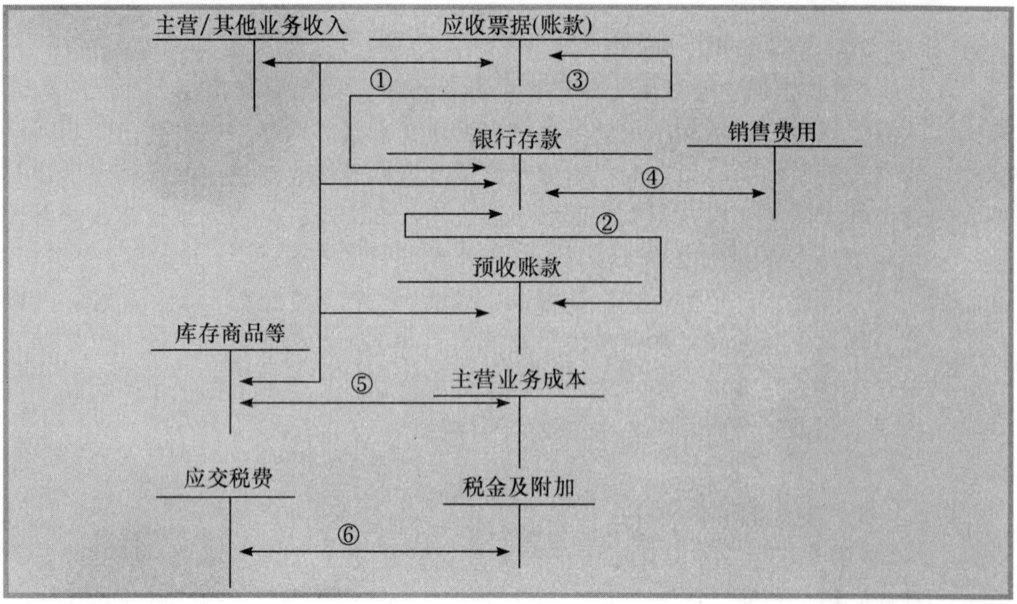

图4-6 销售业务的总分类核算

说明：①取得收入；②预收购买单位支付的货款；③收到应收的销货款；④支付销售费用；⑤结转已销售商品和物资的实际成本；⑥计算应缴纳的税费。

4.5.4 案例分析

仍以长江公司为例，说明销售业务的账务处理。

例4-29

12月3日，开出一张转账支票，缴纳上月的应交税费8 290元。

上缴税费导致企业的负债减少，应记入“应交税费”账户的借方；同时使银行存款减少，应记入“银行存款”账户的贷方。会计分录为：

借：应交税费——未交增值税　　8 290

　贷：银行存款　　8 290

例4-30

12月12日，向江南公司销售甲产品7 000件，每件售价36元，用银行存款代垫运杂费600元。甲产品适用的增值税税率13%，款项尚未收到。

销售甲产品使得企业销售收入增加了252 000元，应记入“主营业务收入”账户及其所属明细账户的贷方，销售使得应交税费增加了 32 760 元，应记入“应交税费——应交增值税（销项税额）”账户的贷方；同时，代垫运杂费导致企业债权增加了 600 元，加上销售产品时尚未收到的货款，共导致企业应收账款增加 285 360 元，应记入“应收账款”账户及其所属明细账户的借方；代垫运杂费使企业银行存款减少 600 元，应记入“银行存款”账户的贷方。会计分录为：

借：应收账款——江南公司	285 360	
贷：主营业务收入——甲产品		252 000
应交税费——应交增值税（销项税额）		32 760
银行存款		600

例 4－31

12 月 16 日，收到江南公司上月所欠的货款 31 900 元存入银行。

收到前欠货款，一方面使应收账款减少了 31 900 元，应记入“应收账款”账户及其明细账户的贷方；另一方面使银行存款增加了 31 900 元，应记入“银行存款”账户的借方。会计分录为：

借：银行存款	31 900	
贷：应收账款——江南公司		31 900

例 4－32

12 月 20 日，向东方公司销售甲产品 3 000 件，每件售价 38 元，增值税税率 13%，产品已发出，收到东方公司开具的票面额 128 820 元、期限 6 个月的银行承兑汇票一张；销售过程中，用现金支付产品的装卸费、运输费等运杂费 800 元。

销售产品收到对方签发的银行承兑汇票，符合收入确认条件，收入增加 114 000 元，应记入“主营业务收入”账户及其所属明细账户的贷方；销售产品过程中，形成一笔应交增值税的纳税义务，应交税费增加 14 820 元，应记入“应交税费——应交增值税（销项税额）”账户的贷方；同时，收到银行承兑汇票导致应收票据增加 128 820 元，应记入“应收票据”账户的借方，支付的运杂费属于企业的销售费用，销售费用增加应记入“销售费用”账户的借方，而现金的减少则应记入“库存现金”账户的贷方。会计分录为：

借：应收票据——东方公司	128 820	
销售费用	800	
贷：主营业务收入——甲产品		114 000
应交税费——应交增值税（销项税额）		14 820
库存现金		800

例 4－33

12 月 25 日，向中天公司销售乙产品 1 200 件，单位售价 68 元，适用的增值税税率为 13%，款项收到存入银行。

销售乙产品使企业销售收入增加了 81 600 元，应记入“主营业务收入”账户及其所属明细账户的贷方；销售使应交税费增加了10 680元，应记入“应交税费——应交增值税（销项税额）”账户的贷方；同时，销售产品收到货款92 208元，导致企业银行存款增加，应记入“银行存款”账户的借方。会计分录为：

借：银行存款　　92 208
　贷：主营业务收入——甲产品　　81 600
　　　应交税费——应交增值税（销项税额）　　10 680

例4－34

12月22日，根据合同规定预收百科公司购货款56 000元存入银行。

企业虽已收到购货款56 000元，但由于销售业务尚未发生，不符合销售收入的确认条件，而只是表明企业对购货单位的义务增加，应先确认为一笔负债，增加企业的预收账款，记入“预收账款”账户的贷方；同时，企业收到款项存入银行，导致银行存款增加，应记入“银行存款”账户的借方。会计分录为：

借：银行存款　　56 000
　贷：预收账款——百科公司　　56 000

例4－35

12月26日，用银行存款支付50 000元的广告费。

用银行存款支付广告费使银行存款减少50 000元，应记入“银行存款”账户的贷方；同时，广告费属于销售费用，销售费用增加应记入“销售费用”账户的借方。会计分录为：

借：销售费用——广告费　　50 000
　贷：银行存款　　50 000

例4－36

12月28日，向百科公司发出乙产品800件，每件售价70元，增值税税率13%，余款由百科公司签发一张期限3个月的商业承兑汇票支付。

发出预收货款的产品，因款项已预收，产品发出即可确认收入，所以该笔业务使收入增加56 000元，应记入“主营业务收入”账户及其所属明细账户的贷方；向购货单位收取的增值税税额，使企业的应交税费增加7 280元，应记入“应交税费——应交增值税（销项税额）”账户的贷方。同时，因为发出的是已经预收货款的产品，所以预收账款在产品发出时被抵减，应记入“预收账款”账户的借方；收到的百科公司开具的商业承兑汇票形成企业的一项资产，应记入“应收票据”账户的借方。会计分录为：

借：预收账款——百科公司　　56 000
　　应收票据——百科公司　　7 280
　贷：主营业务收入——乙产品　　56 000
　　　应交税费——应交增值税（销项税额）　　7 280

例 4-37

12 月 20 日，销售 A 材料一批给华夏公司，价款 2 000 元，增值税税率 13%，款项未收到，符合收入确认条件。

销售材料的收入属于其他业务收入，其他业务收入增加 2 000 元，应记入“其他业务收入”账户及其所属明细账户的贷方；销售过程中形成的一笔 260 元的应交增值税的纳税义务，应记入“应交税费——应交增值税（销项税额）”账户的贷方；同时，因为款项尚未收到，形成一笔 2 260 元的债权，应记入“应收账款”账户的借方。会计分录为：

借：应收账款——华夏公司	2 260	
贷：其他业务收入——材料销售		2 000
应交税费——应交增值税（销项税额）		260

例 4-38

12 月 23 日，结转已出售的 A 材料的成本 1 400 元。

结转销售材料的成本是指将已销售的材料的实际成本转作费用，材料销售导致库存材料减少，应记入“原材料”账户的贷方；根据费用与收入配比原则，材料的成本应计入其他业务成本，其他业务成本增加，应记入“其他业务成本”账户的借方。会计分录为：

借：其他业务成本	1 400	
贷：原材料——A 材料		1 400

例 4-39

12 月 31 日，根据产品出库单结转本月销售的甲、乙产品的销售成本。

销售成本是指已销产品的生产成本，它是根据已销产品的数量乘以产品的单位成本计算出来的（单位成本根据企业发出存货所采用的计价方法确定，详见第 5 章“财产清查”部分）。本期共销售甲产品 10 000 件，单位产品成本 20 元，其销售成本为 200 000 元；本期销售乙产品 2 000 件，单位产品成本 41.385 元，其销售成本为 82 770 元。由于产品已经售出，经济利益流出企业，结转已销产品的成本，一方面使企业的销售成本增加了 282 770 元，应记入“主营业务成本”账户及其所属明细账户的借方；另一方面，产品销售使库存商品减少了 282 770 元，应分别记入“库存商品”账户及其明细账户的贷方。会计分录为：

借：主营业务成本——甲产品	200 000	
——乙产品	82 770	
贷：库存商品——甲产品		200 000
——乙产品		82 770

例 4-40

12 月 31 日，将计算出的本月应交未交增值税转入未交增值税；同时计算确定本月经营环节应负担的税金及附加 7.8 元，其中城市维护建设税 5.46 元，教育费附加2.34元。

根据例4－2、例4－3、例4－4、例4－8、例4－9、例4－10、例4－12、例4－14和例4－16可以计算出本月增值税进项税额为65 650元；例4－30、例4－32、例4－33、例4－36和例4－37的资料显示，本月增值税销项税额为65 728元，所以本月应交增值税为78元（65 728－65 650）。

按照相关规定，月份终了，企业计算出当月应交未交的增值税，应从“应交税费——应交增值税（转出未交增值税）”明细账户转入“应交税费——应交增值税（未交增值税）”明细账户。会计分录为：

借：应交税费——应交增值税（转出未交增值税） 78

贷：应交税费——未交增值税 78

税金及附加等于流转税金额乘以相应税率，城市维护建设税按流转税额的7%计算，为5.46元（78×7%）；教育费附加按3%计算，为2.34元（78×3%）。本月负担的城市维护建设税及教育费附加，应记入“税金及附加”账户的借方；当月税金往往在下月初缴纳，所以计算本月应负担的税金及附加时，应同时增加一笔负债，记入“应交税费”账户及其所属明细账户的贷方。会计分录为：

借：税金及附加 7.80

贷：应交税费——应交城市维护建设税 5.46

——教育费附加 2.34

4.6 利润形成和分配业务核算

4.6.1 利润形成和分配业务概述

企业通过产品的生产和销售，只要收入大于成本费用，就会形成利润；实现的利润可以用来向投资者分配，作为其投资回报，也可以留在企业用于扩大再生产。

按照会计分期的前提，尽管企业的生产经营活动是持续不断进行的，但为及时向投资者、债权人等信息使用者提供决策所需的信息，企业必须按期计算其生产经营过程中形成的利润或损失。这就要求企业定期将生产经营过程中发生的费用和与其相关的收入相配比，将收入和费用各账户的发生额结转到本年利润中，以确定每一会计期间的盈亏。

利润是指企业一定期间的经营成果。在量上表现为收入抵减费用后的余额以及直接计入当期利润的利得和损失，在质上表现为企业净资产的增加或减少。

1. 利润形成的核算

企业利润的计算包括结算营业利润、利润总额、净利润、综合收益等步骤。其中：

营业利润＝营业收入－营业成本－税金及附加－期间费用－研发费用

　　－资产减值损失＋公允价值变动收益＋投资收益

　　＋资产处置收益＋其他收益

利润总额＝营业利润＋营业外收入－营业外支出

净利润＝利润总额－所得税费用

综合收益＝净利润＋其他综合收益扣除所得税影响后的净额

其中，营业收入等于主营业务收入和其他业务收入之和；营业成本包括主营业务成本和其他业务成本；税金及附加指主营业务和辅营业务应缴纳的税金及附加；期间费用为管理费用、财务费用和销售费用之和；资产减值损失包括坏账损失、存货跌价损失、固定资产减值损失、工程物资减值损失、无形资产减值损失等；公允价值变动损益核算企业交易性金融资产、交易性金融负债，以及采用公允价值模式计量的投资性房地产、衍生工具套期保值业务等的公允价值变动形成的应计入当期损益的利得或损失；资产处置收益反映企业出售划分为持有待售的非流动资产（金融工具、长期股权投资和投资性房地产除外）或处置组时确认的处置利得或损失，以及处置未划分为持有待售的固定资产、在建工程、生产性生物资产及无形资产而产生的处置利得或损失；其他收益反映计入其他收益的政府补助等。

2. 利润分配的核算

对于实现的净利润，企业应按照一定顺序进行分配。按照《公司法》第一百六十六条的规定，公司分配当年税后利润时，应当提取利润的10%列入公司法定公积金，公司法定公积金累计额为公司注册资本50%以上的，可以不再提取；公司法定公积金不足以弥补以前年度亏损的，在提取法定公积金之前，应当先用当年利润弥补亏损；公司从税后利润中提取法定盈余公积金后，经股东会或股东大会决议，还可以从税后利润中提取任意公积金；公司弥补亏损和提取公积金后所余税后利润，可以向投资者分配。

《公司法》第一百六十八条规定，公司的公积金用于弥补公司的亏损、扩大公司生产经营或者转为增加公司资本。但是，资本公积不得用于弥补公司亏损。法定公积金转为资本时，所留存的该项公积金不得少于转增前公司注册资本的25%。

此外，利润净额还会有一部分以未分配利润的形式留归企业，用于提高企业承受风险的能力。

4.6.2　利润形成和分配业务需设置的账户

企业除生产经营业务外，还会发生对外投资等业务；除正常的经营活动外，可能还会发生一些意外的收支，即利得或损失。为正确核算企业利润的形成和分配业务，企业需设置的账户有“管理费用”“销售费用”“财务费用”“本年利润”“坏账准备”“资产减值损失”“公允价值变动损益”“投资收益”“资产处置损益”“其他收益”“营业外收入”“营业外支出”“固定资产清理”“所得税费用”“利润分配”“盈余公积”“应付股利”等，下面分别予以介绍。

“管理费用”“销售费用”“财务费用”等账户在前面的不同业务中已分别进行了介绍，这里只介绍其他新设账户。

1. “本年利润”账户

“本年利润”账户属于所有者权益类账户，核算企业当期实现的净利润（或发生的净亏损）。企业期（月）末结转利润时，应将各收入、费用类账户的金额转入该账户，结平各收入、费用类账户。

该账户贷方登记月末从“主营业务收入”“其他业务收入”“营业外收入”“投资收益”“公允价值变动损益”等账户借方转入的金额；借方登记月末从“主营业务成本”“其他业务成本”“税金及附加”“管理费用”“销售费用”“财务费用”“营业外支出”“所得税费用”等账户贷方转入的金额；结转后该账户的贷方余额为当期实现的净利润，借方余额为当期发生的净亏损。

年度终了，应将本年收入和支出相抵后结出的本年实现的净利润，转入“利润分配”账户，结转后该账户无余额。

2. “坏账准备”账户

“坏账准备”账户属于资产类账户，是“应收账款”账户的调整账户，核算企业对应收款项计提的坏账准备。该账户借方登记冲减应计提的坏账准备小于其账面余额的差额以及转销确实无法收回的应收款项的数额；贷方登记应收款项计提坏账准备的增加数，包括已确认并已转销的应收款项以后又收回的金额，以及应计提的坏账准备大于其账面余额的差额；期末贷方余额，反映企业已计提但尚未转销的坏账准备。该账户可按应收款项的类别进行明细核算。

3. “资产减值损失”账户

“资产减值损失”账户属于费用类账户，核算企业计提各项资产减值准备所形成的损失。该账户借方登记企业的应收款项、存货、长期股权投资、固定资产、无形资产等资产发生的减值损失；贷方登记在原已计提的资产减值准备金额内，应收款项、存货等资产的价值得以恢复的金额以及期末转入“本年利润”账户的数额；结转后期末无余额。该账户可按资产减值损失的项目进行明细核算。

4. “公允价值变动损益”账户

“公允价值变动损益”账户属于收入类账户，核算企业交易性金融资产、交易性金融负债，以及采用公允价值模式计量的损益性房地产、衍生工具、套期保值业务等公允价值变动形成的应计入当期损益的利得或损失。该账户贷方登记资产负债表日交易性金融资产公允价值高于其账面余额的差额、交易性金融负债公允价值低于其账面余额的差额，以及出售时转出的相应金额；借方登记资产负债表日交易性金融资产公允价值低于其账面余额的差额、交易性金融负债公允价值高于其账面余额的差额，以及出售时转出的相应金额；期末，应将该账户余额转入“本年利润”

账户，结转后该账户无余额。

5. “投资收益”账户

“投资收益”账户属于收入类账户，核算企业确认的投资收益或投资损失。该账户贷方登记企业持有交易性金融资产、持有至到期投资、可供出售金融资产和长期股权投资期间取得的投资收益；借方登记持有期间发生的投资损失；期末，应将该账户余额转入“本年利润”账户，结转后该账户无余额。该账户可按投资项目进行明细核算。

6. “资产处置损益”账户

“资产处置损益”账户属于损益类账户，核算企业确认的资产处置利得或处置损失。该账户贷方登记企业出售划分为持有待售的非流动资产（金融工具、长期股权投资和投资性房地产除外）或处置组时确认的处置利得，以及处置未划分为持有待售的固定资产、在建工程、生产性生物资产及无形资产而产生的处置利得；借方登记资产处置过程中产生的处置损失；期末，应将该账户余额转入“本年利润”账户，结转后该账户无余额。债务重组中因处置非流动资产产生的利得或损失和非货币性资产交换中产生的利得或损失也在该账户核算。该账户可按处置项目进行明细核算。

7. “其他收益”账户

“其他收益”账户属于收入类账户，核算与企业日常活动相关的但并不确认收入或冲减成本费用的政府补助。该账户贷方登记企业取得的与日常活动相关但并不确认收入或冲减成本费用的政府补助；借方登记退回与日常活动相关的政府补助；期末，应将该账户余额转入“本年利润”账户，结转后该账户无余额。该账户可按政府补助项目进行明细核算。

8. “营业外收入”账户

“营业外收入”账户属于收入类账户，核算企业发生的营业利润以外的收益，主要包括债务重组利得、与企业日常活动无关的政府补助、盘盈利得、捐赠利得等。该账户贷方登记营业利润以外的各项利得；借方登记期末转入“本年利润”账户的数额；结转后期末无余额。该账户可按营业外收入项目进行明细核算。

9. “营业外支出”账户

“营业外支出”账户属于费用类账户，核算企业发生的营业利润以外的支出，主要包括债务重组损失、公益性捐赠支出、非常损失、盘亏损失、非流动资产毁损报废损失等。该账户借方登记企业发生的上述各种损失；贷方登记期末转入“本年利润”账户的数额；结转后期末无余额。该账户可按支出项目进行明细核算。

特别提示

“资产处置损益”和“其他收益”账户是新增加的账户。“资产处置损益”账户是根据《企业会计准则第42号——持有待售的非流动资产、处置组和终止经营》新设立的一个账户，其反映的内容原来在营业外收入或营业外支出账户核算。“其他收益”账户是根据《企业会计准则第16号——政府补助》新设立的一个账户，其反映的内容原来在营业外收入中核算。经过调整以后，营业外收入和营业外支出核算的内容有所减少。

10. “固定资产清理”账户

“固定资产清理”账户属于资产类账户，核算企业由于出售、报废、毁损、对外投资、非货币性资产交换、债务重组等转出的固定资产价值以及在清理过程中发生的费用和形成的清理收入等。该账户借方登记企业因出售、报废、毁损、对外投资、非货币性资产交换、债务重组等转出的固定资产的账面价值以及清理过程中应支付的相关税费及其他费用；贷方登记收回出售固定资产的价款、残料价值和变价收入，以及应由保险公司或过失人赔偿的损失等；借方余额表示固定资产清理后的净损失，属于固定资产毁损报废形成的损失应转入“营业外支出”账户，其他的应转入“资产处置损益”账户；贷方余额表示固定资产清理后的净收益，应转入“资产处置损益”账户。该账户可按被清理的固定资产项目进行明细核算。

11. “所得税费用”账户

“所得税费用”账户属于费用类账户，核算企业确认的应从当期利润总额中扣除的所得税费用。该账户借方登记企业按照税法规定计算确定的当期应交所得税、递延所得税资产的应有余额小于“递延所得税资产”账户余额的差额以及递延所得税负债的应有余额大于“递延所得税负债”账户余额的差额等；贷方登记递延所得税资产的应有余额大于“递延所得税资产”账户余额的差额、递延所得税负债的应有余额小于“递延所得税负债”账户余额的差额以及年末转入“本年利润”账户的所得税金额；结转后期末无余额。该账户可以通过“当期所得税费用”“递延所得税费用”进行明细核算。

12. “利润分配”账户

“利润分配”账户属于所有者权益类账户，核算企业利润的分配（或亏损的弥补）和历年分配（或弥补）后的余额。该账户借方登记从“本年利润”账户转入的本年净亏损数额，本期企业按照规定提取的盈余公积、分配给股东或投资者的现金股利或利润，以及分配给股东的股票股利；贷方登记从“本年利润”账户转入的本年实现的净利润数额以及用盈余公积弥补亏损的数额。年度终了，企业应将“利润分配”账户所属其他明细账户的余额转入“未分配利润”明细账户。结转后，该账户除了“未分配利润”明细账户，其他明细账户应无余额。该账户年末余额，反映企业的未分配利润（或未弥补亏损）。

该账户应当分别以“提取法定盈余公积”“提取任意盈余公积”“应付现金股利或利润”“转作股本的股利”“盈余公积补亏”“未分配利润”等进行明细核算。

13. “盈余公积”账户

“盈余公积”账户属于所有者权益类账户，核算企业从净利润中提取的盈余公积。该账户贷方登记企业按规定提取的盈余公积的增加数；借方登记用盈余公积弥补亏损或转增资本的减少数；期末贷方余额，反映企业的盈余公积。该账户应当分别以“法定盈余公积”“任意盈余公积”进行明细核算。

14. “应付股利”账户

“应付股利”账户属于负债类账户，核算企业分配的现金股利或利润。该账户贷方登记企业根据股东大会或类似机构审议批准的利润分配方案确定支付现金股利或利润的金额；借方登记实际支付的现金股利或利润；期末贷方余额，反映企业应付未付的现金股利或利润。该账户可按投资者进行明细核算。

4.6.3 利润形成和分配业务的总分类核算

利润形成和分配业务的总分类核算如图 4－7 所示。

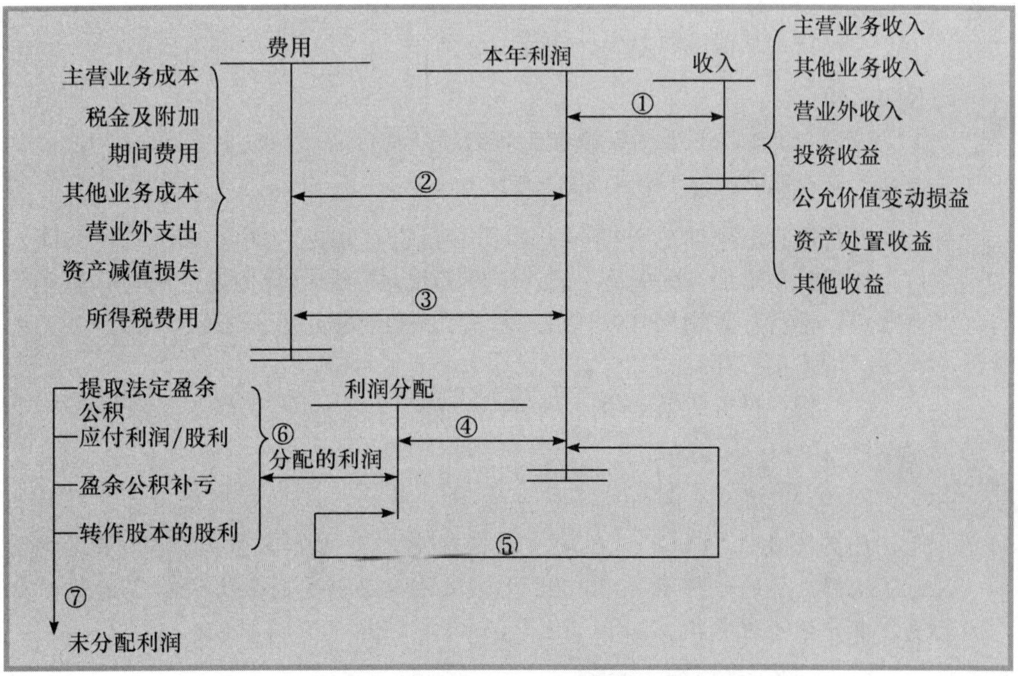

图 4－7　利润形成及分配的总分类核算

说明：①将实现的各种收入结转到本年利润；②将发生的各项费用结转到本年利润；③将本期发生的所得税费用结转到本年利润；④将本年实现的净利润结转到利润分配；⑤将本年发生的净亏损结转到利润分配；⑥进行利润分配；⑦将利润分配各明细项目转入未分配利润。

4.6.4 案例分析

仍沿用长江公司的资料，说明利润形成和分配业务的账务处理。

例4-41

12月21日，用银行存款支付本月行政管理部门电话费3 200元。

行政管理部门电话费属于管理费用，管理费用增加了3 200元，应记入“管理费用”账户的借方；同时银行存款减少，应记入“银行存款”账户的贷方。会计分录为：

借：管理费用	3 200	
贷：银行存款		3 200

例4-42

12月22日，后勤办小李出差报销差旅费1 500元，原借款2 000元，余款退回。

原借款作为企业的一项债权已计入其他应收款，在借款人报销时应予冲销，减少其他应收款2 000元，应记入“其他应收款”账户的贷方；后勤人员的差旅费计入管理费用，管理费用增加1 500元，应记入“管理费用”账户的借方；退回的现金使库存现金增加500元，应记入“库存现金”账户的借方。会计分录为：

借：管理费用	1 500	
库存现金	500	
贷：其他应收款——小李		2 000

例4-43

12月22日，企业准备持有至到期的分期付息的国债利息收入3 000元已收到，并划入企业账户。

准备持有至到期的分期付息的债券投资，在持有期间的利息收入计入投资收益，投资收益增加3 000元，记入“投资收益”账户的贷方；同时，款项已划入企业账户，银行存款增加3 000元，记入“银行存款”账户的借方。会计分录为：

借：银行存款	3 000	
贷：投资收益		3 000

例4-44

12月25日，生产车间一台2009年2月购入的机器设备报废，原价为50 000元，已提折旧20 000元。在清理的过程中，支付清理费用3 000元，增值税180元；机器设备的残值收入20 000元，增值税2 600元；款项均已通过银行存款收支，资产已清理完毕。

对于固定资产的毁损报废，一方面要减少固定资产账面原价，记入“固定资产”账户的贷方，另一方面按其账面净值记入“固定资产清理”账户的借方，还要将与该固定资产相关的累计折旧转销，记入“累计折旧”账户的借方；固定资产在清理过程中形成的各种收入，发生的相关清理费用，均通过“固定资产清理”账户进行核算，清理费用应记入“固定资产清理”账户的借方，清理收入应记入“固定资产清理”账户的贷方；发生的增值税应分别记入“应交税费——应交增值税（进项税额）”账户的借方和“应交税费——应交增值税（销项税额）”账户的贷方，待固定资产清理完毕时，将“固定资产清理”账户的借方余额结转至“营业外支出”账户的借方。

账户会计分录为：

（1）首先，将固定资产转入清理。

借：固定资产清理　　30 000
　　累计折旧　　20 000
　贷：固定资产　　50 000

（2）核算清理过程中的收入和费用。

借：固定资产清理　　3 000
　　应交税费——应交增值税（进项税额）　　180
　贷：银行存款　　3 180

借：银行存款　　22 600
　贷：固定资产清理　　20 000
　　　应交税费——应交增值税（销项税额）　　2 600

（3）将固定资产清理的净损益结转利润。“固定资产清理”账户为借方余额 13 000 元（30 000＋3 000－20 000），应将其转入“营业外支出”账户的借方。

借：营业外支出　　13 000
　贷：固定资产清理　　13 000

例 4-45

12 月 29 日，企业出售一项专利权，专利权账面余额 15 000 元，累计已摊销 13 000 元，售价 4 000 元，增值税 240 元，款项收到存入银行。

专利权出售后已不再是企业的资产，因此应将企业账面上与该专利权有关的价值全部冲销，包括其账面余额、已累计摊销的价值等，无形资产账面余额的转销应记入“无形资产”账户的贷方，累计摊销的转销应记入“累计摊销”账户的借方；同时按收到的款项增加银行存款，应记入“银行存款”账户的借方；无形资产的出售属于非流动资产的处置，所以其售价与账面价值的差额为利得或损失，应记入“资产处置损益”账户。会计分录为：

借：累计摊销　　13 000
　　银行存款　　4 240
　贷：无形资产　　15 000
　　　应交税费——应交增值税（销项税额）　　240
　　　资产处置损益　　2 000

例 4-46

12月29日，收到客户江海公司的违约罚款8 000元存入银行。

收到的客户罚款为企业营业利润以外的收益，应记入“营业外收入”账户的贷方；同时款项收到存入银行，使企业的银行存款增加，应记入“银行存款”账户的借方。会计分录为：

借：银行存款　　8 000
　贷：营业外收入　　8 000

例 4-47

公司为副总经理级别以上人员（共6人）每人提供一辆小轿车免费使用，每辆小轿车的月折旧额为3 500元，12月31日计提本月小轿车的折旧。

企业为职工提供的货币性质以及非货币性质的福利，均通过“应付职工薪酬”账户进行核算，发生时根据用途计入相关费用，同时计入应付职工薪酬。本例中轿车提供给管理人员使用，轿车的相关支出增加了管理费用，应记入“管理费用”账户的借方；同时增加了应付职工薪酬，应记入“应付职工薪酬”账户的贷方。会计分录为：

借：管理费用　　21 000
　贷：应付职工薪酬　　21 000

对轿车计提的折旧，一方面冲减应付职工薪酬（已以实物形式支付），应记入“应付职工薪酬”账户的借方，另一方面增加企业的累计折旧，应记入“累计折旧”账户的贷方。会计分录为：

借：应付职工薪酬　　21 000
　贷：累计折旧　　21 000

例 4-48

12月31日，将本月发生的费用化的研发支出转入管理费用。

研发支出分费用化和资本化两部分，符合资本化条件的，在研发项目达到预定可使用状态时转入无形资产；不符合资本化条件的，需在每个会计期（月）末，将“研发支出”账户归集的费用化金额转入管理费用。长江公司本月发生的所有研发支出均为费用化的支出，应在月末从研发支出转入管理费用，记入“管理费用”账户的借方。

本月发生的研发支出为11 000元（1 000＋10 000）（例4-19、例4-20）。会计分录为：

借：管理费用　　11 000
　贷：研发支出　　11 000

例 4-49

12月31日，根据对应收账款未来可收回情况的分析，计算出本期应计提2 000元的坏账准备（假定“坏账准备”账户无期初余额）。

计提坏账准备，一方面使企业计提的坏账准备增加，应记入“坏账准备”账户的贷方；另一方面使企业当期的资产减值损失增加，应记入“资产减值损失”账户的借方。会计分录为：

借：资产减值损失——坏账损失　　2 000
　贷：坏账准备　　2 000

例 4－50

12 月 31 日，计提本月无形资产的摊销 2 400 元。

无形资产的摊销，一方面使累计摊销的金额增加，应记入“累计摊销”账户的贷方；另一方面使企业的管理费用增加，应记入“管理费用”账户的借方。会计分录为：

借：管理费用　　2 400
　贷：累计摊销　　2 400

例 4－51

12 月 31 日，将各类收入账户的发生额结转到“本年利润”账户。

月末，为正确计算损益，需将所有收入类账户的本月发生额从其借方转入“本年利润”账户的贷方。结转时，各收入类账户的发生额如下：

主营业务收入 503 600 元（252 000（例 4－30）＋114 000（例 4－32）＋81 600（例 4－33）＋56 000（例 4－36））。

其他业务收入 2 000 元（例 4－37）。

投资收益 3 000 元（例 4－43）。

资产处置损益 2 000（例 4－45）。

营业外收入 8 000 元（例 4－46）。

会计分录为：

借：主营业务收入　　503 600
　　其他业务收入　　2 000
　　资产处置损益　　2 000
　　营业外收入　　8 000
　　投资收益　　3 000
　贷：本年利润　　518 600

例 4－52

12 月 31 日，将本月发生的各类费用账户的发生额转入“本年利润”账户。

企业月末应将有关费用类账户的发生额从其贷方结转至“本年利润”账户的借方，以正确计算会计期间的利润实现情况。结转时，各费用类账户的发生额如下：

管理费用 72 000 元（3 000（例 4－19）＋10 000（例 4－20）＋400（例 4－21）＋16 000（例 4－22）＋800（例 4－24）＋2 700（例 4－25）＋3 200（例 4－41）＋1 500（例 4－42）＋21 000（例 4－47）＋11 000（例 4－48）＋2 400（例 4－50））。

销售费用51 400元（600（例4-21）+800（例4-32）+50 000（例4-35））。

财务费用3 640元（例4-7）。

主营业务成本282 770元（例4-39）。

其他业务成本1 400元（例4-38）。

税金及附加7.8元（例4-40）。

资产减值损失2 000元（例4-49）。

营业外支出13 000元（例4-44）。

会计分录为：

借：本年利润	426 217.8	
贷：主营业务成本		282 770
其他业务成本		1 400
税金及附加		7.8
管理费用		72 000
销售费用		51 400
财务费用		3 640
资产减值损失		2 000
营业外支出		13 000

例4-53

12月31日，按应纳税所得额的25%计算应交所得税，并结转所得税费用（假定无其他纳税调整事项）。

长江公司12月的利润总额为92 382.2元（518 600－426 217.8），扣除国库券利息收入3 000元（按税法规定，国债的利息收入可以免税），应纳税所得额为89 382.2元，所得税费用为22 345.55元（89 382.2×25%），因为不存在其他纳税调整事项，所以长江公司的所得税费用与应交税费——应交所得税的金额相等，都是22 345.55元。企业负担的所得税费用应记入“所得税费用”账户的借方；在所得税未支付之前形成企业的一项负债，应记入“应交税费”账户的贷方。会计分录为：

借：所得税费用	22 345.55	
贷：应交税费——应交所得税		22 345.55

将企业负担的所得税费用转入“本年利润”账户，一方面所得税费用减少，应记入“所得税费用”账户的贷方；另一方面，所得税费用作为当期利润的冲减项目，应记入“本年利润”账户的借方。会计分录为：

借：本年利润	22 345.55	
贷：所得税费用		22 345.55

例4-54

12月31日，将“本年利润”账户的余额转入“利润分配”账户所属的“未分配利润”明细账户。

企业 1—11 月实现的净利润为 156 000 元（见表 4-1），加上 12 月的净利润 70 036.65 元（92 382.2—22 345.55），全年实现的利润为 226 036.65 元。

将本年实现的净利润转入利润分配，应记入“本年利润”账户的借方，同时记入“利润分配——未分配利润”账户的贷方。会计分录为：

借：本年利润　　226 036.65
　贷：利润分配——未分配利润　　226 036.65

例 4-55

企业按税后利润的 10%提取法定盈余公积，假定没有以前年度未弥补亏损。

根据《公司法》的规定，企业在进行利润分配时应首先按一定比例提取法定盈余公积，提取法定盈余公积作为利润分配的一部分，一方面计入盈余公积，一方面计入利润分配。本例中，企业不存在以前年度未弥补亏损，所以其法定盈余公积可以按税后利润的 10%计提，应计提法定盈余公积 22 603.67 元（226 036.65×10%）。

一方面企业提取法定盈余公积，对利润进行分配，使可供分配利润减少，应记入“利润分配”账户的借方；另一方面，由于计提法定盈余公积，使盈余公积增加，应记入“盈余公积”账户的贷方。会计分录为：

借：利润分配——提取法定盈余公积　　22 603.67
　贷：盈余公积　　22 603.67

例 4-56

12 月 31 日，根据股东大会决议，企业决定向投资者分配利润 5 000 元。

向投资者分配利润属于企业的利润分配行为，一方面使企业可供分配利润减少，应记入“利润分配”账户的借方；另一方面，向投资者分配的利润在没有实际支付前，形成企业的一项负债，应记入“应付股利”账户的贷方。会计分录为：

借：利润分配——应付现金股利或利润　　5 000
　贷：应付股利　　5 000

例 4-57

年末，将“利润分配”所有明细账户的余额转入“未分配利润”明细账户。

该项经济业务一方面应记入“利润分配——未分配利润”账户的借方；另一方面，反向结转“利润分配”其他明细账户，应记入“利润分配”其他各明细账户的贷方。会计分录为：

借：利润分配——未分配利润　　27 603.67
　贷：利润分配——提取法定盈余公积　　22 603.67
　　　　　　　——应付现金股利或利润　　5 000

重要名词

实收资本（contributed capital）
增值税（increment tax）
固定资产（fixed assets）
应付账款（account payable）
生产费用（production cost）
制造费用（cost of overhead/factory expenses）
管理费用（administrative cost）
销售费用（selling expense）
财务费用（financial expense）
库存商品（inventory on hand）
营业收入（business income）
税金（expense of taxation）
应收账款（account receivable）
利润（profit）
所得税费用（income tax expense）

自测题

一、单项选择题（在每小题的四个备选答案中选出一个正确的答案，并将正确的答案填在题中括号内）

1. 下列各项目中，应记入“制造费用”账户的是（　　）。

A. 生产产品耗用的材料　　B. 机器设备的折旧费
C. 生产工人的工资　　D. 行政管理人员的工资

2. “生产成本”账户的期末借方余额表示（　　）。

A. 完工产品成本　　B. 半成品成本
C. 本月生产成本合计　　D. 期末在产品成本

3. 某企业“本年利润”账户6月末账面余额为67万元，表示（　　）。

A. 6月实现的利润总额　　B. 1—6月累计实现的营业利润
C. 1—6月累计实现的利润总额　　D. 1—6月累计实现的产品销售利润

4. 年末结转后，“利润分配”账户的借方余额表示（　　）。

A. 利润实现额　　B. 利润分配额
C. 未分配利润　　D. 未弥补亏损

5. 下列各项中，属于营业外收入的是（　　）。

A. 产品销售的收入　　B. 出售废料收入
C. 固定资产盘盈　　D. 出租固定资产的收入

6. 直接计入所有者权益的利得和损失，应计入（　　）账户。
A. “资本公积”　　B. “其他综合收益”
C. “营业外收入”　　D. “盈余公积”

7. 下列账户中不属于期间费用的是（　　）。
A. 管理费用　　B. 财务费用
C. 制造费用　　D. 销售费用

8. “研发支出”属于（　　）账户。
A. 资产类账户　　B. 负债类账户
C. 收入类账户　　D. 费用类账户

9. 不属于“税金及附加”账户核算的是（　　）。
A. 消费税　　B. 资源税
C. 增值税　　D. 城建税

10. 年末结转后，“利润分配”账户除了（　　）明细账户，其他明细账户应无余额。
A. 提取盈余公积　　B. 应付利润
C. 盈余公积补亏　　D. 未分配利润

二、多项选择题（每题均有多个正确答案，请从每题的备选答案中选出你认为正确的所有答案填在题中括号内）

1. 下列各项中，属于生产过程中发生的费用有（　　）。
A. 车间机器设备折旧费　　B. 材料采购费用
C. 行政管理人员工资　　D. 生产产品耗用的材料
E. 车间照明用电费

2. 根据权责发生制原则，下列各项属于本年度收入的有（　　）。
A. 本年度销售产品一批，货款下年初结算
B. 收到上年度所销产品的货款
C. 上年度已预收货款，本年度发出产品
D. 本年度出租厂房，租金已于上年预收
E. 本年度销售产品一批，货款收到存入银行

3. 下列各项中，应记入“利润分配”账户贷方的有（　　）。
A. 提取法定盈余公积　　B. 所得税费用
C. 年末转入的净利润额　　D. 分配给投资者的利润
E. 盈余公积弥补亏损

4. 计提固定资产折旧时，与“累计折旧”账户对应的账户有（　　）。
A. “生产成本”　　B. “制造费用”
C. “管理费用”　　D. “固定资产”
E. “银行存款”

5. “财务费用”账户记录的内容有（　　）。

A. 短期借款利息　　B. 汇兑损益

C. 银行结算的手续费　　D. 在建工程的利息

E. 现金折扣

6. 企业的投资者可以是（　　），因此对实收资本应分别不同的投资者进行明细核算。

A. 国家　　B. 法人

C. 外商　　D. 个人

E. 合伙企业

7. 对于生产或其他用途领用的材料，可按（　　）等不同方法确定减少材料的价值。

A. 先进先出法　　B. 后进先出法

C. 加权平均法　　D. 移动加权平均法

E. 个别计价法

8. 下列账户属于资产类账户的有（　　）。

A. “应收账款”　　B. “预收账款”

C. “应付账款”　　D. “预付账款”

E. “其他应收款”

9. 期间费用包括（　　）。

A. 管理费用　　B. 财务费用

C. 制造费用　　D. 销售费用

E. 长期待摊费用

10. “利润分配”账户应当分别设立（　　）等进行明细核算。

A. 提供盈余公积　　B. 应付现金股利或利润

C. 转作股本的股利　　D. 盈余公积补亏

E. 未分配利润

三、判断题（在下列各括号内填入判断结果，你认为正确的用“√”表示，错误的用“×”表示）

1. 构成产品制造成本的是“直接材料”“直接人工”两个项目，“制造费用”属于管理费用，不构成产品成本。（　　）

2. 固定资产在使用过程中的磨损，表明固定资产价值的减少，应记入“固定资产”账户的贷方。（　　）

3. 材料采购费用一般直接体现在当期损益中，因此采购费用属于期间费用。（　　）

4. 生产车间领用的用于一般耗用的原材料应记入“生产成本”账户的借方。（　　）

5. 应付职工薪酬核算企业为获得职工提供的服务或解除劳动合同关系而给予的各种形式的报酬或补偿。（　　）

6. 企业生产经营所需要的资金，从性质看，一般说来有两种渠道：企业投资者投入的和从债权人处借入的。（　　）

7. 利得和损失都通过“资本公积”账户进行会计核算。（　　）

8. “固定资产”账户属于资产类账户，核算企业持有的固定资产净值。（　　）

9. “预付账款”账户属于负债类账户，核算企业按照合同规定预付的款项。（　　）

10. “制造费用”账户属于费用类账户，核算企业生产车间为生产产品和提供劳务而发生的各项间接费用。（　　）

□ 综合实训

综合实训一

一、目的

练习资金筹集业务的核算。

二、资料

佳尚公司20××年12月发生的部分经济业务如下：

1. 2日接开户银行通知，收到国家投入的资本金100 000元。

2. 5日收到阳光工厂投入的全新设备一台，发票价值20 000元，增值税税率13%，协议价与发票价相同。

3. 8日收到大地工厂投入的一项专利技术，协议价50 000元，增值税税率6%。

4. 22日向银行借入期限3个月、利率6%的借款100 000元，当即存入银行。

5. 28日向银行借入期限2年的借款1 000 000元，用于建造厂房一幢，款项当即存入银行。

三、要求

根据以上经济业务编制会计分录。

综合实训二

一、目的

练习采购业务的核算。

二、资料

佳尚公司20××年12月发生的部分经济业务如下：

1. 2日从东方工厂采购A材料200千克，价款10 000元，运杂费450元，未取得增值税专用发票，增值税税率13%，材料已到达本企业，经验收合格入库，款项以银行存款支付。

2. 7日向光纤工厂采购A材料200千克，单价52元，材料增值税税率13%，运输费500元（运费增值税税率9%，增值税为45元），企业开出3个月期限的商业承兑汇票一张，材料尚未到达。

3. 12日向光纤工厂采购的A材料到达企业，按实际成本验收入库。

4. 14日企业以银行存款向华光工厂预付购买B材料款100 000元。

5. 20日企业收到华光工厂发运来的B材料，并验收入库。该批材料2 500千克，单价34元，增值税11 050元，运杂费320元，未取得增值税专用发票。

6. 21日企业收到银行通知，华光工厂退回多余的预付款3 630元。

7. 22日向红光工厂购入C材料5 000千克，单价40元；D材料3 000千克，单价50元。增值税45 500元，以银行存款支付运杂费800元，未取得增值税专用发票，材料已验收入库，款项未付（运杂费按重量分配）。

8. 用银行存款支付欠红光工厂的款项。

三、要求

根据以上资料编制会计分录。

综合实训三

一、目的

练习生产业务的核算。

二、资料

佳尚公司20××年12月发生的部分经济业务如下：

1. 根据材料出库单，本月共发出A材料43 000元，B材料20 400元，其中生产甲产品领用53 000元，生产乙产品领用8 000元，车间一般性消耗领用400元，后勤管理部门领用2 000元。

2. 用现金交电话费800元，其中车间300元，后勤管理部门500元。

3. 采购员刘芳出差借款3 000元，以现金付讫。

4. 刘芳报销差旅费1 500元，余款退回现金。

5. 结算本月应付职工薪酬91 000元，其中生产甲产品的工人薪酬40 000元，生产乙产品的工人薪酬20 000元，车间管理人员薪酬11 000元，企业管理部门人员薪酬20 000元。

6. 按规定计提固定资产折旧，其中，生产车间设备折旧费6 300元，管理部门办公设备折旧费1 200元。

7. 从银行提取现金800元备用。

8. 用T形账户归集本月发生的制造费用，将本月发生的全部制造费用按甲、乙产品工人薪酬的比例进行分配。

制造费用

9. 上述经济业务中甲产品1 000件和乙产品200件于本月底全部完工入库，请填制产品生产成本计算表（见表4-8）。

表 4-8　　产品生产成本计算表

项目	甲产品		乙产品	
	总成本（1 000 件）	单位成本	总成本（200 件）	单位成本
直接材料				
直接工资				
制造费用				
产品生产成本				

三、要求

根据以上资料编制会计分录。

综合实训四

一、目的

练习销售业务的核算。

二、资料

佳尚公司 20××年 12 月发生的部分经济业务如下：

1. 2 日，销售给红光公司甲产品 100 件，单价 150 元，增值税税率 13%，货款、税款通过银行收回。

2. 5 日，销售给北京化工六厂乙产品 200 件，单价 180 元，收到 2 个月期限的商业承兑汇票一张。

3. 10 日，销售给南京纺织厂甲产品 1 000 件，单价 150 元，用银行存款代垫运杂费 400 元，货款尚未收到。

4. 12 日，企业持有的商达公司的商业承兑汇票到期，通过银行收回货款 232 000 元。

5. 15 日接银行通知，收到南京纺织厂前欠货款 169 900 元。

6. 16 日，以银行存款支付产品广告费 10 000 元。

7. 12 日，销售 A 材料 100 千克，单价 24 元，增值税 312 元，款项通过银行收回。

8. 15 日，出租一项闲置设备，取得收入 50 000 元，增值税 6 500 元，存入银行。

9. 25 日，出租固定资产发生维修费等相应支出 2 500 元，已用银行存款支付，固定资产本月应计提折旧 3 000 元。

10. 30 日，结转已销售 A 材料的成本 2 000 元。

11. 30 日，结转已销售产品的生产成本，本月共销售甲产品 1 100 件，单位产品成本 105 元；销售乙产品 200 件，单位产品成本 170 元。

三、要求

根据以上资料编制会计分录。

综合实训五

一、目的

练习利润形成和分配业务的核算。

二、资料

佳尚公司20××年12月发生的部分经济业务如下：

1. 21日，用银行存款支付销售人员销售提成3 000元。
2. 25日，用银行存款支付本月应负担的借款利息1 000元。
3. 26日，收到某购货单位由于未及时履行供销合同而支付给本单位的违约金300元，存入银行。
4. 31日，按有关法规计算的本月应交城市维护建设税700元，教育费附加300元。
5. 将本期实现的全部收入结转到本年利润。
6. 将本期发生的全部成本、费用结转到本年利润。
7. 按利润总额的25%计算企业所得税费用，不存在纳税调整事项。
8. 按税后净利润额的30%计算应付投资者股利。

三、要求

佳尚公司的其他资料如本章综合实训一至综合实训四所示，请根据以上资料编制会计分录。

综合实训六

一、目的

练习凭证编制、账簿登记和科目汇总表的编制。

二、资料

黄河公司为增值税一般纳税人，材料和产品适用的增值税税率为13%，转让无形资产使用权适用的增值税税率为6%。其20××年度12月发生的经济业务及月初有关账户的余额如下。

有关账户的期初余额如表4-9所示。

表4-9 单位：元

库存现金	50 000	短期借款	83 000
银行存款	700 000	应付账款	117 000
应收票据	35 100	应付票据	34 000
应收账款	23 200	应付职工薪酬	60 000
原材料	150 000	累计折旧	70 000
库存商品	270 000	长期借款	70 000
生产成本	400 000	实收资本	1 800 000
固定资产	730 000	资本公积	66 000
		盈余公积	58 300
合计	2 358 300	合计	2 358 300

其中，原材料的明细账户为：A 材料 300 千克，单价 300 元；B 材料 500 千克，单价 120 元。生产成本的明细账户为：甲产品的生产成本 350 000 元；乙产品的生产成本 50 000 元。

1. 1 日，从北京钢厂购进原材料一批，其中 A 材料 1 000 千克、单价 300 元，B 材料 200 千克、单价 120 元。款项当即以银行存款支付。

2. 1 日，后勤中心王洪出差预借差旅费 1 500 元，以现金支付。

3. 2 日，销售给长江公司甲产品 500 件，每件售价 200 元，款项已收到存入银行。

4. 3 日，收到上月天津化工厂所欠款项 23 200 元，存入银行。

5. 4 日，1 日从北京钢厂购进的原材料已到达企业，按其实际成本验收入库。

6. 5 日，领用材料，情况如表 4－10 所示。

表 4－10　　单位：元

项目	A 材料	B 材料	合计
生产产品耗用	90 000	56 280	146 280
甲产品耗用	60 000	45 600	105 600
乙产品耗用	30 000	10 680	40 680
车间管理耗用	1 500	1 080	2 580
行政管理部门耗用		3 000	3 000
合计	91 500	60 360	151 860

7. 5 日，从银行提取现金 60 000 元，准备发放工资。

8. 5 日，以现金发放上月职工工资 60 000 元。

9. 6 日，以银行存款支付上月欠北方工厂的购货款 117 000 元。

10. 7 日，从南方公司购进 A 材料 500 千克，单价 300 元，开出期限为 3 个月的不带息商业承兑汇票一张。另以银行存款支付供货方代垫运杂费 1 500 元，未取得增值税专用发票。

11. 8 日，从南方公司购入的 A 材料已到达企业，按其实际成本验收入库。

12. 10 日，销售给长岭公司甲产品 1 000 件，每件售价 200 元；乙产品 600 件，每件售价 180 元。以银行存款代垫运杂费 4 000 元。货款尚未收到。

13. 10 日，接到银行的付款通知，支付本月水费 20 000 元，增值税 2 000 元，其中生产甲产品耗用 8 000 元，生产乙产品耗用 6 500 元，生产车间耗用 2 500 元，行政管理部门耗用 3 000 元。

14. 12 日，向银行申请取得短期借款 200 000 元，存入银行存款户，利率为 3.36%。

15. 13 日，行政科办公室报销购买办公用品费 150 元，基本生产车间报销购买办公用品费 100 元，以现金支付，未取得增值税专用发票。

16. 14 日，上月销售产品收到江北工厂开出的为期 1 个月的商业承兑汇票到期，票面金额 35 100 元，款项存入银行。

17. 15 日，销售给江南公司甲产品 1 200 件，每件售价 200 元，以银行存款代垫运杂费2 000元，收到江南公司开出的为期3个月的商业承兑汇票一张。

18. 16日，后勤中心王洪出差回来，报销差旅费1 250元，余款交回现金。

19. 17日，以银行存款5 000元支付产品广告费，未取得增值税专用发票。

20. 18日，以银行存款2 000元支付下半年的报刊费。

21. 19日，接到银行的付款通知，支付本月到期的银行承兑汇票款34 000元给大方公司。

22. 23日，以现金支付销售产品的运杂费50元。

23. 24日，以银行存款支付业务招待费2 200元，未取得增值税专用发票。

24. 25日，转让一项专有技术的使用权，价款10 000元，存入银行。

25. 26日，以现金500元支付职工生活困难补助费。

26. 27日，销售A材料160千克，单价400元，款项收到存入银行。

27. 30日，收到泰山公司投入的资本金500 000元，存入银行。

28. 31日，计算本月应付职工薪酬69 120元，其中甲产品生产工人工资28 500元，乙产品生产工人工资17 100元，车间管理人员工资14 400元，行政管理人员工资9 120元。

29. 31日，计提本月固定资产折旧费15 000元，其中基本生产车间8 500元，行政管理部门6 500元。

30. 31日，归集本月发生的全部制造费用，将其结转生产成本，按产品工时进行分配（见表4－11）。已知本月生产甲产品耗用工时56 500小时，生产乙产品耗用工时43 500小时（分配结果取整数）。

表4－11

产品名称	分配标准	分配率	分配金额
甲产品 乙产品			
合计			

31. 31日，结转本月完工产品生产成本，其中甲产品完工入库1 000件、单位生产成本150元，乙产品完工入库500件、单位生产成本120元。

32. 31日，按有关法规计算的产品销售应交的城市维护建设税2 567.6元，教育费附加1 100.4元。

33. 31日，按规定结转本月销售甲、乙两种产品的生产成本，其中销售甲产品2 700件，销售乙产品600件。

34. 31日，按规定结转本月销售A材料的实际成本50 000元。

35. 31日，按规定计提银行借款利息6 200元。

36. 31日，按规定将本月发生的各种收入和收益转入“本年利润”账户。

37. 31日，按规定将本月发生的各种成本、费用、税金及附加、期间费用等转入“本年利润”账户。

38. 31日，按规定计算并结转本月应交的所得税费用（税率25%，不存在纳税调整事项)。

39. 31 日，将本年利润贷方余额结转到“利润分配”账户。

40. 31 日，按税后净利润的 10%计提法定盈余公积。

41. 31 日，向投资者分配利润 40 000 元。

42. 31 日，以银行存款向投资者支付利润 40 000 元。

43. 31 日，将利润分配各明细账户的发生额转入“利润分配——未分配利润”账户。

三、要求

1. 根据以上业务，编制相应的收款凭证、付款凭证和转账凭证。

2. 设置“制造费用”“管理费用”“本年利润”T 形账户，归集这些账户的本月发生额。

制造费用

管理费用

本年利润

3. 登记库存现金日记账、银行存款日记账。

4. 登记“制造费用”“管理费用”“本年利润”等账户的明细账。

5. 按旬编制科目汇总表，并据以登记各相关账户的总分类账。

第 5 章 Chapter 5 编制报表前的准备工作

学习目标

1. 掌握期末账项调整的主要内容，永续盘存制的概念及相应的计价方法，以及财产清查结果的账务处理。

2. 熟悉财产清查的方法，以及报表附注披露的主要内容。

3. 了解财产清查的分类，结账的内容和主要方法。

4. 熟悉对账的主要内容。

引导案例

经过一段时间之后，张彤数码公司为了反映其经营和财务状况，需要提供相应信息，那么在提供这些信息之前需要做哪些准备工作？本章将讲述编制会计报表前的准备工作，主要包括期末账项调整、财产清查、对账和结账。

5.1 期末账项调整

5.1.1 期末账项调整概述

1. 账项调整的含义

账项调整是指按照权责发生制的要求，对预收收入、应计收入、预付费用、应计费用和估计项目等事项进行调整，以确定应该属于本期的收入和费用的一种专门方法。账项调整是将外部交易和事项全部记录完成之后，在编制财务报告之前需要做的一项重要工作。

2. 账项调整的原因

会计核算需要遵循持续经营假设和会计分期假设，企业需要定期编制提供财务报告，以满足企业内外部信息需求者的要求。定期报告需要严格区分本期与非本期的界限，因此需要对归属于本期与非本期的会计事项进行调整。

账项调整是为了使企业分期报告的利润更加接近实际，能全面、真实地反映企业的财务状况和经营成果。日常账簿记录是根据反映交易或事项发生的原始凭证来记录的，而有些交易事项由于本期没有收到或支付款项，没有取得原始凭证，因此就没有在账簿中加以记录。如果按照权责发生制的要求记录，就需要对相关的没有取得原始凭证的事项进行调整，以正确确认归属于各期的收入和费用。账项调整的目的是严格区分本期收入与非本期收入、本期费用与非本期费用，并将相关的收入与费用进行配比，计算出本期利润，为信息使用者提供真实、可靠的会计信息。

3. 账项调整的依据

账项调整的依据是权责发生制。权责发生制是指以经济业务发生的权利和义务的归属期为依据来确认收入和费用。权责发生制和收付实现制都是会计确认和报告的基础。前者按照权利与义务，以应收应付作为确认标准；后者以实收实付作为确认标准。为了如实反映企业的财务状况和经营成果，企业会计核算应以权责发生制为会计基础。在权责发生制下，现金收付期间与收入和费用确认的归属期可能不同，需要按照权利与义务的关系进行调整，收入和费用还需要进行配比确认。

配比原则是由权责发生制原则衍生出来的一项原则。企业的费用是为了取得收入而发生的耗费，企业收入的取得必然会发生某些耗费，因此应归属于本期的费用就应由本期所实现的收入来负担，即相关费用和相关收入必须相互配合和相互比较以确认计算盈亏。

4. 账项调整的事项

一般来说，期末账项调整的内容主要有以下几个方面：预收收入的调整、应计收入的调整、预付费用的调整、应计费用的调整以及其他事项的调整。会计通过编制调整分录的方式进行账项调整。调整分录是根据权责发生制对已计入资产或负债的会计事项和尚未记录的会计事项进行调整而编制的会计分录。

5.1.2　预收收入的调整

预收收入是指款项本期已经收到并入账，但商品或劳务尚未提供，企业尚未实现的收入。预收收入的特点是现金收取在前，收入确认在后，调整的目的是将负债转化为收入。企业在收到款项时应将其确认为一项负债，当产品交付或劳务提供时，将已赚取的部分从负债账户调整到收入账户，确认收入，而将未实现的部分递延到以后会计期间。

例 5－1

A公司在20××年11月末将一间闲置的房屋出租给B公司使用，并预收一年的租金60 000元存入银行。

该业务应在11月末收到款项时编制如下会计分录：

借：银行存款　　60 000
　贷：预收账款　　60 000

12月末将当月已实现的租金收入5 000元（60 000/12）调整入账：

借：预收账款　　5 000
　贷：其他业务收入　　5 000

5.1.3 应计收入的调整

应计收入是指本期已实现但尚未收到款项的收入。应计收入的特点是收入赚取在前，现金取得在后。如应收的租金收入、应收的利息收入等。企业应在会计期末，将这部分收入调整入账，一方面增加当期收入，另一方面增加相应债权。

例 5－2

A公司在20××年12月31日根据银行存款余额和活期存款利率计算的当月存款利息收入为5 000元。

企业在银行存款的利息收入尽管当月尚未收到，但是企业通过将资产的使用权让渡给银行，在该月末已获得了收取这笔利息收入的权利，按照权责发生制的记账基础，应将该笔利息收入在月末调整入账，并同时增加一笔债权。

借：应收利息　　5 000
　贷：财务费用　　5 000

5.1.4 预付费用的调整

预付费用是指已经预先支付，但本期尚未受益的费用。预付费用的特点是现金支付在前，费用发生在后，调整的目的是将资产转化为费用。企业支付的费用如果在当期受益，则构成当期的费用；如果受益期较长，则需将该笔费用在各受益期分别摊销，这样费用在支出时构成企业的一项资产，在摊销时分期转化为不同会计期间的费用。

为反映预付费用的发生或摊销情况，实务中需设置“长期待摊费用”等账户。

例 5－3

A公司20××年1月初采用经营租赁的方式租入一台机器设备，并于租赁当日对机器设备进行了技术改良，用银行存款支付相关改良费用12 000元。合同规定该设备租赁期限为2年，企业采用直线法对改良费用进行摊销。

企业在进行设备改良时的全部支出，因其受益期为 2 年，所以应在发生时先计入长期待摊费用，然后在受益期内分别摊销。

20××年 1 月初的会计分录为：

借：长期待摊费用　　12 000

　贷：银行存款　　12 000

1 月末，因为已享有 1 个月的改良收益，所以应摊销相应部分的改良支出 500 元（12 000÷2÷12）。

借：制造费用　　500

　贷：长期待摊费用　　500

5.1.5　应计费用的调整

应计费用是指本期已经耗用或受益，应由本期负担，但本期尚未支付的费用。应计费用的特点是费用发生在前，现金支付在后。如应付租金、应付利息、应付职工薪酬、应交税费等。应计费用的调整一方面要确认增加当期费用，另一方面要增加相关负债。

例 5-4

A 公司 20××年 1 月末根据当月实现的营业收入及相应税率计算的当月应缴纳的消费税为 1 500 元。

企业应缴纳的消费税等税费，一般在月底根据营业收入额和适用税率计算，于下月初缴纳。为正确计算当期损益，需要在月末进行账项调整，将当期应负担的税费登记入账。

借：税金及附加　　1 500

　贷：应交税费——应交消费税　　1 500

5.1.6　其他事项的调整

其他事项的调整主要是对估计项目的调整。估计项目是指暂时无法取得客观凭据而只能靠主观估计和判断确定其数额的项目，主要包括资产减值准备的计提、折旧计提、无形资产摊销等。

由于资产使用方式的改变或外界环境的变化等，资产在未来出售或使用过程中给企业带来的经济利益的价值可能会减少，即会发生减值。在会计期末，企业应对资产是否存在减值的迹象进行判断，如果发生减值则需将价值减少的部分调整入账，计入当期的成本费用。

另外，资产在正常使用过程中，可能会随着时间的流逝或使用过程中的磨损，其价值相应地下降，资产负债表日，企业同样应根据权责发生制的原则对这部分价值减少予以确认，将其调整计入当期费用。如生产过程中机器设备折旧的计提、对无形资产的摊销等即属于这种情况。

例5-5

20××年12月31日，A公司对应收账款的预计可收回情况进行分析判断，发现应收C公司的20 000元货款可能无法收回。

为反映资产的减值情况，企业需设置“资产减值损失”账户，核算企业计提各项资产减值准备所形成的损失；对于可能无法收回的应收账款，企业还应设置“坏账准备”账户进行相应核算。

借：资产减值损失　　20 000

　贷：坏账准备　　20 000

5.2 财产清查

5.2.1 财产清查的含义和分类

为保障企业财产物资的安全完整，完善企业各项财产物资管理制度，使企业财产物资的账簿记录与实有数相符，保证向信息使用者提供真实的会计信息，企业需对其财产物资进行清查。

财产清查是指通过对各项财产物资的实地盘点、款项查询和核对，查明其某一时点的实有数额，检查其实存数与账存数是否相符的专门方法。

财产清查按不同的标准可以进行不同的分类，常见的分类方法有以下两种。

（1）按清查的对象和范围分类。财产清查按清查的对象和范围可分为全面清查和局部清查。

全面清查是指对一个单位全部的财产物资进行的彻底盘点与核对。其特点是清查范围大、投入人力多、耗费时间长。一般在年终决算前、单位撤销合并或改变隶属关系前、企业更换主要负责人或由于改制进行资产评估时需要进行全面清查。

局部清查是指根据管理需要或有关规定对企业部分财产物资进行的清查。局部清查的清查范围根据需要而不同，但与全面清查相比，局部清查投入的人力较少，需要的时间较短。一般来说，对于贵重的物资、流动性较强的物资、企业的货币资金、债权债务等应经常进行清查，如库存现金应于每日终了进行清查，银行存款至少应于每月终了进行清查；更换财产物资的保管员时一般也会进行局部清查。

（2）按清查的时间分类。财产清查按清查的时间可分为定期清查和不定期清查。

定期清查是指按照事先计划或管理制度规定的时间安排对财产所进行的清查。这种清查可以是全面清查，也可以是局部清查；定期清查一般在年末、季末、月末结账前进行。

不定期清查是指事先没有安排计划，而是根据需要进行的临时性清查。这种清查可以是局部清查，也可以是全面清查。一般在更换财产物资的保管员、发生自然灾害或意外损失以及有关财政、审计、银行等部门对本单位进行会计检查时进行。

5.2.2　财产清查的原因

通过填制和审核凭证、登记账簿等日常会计核算，企业财产物资的账面价值已得到了充分反映，但是由于自然或人为的原因，各种财产物资的实有数额并不一定与账面价值相符。一般来说，造成账面价值与实有数额不符的原因主要有以下几点：

（1）财产物资在收发时，由于计量、检验的不准确而造成的品种、数量或质量上的差错。

（2）财产物资在运输、保管过程中发生的自然损耗或升溢。

（3）结算过程中的未达账项。

（4）财产物资增减变动时，由于会计凭证、账簿记录或计算等错误，致使的经济业务被漏记、重记、错记。

（5）管理不善或工作人员失职造成的财产物资损坏、变质或短缺。

（6）贪污盗窃、营私舞弊等非法行为造成的财产损失。

（7）自然灾害或非常事件等造成的财产物资的意外损失。

以上各种原因均会造成财产物资实有数额和账面价值的不符，因此，企业必须进行财产清查，以掌握各项财产物资的实际情况。《会计法》第十七条规定，各单位应当定期将会计账簿记录与实物、款项及有关资料相互核对，保证会计账簿记录与实物及款项的实有数额相符、会计账簿记录与会计凭证的有关内容相符、会计账簿之间相对应的记录相符、会计账簿记录与会计报表的有关内容相符。

5.2.3　财产清查的作用

通过财产清查，可以发现各项财产物资账面记录与实有数额不符的情况及原因，并及时调整账面记录，完善财产物资的管理制度等，从而保证财产物资的安全完整及账簿资料的真实可靠。一般来说，财产清查的作用主要表现在以下几个方面。

（1）保证财产物资的安全完整。通过财产清查，可以查明账实不符的原因，发现财产物资管理工作中存在的问题并及时予以更正，完善财产物资保管的岗位责任制，避免人为原因造成的财产物资的损失浪费、霉烂变质等，堵塞漏洞，确保各项财产物资的安全完整。

（2）保证会计核算资料的真实可靠。通过财产清查可以确定各项财产物资的实有数额，并与账存数相比，查明其账实是否相符以及产生差异的原因，及时对账簿记录进行调整，以做到账实相符，保证账簿记录的真实性，为编制财务报告奠定基础。

（3）提高财产物资的使用效率。通过财产清查可以查明各项财产物资的储备和利用情况，根据不同情况采取相应措施：对于储备不足或不配套的财产物资，应及时加以补充，确保生产经营的需要；对于超储、积压或呆滞的财产物资，则应及时处理，防止盲目采购，充分挖掘各项财产物资的潜力，加速资金周转，促进财产物资的有效使用。

（4）确保财经纪律和结算制度的贯彻执行。通过财产清查可以查明各项债权债务的结算情况，及时催收债权、结算债务，确保结算制度和财经纪律的贯彻执行，保证企业对外经济往来的正常进行；通过财产清查可以查明各项财产物资的收发、保管手续和制度的执行情况，促使单位进一步完善各项规章制度，提高企业管理水平。

5.2.4 财产清查的程序

财产清查，尤其是年末的定期清查，是一项涉及面广、工作量大、既复杂又细致的工作。为确保财产清查工作的顺利进行，保证财产清查工作的质量，在进行清查前，必须有计划、有组织地做好各项准备工作，按照一定的程序开展清查。

（1）成立领导小组。单位应在厂长或经理的领导下，成立由财会部门牵头，生产、技术、设备、供销等职能部门参加的财产清查领导小组，负责制定财产清查计划、安排清查工作，并在清查过程中进行监督、检查和指导，在清查结束后提出处理意见和建议。

（2）进行业务准备。会计人员应在财产清查前，将截至清查日的经济业务全部登记入账、结出余额并核对清楚；财产物资的保管人员应将截至清查日的全部有关业务办理好凭证手续并登记入账、结出余额，将各项财产物资分类整理清楚、挂上标签、标明品名规格和结存数量，并准备有关衡量器具及清查所需的登记表格。

（3）实施财产清查。清查人员按照清查计划和要求，根据清查对象的特点和清查目的，运用不同的清查方法实施财产清查。

（4）处理清查结果。财产清查结束后，清查人员应根据清查结果，写出财产清查的书面报告，并对盘盈、盘亏的财产物资提出书面的处理意见。

5.2.5 财产清查的方法

财产清查的内容包括实物清查、往来款项清查和货币资金清查等，清查的对象不同，清查方法也会不同。

1. 实物清查

实物清查是对原材料、库存商品、固定资产等实物资产的数量和质量进行的清查。

（1）实物资产账面价值的确定方法。对实物资产账面价值的确定有永续盘存制和实地盘存制两种方法。

1）永续盘存制。永续盘存制也称“账面盘存制”，是指对各种财产物资的增减变化，平时根据会计凭证在账簿上予以连续登记，并随时结算出账面结存数额的一种方法。其账面期末余额的计算公式为：

账面期末余额＝账面期初余额＋本期增加额－本期减少额

采用这种盘存制度，可以及时反映和掌握各种资产的收入、发出和结存的数量和金额，随时了解资产的变动情况，有利于加强对资产的控制和管理，但登记账簿的工作量较大。

永续盘存制下发出存货单位成本的确定方法有先进先出法、加权平均法和移动加权平均法、个别计价法等。下面结合例子，说明不同计价方法下财产物资账面价值的确定方法。

第一，先进先出法。先进先出法假定先购进的存货先耗用或销售，并根据这种存货流转次序对发出存货和期末存货进行计价。

先进先出法能够随时结转成本，期末财产物资成本比较接近现行的市场价值，但在财产物资收发频繁或单价经常变动的情况下，计价工作量较大。

例 5－6

A 公司 20××年 8 月甲材料的购销存情况如下：期初库存 600 千克，单价 100 元，金额 60 000 元；

8 月 3 日，第一批购进 500 千克，单价 105 元，金额 52 500 元；

8 月 5 日，生产领用 400 千克；

8 月 10 日，第二批购进 800 千克，单价 108 元，金额 86 400 元；

8 月 20 日，生产领用 1 000 千克；

8 月 25 日，第三批购进 300 千克，单价 115 元，金额 34 500 元；

8 月 28 日，销售 200 千克。

分别用先进先出法、加权平均法和移动加权平均法确定发出存货和期末存货的成本。

先进先出法下存货成本的计算如表 5－1 所示。

表 5－1　　先进先出法下的存货成本　　金额单位：元

20××年		凭证编号	摘要	收入			发出			结存		
月	日			数量	单价	金额	数量	单价	金额	数量	单价	金额
8	1	略	月初结存							600	100	60 000
	3		购进	500	105	52 500				600 500	100 105	60 000 52 500
	5		生产领用				400	100	40 000	200 500	100 105	20 000 52 500
	10		购进	800	108	86 400				200 500 800	100 105 108	20 000 52 500 86 400

续前表

20××年		凭证编号	摘要	收入			发出			结存		
月	日			数量	单价	金额	数量	单价	金额	数量	单价	金额
	20		生产领用				200 500 300	100 105 108	20 000 52 500 32 400	500	108	54 000
	25		购进	300	115	34 500				500 300	108 115	54 000 34 500
	28		销售				200	108	21 600	300 300	108 115	32 400 34 500
	31		合计	1 600		173 400	1 600		166 500	600		66 900

第二，加权平均法。加权平均法是指本月销售或耗用的存货，平时只登记数量，不登记单价和金额，月末按一次计算的加权平均单价，计算期末存货和本期耗用或销售的存货成本的方法。

加权平均法日常核算工作量小，计算方法简单，对财产物资成本的分摊较折中，但平时无法提供发出或结存物资的数量和金额，不利于财产物资的日常管理。

加权平均法下存货成本的计算如下：

$$\text{存货加权平均单价}=\frac{\text{期初存货成本}+\text{本期入库存货成本}}{\text{期初存货数量}+\text{本期入库存货数量}}$$

$$=\frac{60\,000+52\,500+86\,400+34\,500}{600+500+800+300}=106.09(\text{元})$$

$$\text{发出存货成本}=\text{本月发出存货数量}\times\text{存货加权平均单价}$$

$$=1\,600\times106.09=169\,744(\text{元})$$

$$\text{期末存货成本}=\text{期末存货数量}\times\text{存货加权平均单价}$$

$$=600\times106.09=63\,654(\text{元})$$

第三，移动加权平均法。移动加权平均法是指每次收货后立即根据存货库存数量和总成本，计算出新的平均单位成本，并对发出存货和此次出库后存货的结余金额进行计价的方法。

移动加权平均法在财产物资发出时可随时结转成本，便于加强日常管理，且减轻了期末核算的工作量，确定的财产物资成本较为客观，但日常核算工作量较大。

移动加权平均法下存货成本的计算如下：

$$\text{移动加权平均单价}=\frac{\text{原有存货成本}+\text{本次入库存货成本}}{\text{原有存货数量}+\text{本次入库存货数量}}$$

本次发出存货成本＝本次发出存货数量×本次存货发出前移动加权平均单价

期末存货成本＝期末存货数量×期末前最后一次进货后存货移动加权平均单价

$$\text{第一次进货后的加权平均单价}=\frac{60\,000+52\,500}{600+500}=102.272\,7(\text{元})$$

第一次发出存货成本＝400×102.272 7＝40 909.08(元)

当期结存存货成本＝700×102.272 7＝71 590.89(元)

$$第二次进货后的加权平均单价=\frac{71\ 590.89+86\ 400}{700+800}=105.327\ 3(元)$$

第二次发出存货的成本=1 000×105.327 3=105 327.3(元)

当期结存存货成本=500×105.327 3=52 663.65(元)

$$第三次进货后的加权平均单价=\frac{52\ 663.65+34\ 500}{500+300}=108.954\ 6(元)$$

第三次发出存货的成本=200×108.954 6=21 790.92(元)

期末结存存货的成本=600×108.954 6=65 372.76(元)

第四，个别计价法。个别计价法是指按照各种财产物资的购进或生产批别，逐一辨认其发出和期末结存成本的方法。

个别计价法确定的财产物资成本较为真实准确，且可以随时结转成本，但实务操作工作量繁重，困难较大，管理层容易通过选择不同单价的财产物资来操纵利润。

个别计价法下发出及结存存货成本的确定此处从略。

2）实地盘存制。实地盘存制也称“以存计销制”或“盘存计销”，是指对各种财产物资的增减变化，平时只在账簿上登记其增加数，而不登记其减少数，期末通过实地盘点确定财产物资的结存数后，倒算出本期减少数并登记入账的一种方法。其计算公式为：

期末资产结存金额=期末盘点数量×单价

本期资产减少金额=期初账面结存金额+本期增加金额−期末资产结存金额

采用实地盘存制度，操作简单、工作量小，但对各项财产物资的减少没有严格的控制手续，不便于进行会计监督。倒算出的各项财产物资的减少数中成分复杂，除去正常耗用以外，可能还有毁损和丢失的情况。所以，除非特殊原因，一般情况下不宜采用。

（2）实物资产的清查方法。常用的实物资产的清查方法有实地盘点法、技术推算法、抽样盘点法等。

1）实地盘点法指通过点数、过磅、量尺等方式，确定财产物资实有数量的方法。该方法适用范围较广且易于操作，大部分实物资产均可采用。

2）技术推算法指通过技术推算（如量方、计尺等）测定财产物资实有数量的方法。该方法适用于大堆存放、物体笨重、价值低廉、不便于逐一盘点的实物资产。从本质上讲，它是实地盘点法的一种补充方法。

3）抽样盘点法是指采用抽样检查确定各有关财产物资实存数的方法。这种方法一般适用于单位价值较低、数量较多的资产。具体可分为随机抽样、机械抽样和分层抽样等方法。

（3）实物资产清查的注意事项。对实物资产进行盘点时，实物保管人员必须在场，并与清查人员一起参与盘点，以明确经济责任。盘点时，有关人员要认真核实，及时记录，对清查中发现的异常情况，如腐烂、破损、过期失效等致使不能使用或销售的实物资产，应详细注明并提出处理意见。

盘点结果应由有关人员如实填制盘存单，并由盘点人和实物保管人签字或盖章。盘存单是用来记录实物盘点结果，反映实物资产实存数额的原始凭证。其格式如表 5－2 所示。

表 5－2　　　　盘存单

单位名称：　　　　盘点时间：

财产类别：　　　　存放地点：　　　　编号：

编号	名称	计量单位	数量	单价	金额	备注

盘点人签章：　　　　保管人签章：

为了查明各种实物资产的实存数与账存数是否一致，应根据盘存单和会计账簿记录，编制实存账存对比表，以便确定各种账实不符资产的具体盈亏数额。实存账存对比表又称盘点盈亏报告单，是用来反映实物资产实存数与账存数之间的差异并作为调整账簿记录的原始凭证。其格式如表 5－3 所示。清查人员应以该表为基础核准各种资产的盈亏情况，分析查明账实不符的性质和原因，明确经济责任，按规定程序报请有关部门领导予以审批处理，并针对清查中发现的资产管理方面的问题，提出改进措施，促使各项资产管理制度健全和完善。

表 5－3　　　　实存账存对比表

单位名称：　　　　年　月　日

<table>
<tr><th rowspan="3">编号</th><th rowspan="3">类别及名称</th><th rowspan="3">计量单位</th><th rowspan="3">单价</th><th colspan="2">实存</th><th colspan="2">账存</th><th colspan="4">对比结果</th><th rowspan="3">备注</th></tr>
<tr><th rowspan="2">数量</th><th rowspan="2">金额</th><th rowspan="2">数量</th><th rowspan="2">金额</th><th colspan="2">盘盈</th><th colspan="2">盘亏</th></tr>
<tr><th>数量</th><th>金额</th><th>数量</th><th>金额</th></tr>
<tr><td></td><td></td><td></td><td></td><td></td><td></td><td></td><td></td><td></td><td></td><td></td><td></td><td></td></tr>
<tr><td></td><td></td><td></td><td></td><td></td><td></td><td></td><td></td><td></td><td></td><td></td><td></td><td></td></tr>
<tr><td></td><td></td><td></td><td></td><td></td><td></td><td></td><td></td><td></td><td></td><td></td><td></td><td></td></tr>
<tr><td></td><td></td><td></td><td></td><td></td><td></td><td></td><td></td><td></td><td></td><td></td><td></td><td></td></tr>
</table>

单位负责人签章：　　　　填表人签章：

在清查实物资产时，对于委托外单位加工、保管的材料、商品以及在途的材料、商品等，可采用询证方法与有关单位核对查实。

2. 往来款项清查

往来款项清查又称债权债务清查。各种结算往来款项一般采取询证核对法进行清查，即通过同经济往来单位核对账目的方法清查。清查单位编制往来款项对账单（一式两份，其中一份作为回执联）送往各经济往来单位。对方经过核对相符后，在回联单上盖公章退回，表示已核对；如果经核对数字不符，对方应在回执单上注明情况，或另抄对账单退回本单位，进一步查明原因后，再行核对，直到相符为止。往来款项对账单的格式如表 5-4 所示。

表 5-4 往来款项对账单

往来款项对账单（对账联）

××单位：

贵单位于××年××月××日购入我单位产品××，货款××元，尚有××元款项未付，请核对后将回执联寄回。

（清查）单位（盖章）
年 月 日

往来款项对账单（回执联）

××（清查）单位：

贵单位寄来的“往来款项对账单”已收到，经核对相符无误（如不符，则注明具体内容）。

××单位（盖章）
年 月 日

往来款项清查结束，应编制往来款项清查表，填制各种应收、应付款项的余额，其格式如表 5-5 所示。对于经核对不符的款项，应积极查明原因，妥善处理。

表 5-5 往来款项清查表

年 月 日

明细分类账		清查结果		核对不符原因分析			备注
名称	账面余额	核对相符金额	核对不符金额	未达账项金额	有争议金额	其他原因	

3. 货币资金清查

货币资金清查包括库存现金和银行存款的清查。

（1）库存现金的清查。库存现金清查是指通过实地盘点的方法，确定库存现金的实存数，再与库存现金日记账的账面余额核对，以查明盈亏情况。在进行库存现金清查时，为明确经济责任，出纳人员必须在场。在清查过程中不能用白条抵库，即不能用不具有法律效力的借条、收据等抵充库存现金。盘点库存现金后，应根据盘点的结果及时与库存现金日记账核对，并填制库存现金盘点报告表。库存现金盘点报告表也是重要的原始凭证，它既起到盘存的作用，又起到实存账存对比表的作用。库存现金盘点报告表应由盘点人员和出纳员共同签章方能生效，其格式如表 5-6 所示。

表5-6　　库存现金盘点报告表

单位名称：　　年　月　日

实存金额	账存金额	实存与账存对比		备注
		盘盈	盘亏	

负责人（签章）：　　盘点人（签章）：　　出纳人员（签章）：

（2）银行存款的清查。银行存款的清查采用与开户银行核对账目的方法进行，即将本单位的银行存款日记账与开户银行转来的对账单逐笔进行核对，以查明银行存款的收入、支出和结余是否正确。双方账目如果不一致，可能由以下两种原因引起：一是企业或银行在登记账簿时出现错误；二是存在未达账项。

未达账项是指企业与银行取得凭证的时间不同导致记账时间不一致，产生的一方已取得结算凭证且已登记入账，而另一方尚未取得结算凭证尚未入账的款项。未达账项有以下四种：

1）企业已收款入账，银行尚未入账。

2）企业已付款入账，银行尚未入账。

3）银行已收款入账，企业尚未入账。

4）银行已付款入账，企业尚未入账。

在1）和4）两种情况下，企业银行存款日记账的账面余额会大于银行对账单的账面余额；而在2）和3）两种情况下，企业银行存款日记账的账面余额会小于银行对账单的账面余额。因此，在与银行对账时，应首先查明是否存在未达账项，若存在未达账项，则应编制银行存款余额调节表对有关的账项进行调整。银行存款余额调节表是在企业银行存款日记账和银行对账单余额的基础上，分别加减未达账项，确定调节后的余额。该调节方法的计算公式如下：

$$\text{企业银行存款日记账余额}+\text{银行已收企业未收金额}-\text{银行已付企业未付金额}=\text{银行对账单余额}+\text{企业已收银行未收金额}-\text{企业已付银行未付金额}$$

若双方调整后的余额相等，一般表明双方记账正确，反之则说明一方或双方记账有误，需要进一步查明原因。此种情况下，则应由一方或双方按规定的错账更正方法予以更正。

例5-7

A企业20××年12月31日银行存款日记账余额为36 800元，开户银行转来的银行对账单余额为76 000元，经逐笔核对，发现有以下未达账项：

1）企业12月29日送存银行转账支票一张，金额2 000元，银行尚未入账。

2）企业委托银行代收销货款38 200元，银行已于12月29日收妥入账，企业尚未接到收款通知单。

3）企业 12 月 30 日开出支票一张 5 000 元支付广告费用，银行尚未收到支票。

4）银行于 12 月 31 日代企业支付水电费 2 000 元已登记入账，企业尚未接到付款通知单。

根据上述未达账项，编制银行存款余额调节表如表 5－7 所示。

表 5－7　银行存款余额调节表

20××年 12 月 31 日　单位：元

项目	金额	项目	金额
银行存款日记账余额	36 800	银行对账单余额	76 000
加：银行已收入账企业尚未入账	38 200	加：企业已收入账银行尚未入账	2 000
减：银行已付入账企业尚未入账	2 000	减：企业已付入账银行尚未入账	5 000
调节后余额	73 000	调节后余额	73 000

需要指出的是，银行存款余额调节表是用来试算和调节单位与银行之间账款是否相符的表格，只起对账的作用，并不能据此编制凭证和调整账簿记录。对于其中涉及的未达账项，必须在收到有关结算凭证后方可登记入账。另外，上述银行存款清查的方法，也适用于银行借款的清查。

5.2.6　财产清查结果的账务处理

对于财产清查中出现的盘点盈亏，企业应及时调整账簿记录，并按有关规定报经批准后进行账务处理。财产清查结果的账务处理分两步进行，首先根据盘点盈亏情况调整账簿记录，然后在有关部门批准之后，再将其转入相关收入或费用账户。

为核算和监督财产清查结果的账务处理情况，企业需设置“待处理财产损溢”账户，其贷方登记发生的待处理财产的盘盈金额，以及经批准处理的财产物资的盘亏和毁损的转销数；借方登记发生的待处理财产的盘亏或毁损金额，以及经批准后盘盈的转销数。为了分别反映和监督企业流动资产和固定资产的盈亏情况，该账户可按盘盈、盘亏的资产种类和项目进行明细核算。企业的待处理财产损溢，应查明原因，在期末结账前处理完毕，处理后该科目应无余额。

1. 库存现金清查结果的账务处理

库存现金清查过程中发现的长款（溢余）或短款（盘亏），除设法查明原因外，还应根据库存现金盘点报告表以及有关批准文件进行批准前后的账务处理。

当库存现金溢余时，应借记“库存现金”账户，贷记“待处理财产损溢——待处理流动资产损溢”账户，库存现金短缺时做相反的账务处理。经批准后，对于盘亏的金额应分别原因进行处理：由责任人或保险公司赔偿的部分，转入“其他应收款”账户，无法查明原因的库存现金短缺转入“管理费用”账户；对于盘盈的金额，属于应付其他单位或个人的长款转入“其他应付款”账户，确实无法查明原因的库存现金长款，记入“营业外收入”账户。

例5-8

长江公司在财产清查中发现库存现金短款1 020元，经查其中600元是由于出纳人员的责任造成的；另外的620元原因不明，经批准后计入管理费用。

批准前：

借：待处理财产损溢——待处理流动资产损溢　1 020

贷：库存现金　1 020

批准后：

借：管理费用　620

其他应收款——××出纳　600

贷：待处理财产损溢——待处理流动资产损溢　1 020

2. 实物资产清查结果的账务处理

对于实物资产的清查结果，也应先根据实存账存对比表将盘点盈亏记入“待处理财产损溢”及其明细账户，待批准后视情况不同进行相应的账务处理。

对于流动资产的盘亏，若属于管理不善、收发计量不准确或自然损耗产生的定额内合理损耗等情况，按规定计入管理费用。属于超定额损耗的部分，能确定过失人的，应由过失人赔偿，属于保险公司责任范围的，应向保险公司索赔，可获得赔偿的部分记入“其他应收款”账户；属于非常损失造成的存货毁损，扣除保险公司赔款和残料价值后的金额，计入营业外支出。盘盈的流动资产，经批准后冲减管理费用。

盘亏的固定资产，在批准前应将其账面价值借记“待处理财产损溢——待处理固定资产损溢”账户，按已提折旧借记“累计折旧”账户，按已计提的减值准备借记“固定资产减值准备”账户，按其账面原价贷记“固定资产”账户；经批准后，应由过失人或保险公司负责赔偿的部分，借记“其他应收款——××赔偿人或保险公司”账户，将“待处理财产损溢——待处理固定资产损溢”账户扣除上述金额后的余额，借记“营业外支出——固定资产盘亏”账户。盘盈的固定资产，在批准处理前应按同类或类似固定资产的市场价格，减去按固定资产新旧程度估计的价值折耗后的余额借记“固定资产”账户，贷记“待处理财产损溢——待处理固定资产损溢”账户；待查明原因经批准之后，借记“待处理财产损溢——待处理固定资产损溢”账户，同时作为前期差错调整“以前年度损益调整”账户；对固定资产盘盈引起的所得税调整事项也应进行相应处理，并需将其净影响金额转入“利润分配——未分配利润”账户。涉及增值税、所得税和盈余公积的，还要按相关规定处理。

例5-9

长江公司在财产清查中，发现盘亏甲材料20吨，每吨3 000元。经查，其中的

600 元属于定额内合理损耗，其他部分为非正常损失，其中：应由保管人员赔偿 5 000 元，保险公司同意赔偿 50 000 元，材料残值 200 元作为原材料入库。假定不考虑相关的增值税，进行批准前后的账务处理。

批准前：

借：待处理财产损溢——待处理流动资产损溢	60 000	
贷：原材料——甲材料		60 000

批准后：

借：原材料——×材料	200	
其他应收款——××保管员	5 000	
——××保险公司	50 000	
管理费用	600	
营业外支出	4 200	
贷：待处理财产损溢——待处理流动资产损溢		60 000

例 5－10

长江公司在财产清查中，发现盘亏机器设备一台，该设备账面原价 60 000 元，已提折旧 40 000 元。经查该项固定资产盘亏是由意外事故引起的，应由过失人赔偿 500 元，保险公司同意赔付 10 000 元，其余部分作为营业外支出。进行批准前后的账务处理。

批准前：

借：待处理财产损溢——待处理固定资产损溢	20 000	
累计折旧	40 000	
贷：固定资产		60 000

批准后：

借：其他应收款——××过失人	500	
——××保险公司	10 000	
营业外支出	9 500	
贷：待处理财产损溢——待处理固定资产损溢		20 000

例 5－11

长江公司在财产清查中，发现盘盈机器设备一台，同类设备的市场价格为 30 000 元，估计设备有八成新。进行批准前后的账务处理。

批准前：

借：固定资产	24 000	
贷：待处理财产损溢——待处理固定资产损溢		24 000

批准后：

借：待处理财产损溢——待处理固定资产损溢	24 000	
贷：以前年度损益调整——固定资产盘盈		24 000

盘盈固定资产涉及的所得税费用及留存收益的调整在其他教材中会有详述，这里不再介绍。

3. 往来款项清查结果的账务处理

在财产清查中查明的确实无法收回的应收款项和确实无法支付的应付款项，不通过“待处理财产损溢”账户，而是通过“坏账准备”或“营业外收入”账户进行核算。

5.3 对账和结账

5.3.1 对账

在期末账项调整和财产清查工作结束之后，企业还需要进行账目的核对，在核对无误的基础上结账之后，方能根据账簿记录编制财务报告。

对账就是核对账簿记录。对账是会计核算的一个主要内容，是保证账证、账账、账实相符的基本方法。对账工作主要包括账证核对、账账核对、账实核对三个方面的内容。

1. 账证核对

账证核对是指将各种账簿（总分类账、明细分类账、日记账等）记录与有关会计凭证（记账凭证及其所附的原始凭证）相核对，检查两者的时间、凭证内容、金额、凭证编号等是否一致。

这种核对一般采用抽查法，在平时编制记账凭证和记账工作中随时进行，以及时发现错误并进行纠正。但若在月末发现总分类账试算不平衡、账账不符或账实不符等情况，仍应核对账证是否相符，且主要通过抽查与账账不符或账实不符有关的凭证进行。

2. 账账核对

账账核对是指在账证核对的基础上，核对不同会计账簿之间的账簿记录是否相符，以做到账账相符。包括：总账有关账户余额的核对，总账和日记账的核对，总账和明细账的核对，会计部门的财产物资明细账和财产物资保管部门有关明细账的核对，等等。

3. 账实核对

账实核对是指在账账核对的基础上，将各种账簿记录余额与各项财产物资、货币资金及往来款项的实存数进行核对，做到账实相符。

5.3.2 结账

1. 结账的概念

结账是指按照规定将一定时期（月度、季度、年度）内发生的各项经济业务在全部登记入账的基础上，结清每个账户的本期发生额和期末余额，对该期间的经济活动进行总结的账务工作。按时结账有利于及时、正确地确定当期的经营成果，了解会计期间的财务状况，为编制报表提供依据。

2. 结账的内容

结账的内容主要有以下三个方面：

（1）做好结账前的准备工作。注意检查本期所发生的经济业务是否已经全部记入有关的账簿，如果发现有漏记、错记，应当及时补记或更正；按照权责发生制的原则，检查应调整的账项是否进行了调整并登记入账。

（2）结转收入和费用类账户。将当期实现的销售收入和发生的费用及时结转记入“本年利润”账户；通过清查盘点发现的财物溢缺应按有关规定在“待处理财产损溢”及相关的账户中进行反映等。

（3）计算结清本期发生额和期末余额。在本期全部经济业务已登记入账的基础上，计算资产、负债和所有者权益类账户的总分类账户和各明细分类账户及日记账的本期发生额和期末余额，并及时结转至下期。企业应按规定的时间及时进行结账，结账时间既不能提前也不得延后。

3. 结账的方法

结账工作一般于会计期末进行，可分为月结、季结和年结。

（1）月结。办理月结，应在各账户本月份最后一笔经济业务下面通栏划一条单红线，在红线下结算出本期发生额和余额，如无余额，应在余额栏内注明“平”字或“-0-”符号，并在“摘要”栏内注明“本月合计”或“×月份发生额及余额”字样，然后在下面再通栏划一条单红线，表示完成月结。

（2）季结。办理季结，应在各账户本季度最后一个月的月结下面通栏划一条单红线，在红线下结算出本季度的发生额和季末余额，如无余额，应在余额栏内注明“平”字或“-0-”符号，并在“摘要”栏内注明“本季合计”或“第×季度发生额及余额”字样，然后在下面再通栏划一条单红线，表示完成季结。

（3）年结。办理年结，应在 12 月月结或第四季度季结下面通栏划双红线，在红线下结算出本年发生额和年末余额，如无余额，应在余额栏内注明“平”字或“-0 ”符号，并在“摘要”栏内注明“本年合计”或“年度发生额及余额”字样，然后在下面再通栏划双红线。年度终了，要把各账户的余额结转到下一会计年度，并在“摘要”栏内注明“结转下年”字样，在下一会计年度新账的第一行“摘要”栏内注明“上年转入”或“年初余额”字样。

月度结账和年度结账的具体方法以“应收账款”账户为例加以说明（见表 5-8）。

表5-8　　应收账款总分类账

账户名称：应收账款　　单位：元

20××年		凭证号数	摘要	借方	贷方	借或贷	余额
月	日						
1	1	略	上年结转			借	120 000
	8		收到欠款		10 000	借	110 000
			⋮	⋮	⋮	⋮	⋮
	22		赊销产品	11 700		借	150 000
	25		收到欠款		60 000	借	75 100
	31		本月合计	35 100	80 000	借	75 100
2	1		月初余额			借	75 100
	8		赊销产品	46 800		借	121 900
12	31		本月合计	60 000	100 000	借	200 000
12	31		本年合计	1 560 000	1 480 000	借	200 000
12	31		结转下年		200 000	平	-0-

□ 重要名词

全面清查（complete check）
局部清查（partial check）
定期清查（periodic checking method）
对账（checking）
结账（closing accounts）
永续盘存制（perpetual inventory system）
实地盘存制（periodic inventory system）

□ 自测题

一、单项选择题（在每小题的四个备选答案中选出一个正确的答案，并将正确的答案填在题中括号内）

1. 长江公司在财产清查中，发现盘亏机器设备一台，该设备账面原价60 000元，已提折旧40 000元。下列有关批准前的会计分录处理中，正确的是（　　）。

A. 借：累计折旧　　20 000

　　待处理财产损溢——待处理固定资产损溢　　40 000

　贷：固定资产　　60 000

B. 借：待处理财产——待处理固定资产　20 000
　　累计折旧　40 000
　贷：固定资产　60 000

C. 借：待处理财产损溢——待处理固定资产损溢　20 000
　　累计折旧　40 000
　贷：固定资产　60 000

D. 借：待处理财产损溢——待处理固定资产损溢　20 000
　　固定资产　40 000
　贷：累计折旧　60 000

2. (　　) 是指将各种账簿记录与有关会计凭证相核对，检查两者的时间、凭证内容、金额、凭证编号等是否一致。

A. 账账核对　　B. 账证核对
C. 实物与资金核对　　D. 账实核对

3. (　　) 是指已经预先支付，但本期尚未受益的费用。

A. 待摊费用　　B. 应计费用　　C. 财务费用　　D. 预付费用

4. 为确保财产清查工作的顺利进行，必须有计划、有组织地做好各项财产清查准备工作。工作内容包括：①实施财产清查；②成立财产清查领导小组；③进行业务准备；④清查结束后的工作。财产清查的程序是（　　）。

A. ①②③④　　B. ③①②④　　C. ②③①④　　D. ④②③①

5. (　　) 也称“账面盘存制”，是指对各种财产物资的增减变化，平时根据会计凭证在账簿上予以连续登记，并随时结算出账面结存数额的一种方法。

A. 实地盘存制　　B. 实物清点制
C. 账证核对制　　D. 永续盘存制

6. 以下各选项中，只属于实地盘存制特点的是（　　）。

A. 登记账簿的工作量较大
B. 工作简单，工作量少
C. 由于自然或人为的原因，可能发生账实不符
D. 随时了解资产的变动情况，有利于加强对资产的控制和管理

7. (　　) 能够随时结转成本，期末财产物资成本比较接近现行的市场价值，但在财产物资收发频繁或单价经常变动的情况下，计价工作量较大。

A. 加权平均法　　B. 移动加权平均法
C. 先进先出法　　D. 个别计价法

二、多项选择题（每题均有多个正确答案，请从每题的备选答案中选出你认为正确的所有答案填在题中括号内）

1. 常用的实物资产清查方法有（　　）。

A. 实地盘点法　　B. 永续盘存法
C. 收付实现法　　D. 技术推算法
E. 抽样盘点法

2. 一般来说，造成账面价值与实有数额不符的原因主要有（　　）。

A. 财产物资增减变动时，由于会计凭证、账簿记录或计算错误等致使的经济业务被漏记、重记、错记

B. 结算过程中的未达账项

C. 自然灾害或非常事件等造成的财产物资的意外损失

D. 财产物资在运输、保管过程中发生的自然损耗或升溢

E. 财产物资在收发时，由于计量、检验的不准确而造成的品种、数量或质量上的差错

3. 结账工作一般于会计期末进行，可分为（　　）。

A. 日结　　B. 月结

C. 半年度结　　D. 年结

E. 季结

4. A公司20××年1月初采用经营租赁的方式租入一项机器设备，并于租赁当日对机器设备进行了技术改良，用银行存款支付相关改良费用12 000元。合同规定该设备租赁期限为2年，企业采用平均法对改良费用进行摊销。20××年1月初所做的以下会计分录中错误的有（　　）。

A. 借：制造费用　　500
　　贷：长期待摊费用　　500

B. 借：经营租入固定资产　　12 000
　　贷：银行存款　　12 000

C. 借：制造费用　　12 000
　　贷：经营租入固定资产　　12 000

D. 借：管理费用　　12 000
　　贷：经营租入固定资产　　12 000

E. 借：长期待摊费用　　12 000
　　贷：银行存款　　12 000

5. 对账就是核对账簿记录。对账工作主要包括的内容有（　　）。

A. 总账有关账户余额的核对　　B. 账账核对

C. 账证核对　　D. 账实核对

E. 明细账与总账核对

6. 财产清查按清查的时间可分为（　　）。

A. 不定期清查　　B. 局部清查

C. 全面清查　　D. 定期清查

E. 物资清查

7. 一般来说，财产清查的作用主要表现在（　　）。

A. 核实企业的现金流量

B. 提高财产物资的使用效率

C. 保证会计核算资料的真实可靠

D. 维护财经纪律和结算制度的贯彻执行

E. 保证财产物资的安全完整

8. 财产清查的内容包括（　　）等。

A. 人员清查　　B. 账目清查

C. 货币资金清查　　D. 实物清查

E. 债权债务清查

三、判断题（在下列各括号内填入判断结果，你认为正确的用"√"表示，错误的用"×"表示）

1. 永续盘存制也称"以存计销制"或"盘存计销"，是指对各种财产物资的增减变化，平时只在账簿上登记其增加数，而不登记其减少数，期末通过实地盘点确定财产物资的结存数后，倒算出本期减少数并登记入账的一种方法。（　　）

2. 移动加权平均法是指每次收货后立即根据存货库存数量和总成本，计算出新的平均单位成本并对发出存货进行计价的方法。（　　）

□ 综合实训

综合实训一

一、目的

练习财产清查结果的账务处理。

二、资料

嘉盛公司 20××年 8 月财产清查的结果如下：

1. 甲材料账面余额为 4 800 千克，单价每千克 5 元，共计 24 000 元。实存为 4 790 千克，盘亏 10 千克，经查系材料定额内损耗。

2. 乙材料盘盈 90 千克，单价每千克 6 元，经查系材料收发过程中计量误差累计所致。

3. 丙材料毁损 18 000 元，废料估价 450 元已验收入库，经查是自然灾害所致。

4. 丁材料盘亏 5 千克，单价 16 元，经查系保管人员责任心不强造成的，经批准责令其赔偿，款项尚未收到。

5. 盘盈机器设备一台，重置价值为 9 700 元，经鉴定为七成新。

6. 盘亏机器设备一台，设备账面原值为 65 000 元，已提折旧 40 000 元，该设备未计提固定资产减值准备。

三、要求

进行清查及批准后的账务处理，并思考其中有没有涉及增值税的问题，如果有的话，该如何处理。

综合实训二

一、目的

练习银行余额调节表的编制。

二、资料

某企业20××年10月银行日记账20日至月末所记录的经济业务如下：

(1) 20日开出支票09478号，支付购入材料货款1 400元。

(2) 21日存入销货款支票2 400元。

(3) 24日开出支票09479号，支付运杂费700元。

(4) 26日开出支票09480号，支付下季度的房租1 600元。

(5) 27日收到销货款支票9 700元。

(6) 30日开出支票09481号，支付日常费用200元。

(7) 31日银行存款余额33 736元。

银行对账单所列20日至月末所记录的经济业务如下：

(1) 20日结算银行存款利息792元。

(2) 22日收到企业开出支票09478号，金额1 400元。

(3) 24日收到销货款支票2 400元。

(4) 26日银行为企业代付水电费1 320元。

(5) 27日收到企业开出支票09479号，金额700元。

(6) 30日代收外地企业汇来货款1 400元。

(7) 31日银行对账单余额26 708元。

三、要求

根据上述资料，进行银行存款对账处理，编制银行存款余额调节表。

第 6 章 财务报告

Chapter 6

学习目标

1. 掌握资产负债表、利润表的结构和编制方法。
2. 熟悉报表附注披露的主要内容。
3. 了解现金流量表和所有者权益变动表的填制方法以及财务报表的意义。

引导案例

经过一段时间的经营之后，张彤数码公司的资产、负债、所有者权益如何分布？收入、费用和利润的状况怎样？这些信息应该以什么样的形式进行反映？反映时有什么具体要求？本章将通过讲述和财务报告有关的知识予以回答。

6.1 财务报告概述

财务报告是日常会计循环的最后一个环节，是企业向信息使用者提供信息最主要的途径和方式。

6.1.1 财务报告的含义和内容

1. 财务报告的含义

财务报告又称财务会计报告，是指企业对外提供的反映企业某一特定日期的财务状况和某一会计期间的经营成果、现金流量等会计信息的文件。企业编制的财务报告，对于改善企业外部有关方面的经济决策环境和加强企业内部经营管理具有重要作用。

2. 财务报告的作用

具体来说，财务报告的作用主要表现在以下几个方面：

（1）向企业利益相关者提供相关的会计信息。企业提供的财务报告中含有丰富的会计信息，如资产、负债、所有者权益、收入、费用、利润等各种会计指标，这些指标对于企业利益相关者，特别是投资者、债权人从整体上了解企业的财务状况和经营成果发挥着其他书面文件不可替代的作用，是利益相关者进行科学决策的主要依据。

（2）为实施内部控制和会计监督提供依据。财务报告提供的经济指标，为企业所有者、经营者、债权人和政府职能部门对企业进行控制和监督提供依据。所有者可利用财务报告的有关信息对企业实施控制及监督；经营者可利用财务报告检查经营成果的实现情况；债权人可利用财务报告监督企业借入资金的使用情况，掌握企业偿债能力；政府可利用企业财务报告提供的信息进行宏观经济管理，制定合理的经济政策。

（3）有利于评价企业业绩。财务报告有利于企业所有者和管理者评价经营业绩，改善经营管理，寻找提高经济效益的途径和方法。通过财务报告所提供的指标，不仅有利于各方进行科学、合理的决策，同时也有利于评价企业经营的业绩，并在此基础上找出问题，分析原因，促进企业生产经营管理的改善，找到提高企业经济效益的途径和方法。

3. 财务报告的内容

财务报告包括会计报表及其附注和其他应当在财务会计报告中披露的相关信息和资料。会计报表至少应当包括资产负债表、利润表、现金流量表和所有者权益变动表；附注是对在会计报表中列示项目所做的进一步说明，以及对未能在这些报表中列示项目的说明等。

企业应当在财务报告的显著位置至少披露下列各项内容：编报企业的名称，资产负债表日或财务报表涵盖的会计期间，人民币金额单位。财务报表是合并财务报表的，应当予以标明。

小企业编制的报表可以不包括现金流量表。

4. 财务报告的编制基础

除了现金流量表按照收付实现制原则编制，企业应当按照权责发生制原则编制财务报告。

6.1.2 财务报告的分类

财务报告可按不同的标准进行分类，常见的财务报告分类主要有以下几种。

1. 按财务报告反映的经济内容分类

财务报告按反映经济内容的不同，可分为资产负债表、利润表、所有者权益变动表、现金流量表和附注等。

2. 按财务报告报送对象分类

财务报告按报送对象不同，可分为对外报表和对内报表。对外报表是会计主体按照有关法规编制的对外公开报送的会计报表，如资产负债表、利润表、所有者权益变动表、现金流量表等。对内报表是会计主体根据自身需要编制的会计报表，这些会计报表往往仅限于会计主体内部使用，如销售分析表、成本分析表、经营费用表等。

3. 按财务报告编制时间分类

财务报告按编制时间不同，可分为中期财务报告和年度财务报告。

中期财务报告是以短于一个完整会计年度的报告期间为基础编制的财务报告，包括月报、季报和半年报。中期财务报告至少应当包括资产负债表、利润表、现金流量表和附注。其中，中期资产负债表、利润表、现金流量表应当是完整报表，其格式和内容应当与年度财务报告相一致。与年度财务报告相比，中期财务报告中的附注披露可适当简略。

年度财务报告简称年报，是企业的年度决算报表，主要包括资产负债表、利润表、现金流量表、所有者权益变动表以及附注，而且这五部分是同等重要的。

4. 按财务报告编制单位分类

财务报告按编制单位不同，可分为单位报表和汇总报表。单位报表亦称基层报表，是指由独立核算的基层单位编制的财务报表；汇总报表是指由上级主管部门汇总所属基层单位及本部门的财务报表而编制的财务报表。

5. 按财务报告编制范围分类

财务报告按编制范围的不同，可分为单位财务报告和合并财务报告。单位财务报告也称个别财务报告，是直接以各企业的会计账簿记录为基础编制的财务报告，这是最基本的财务报告，任何企业都必须编制本企业的财务报告；合并财务报告是在符合编制合并财务报告要求的前提下，由母公司将企业集团中各成员的个别财务报告采用一定的方法合并在一起而编制的财务报告。

财务报告的分类如图 6－1 所示。

6.1.3　财务报告编制和列报的基本要求

为充分发挥财务报告的作用，保证财务报告的信息质量，企业在编制和列报财务报告时，应按照《企业会计准则》的规定，遵循以下基本要求。

- 财务报告
  - 反映的经济内容
    - 资产负债表
    - 利润表
    - 所有者权益变动表
    - 现金流量表
    - 附注
  - 报送对象
    - 对外报表
    - 对内报表
  - 编制时间
    - 中期财务报告
    - 年度财务报告
  - 编制单位
    - 单位报表
    - 汇总报表
  - 编制范围
    - 单位财务报告
    - 合并财务报告

图 6-1 财务报告的分类

1. 依据各项会计准则确认和计量的结果编制

企业应当根据实际发生的交易或事项，按照各项具体会计准则的规定进行确认和计量，并在此基础上编制财务报告。企业应在附注中对这一情况做出声明。只有遵循了企业会计准则的所有规定，财务报告才能说“遵循了企业会计准则”。

同时，企业不应以在附注中披露代替对交易和事项的确认和计量，也就是说，企业采用的不恰当的会计政策，不得通过在附注中披露等其他形式予以更正，企业应当对交易和事项进行正确的确认和计量。

2. 以持续经营为基础

企业应当以持续经营为基础，根据实际发生的交易和事项，按照《企业会计准则——基本准则》和其他各项会计准则的规定进行确认和计量，在此基础上编制财务报告。

在编制财务报告的过程中，企业管理层应当利用所有可得信息来评价企业自报告期末起至少 12 个月的持续经营能力。评价时需要考虑宏观政策风险、市场经营风险、企业目前或长期的盈利能力、偿债能力、财务弹性以及企业管理层改变经营政策的意向等因素。评价结果表明对持续经营能力产生重大怀疑的，企业应当在附注中披露导致对持续经营能力产生重大怀疑的因素以及企业拟采取的改善措施。

企业如有近期获利经营的历史且有财务资源支持，则通常表明以持续经营为基础编制财务报告是合理的。企业正式决定或被迫在当期或将在下一个会计期间进行清算或停止营业的，则表明以持续经营为基础编制财务报告不再合理。在这种情况下，企业应当采用其他基础编制财务报告，并在附注中声明财务报告未以持续经营为基础编制的事实，披露未以持续经营为基础编制的事实原因和财务报告的编制基础。

3. 采用正确的会计基础

除了现金流量表按照收付实现制编制，企业应当按照权责发生制编制其他财务报告（表）。在采用权责发生制会计原则的情况下，当项目符合基本准则中财务报表要素的定义和确认标准时，企业就应当确认相应的资产、负债、所有者权益、收入和费用，并在财务报表中加以反映。

4. 列报的一致性

可比性是会计信息质量的一项重要质量要求，目的是使同一企业不同期间和同一期间不同企业的财务报表相互可比。财务报表项目的列报应当在各个会计期间保持一致，不得随意变更。这一要求不仅针对财务报表中的项目名称，还包括财务报表项目的分类、排列顺序等方面。

在下列情况下，企业可以变更财务报表项目的列报：(1) 会计准则要求改变财务报表项目的列报；(2) 企业经营业务的性质发生重大变化或对企业经营影响较大的交易或事项发生后，变更财务报表项目的列报能够提供更可靠、更相关的会计信息。企业变更财务报表项目列报的，应当根据会计准则的有关规定提供列报的比较信息。

5. 列报的重要性

关于项目在财务报表中是单独列报还是汇总列报，应当依据重要性原则来判断。总的原则是，如果某项目单个看不具有重要性，则可将其与其他项目汇总列报；如具有重要性，则应当单独列报。企业应当遵循如下规定：(1) 性质或功能不同的项目，一般应当在财务报表中单独列报，但是不具有重要性的项目可以汇总列报；(2) 性质或功能类似的项目，一般可以汇总列报，但是对其具有重要性的类别应该单独列报；(3) 项目单独列报的原则不仅适用于报表，还适用于附注；(4) 企业会计准则规定在财务报表中单独列报的项目，企业应当单独列报。其他会计准则规定单独列报的项目，企业应当增加单独列报项目。

重要性是判断财务报表项目是否单独列报的重要标准。重要性是指在合理预期下，如果财务报表某项目的省略或错报会影响使用者据此做出经济决策的，则该项目就具有重要性。企业在进行重要性判断时，应当根据所处环境，从项目的性质和金额大小两方面判断：一方面，应当考虑该项目的性质是否属于企业日常活动、是否显著影响企业的财务状况、经营成果和现金流量等因素；另一方面，判断项目金额大小的重要性，应当通过单项金额占资产总额、负债总额、所有者权益总额、营业收入总额、营业成本总额、净利润、综合收益总额等直接相关或所属报表单列项目金额的比重加以确定。企业对于各个项目的重要性判断标准一经确定，不得随意变更。

6. 财务报表项目之间原则上不得相互抵销

财务报表项目应当以总额列报，资产和负债、收入和费用、直接计入当期利润的利得项目和损失项目的金额不能相互抵销，即不得以净额列报，但企业会计准则另有规定的除外。比如，企业欠客户的应付款不得与其他客户欠本企业的应收款相抵销，否则就掩盖了交易的实质。再如，收入和费用反映了企业投入和产出之间的关系，是企业经营成果的两个方面，为了更好地反映经济交易的实质、考核企业经营管理水平以及预测企业未来现金流量，收入和费用不得相互抵销。

需要注意的是，以下三种情况不属于抵销：(1) 一组类似交易形成的利得和损失以净额列示的，不属于抵销；(2) 资产或负债项目按扣除备抵项目后的净额列示，不属于抵销；(3) 非日常活动产生的利得和损失，以同一交易形成的收益扣减相关费用后的净额列示更能反映交易实质的，不属于抵销。

7. 比较信息的列报

企业在列报当期财务报表时，至少应当提供所有列报项目上一个可比会计期间的比较数据，以及与理解当期财务报表相关的说明，目的是向报表使用者提供对比数据，提高信息在会计期间的可比性。列报比较信息的这一要求适用于财务报表的所有组成部分，即既适用于四张报表，也适用于附注。

企业确需变更财务报表项目列报的，应当至少对可比期间的数据按照当期的列报要求进行调整，并在附注中披露调整的原因和性质以及调整的各项目金额。但是，在某些情况下，对可比期间比较数据进行调整是不切实可行的。比如，企业在以前期间可能没有按照可以进行重新分类的方式收集数据，并且重新生成这些信息是不切实可行的，则企业应当在附注中披露不能调整的原因以及假设金额重新分类可能进行的调整的性质。

8. 财务报表表首的列报要求

企业在财务报表的显著位置（通常是表首部分）应当至少披露下列基本信息：(1) 编报企业的名称；(2) 对资产负债表而言，应当披露资产负债表日；对利润表、现金流量表、所有者权益变动表而言，应当披露报表涵盖的会计期间；(3) 货币名称和单位；(4) 财务报表是合并财务报表的，应当予以标明。

9. 报告期间

企业至少应当按年编制财务报表。企业在编制年度财务报表时，可能存在年度财务报表涵盖的期间短于一年的情况，比如企业在年度中间（如3月1日）开始设立等。在这种情况下，企业应当披露年度财务报表的实际涵盖期间及其短于一年的原因，并应当说明由此引起财务报表项目与比较数据不具可比性这一事实。

6.2 资产负债表

6.2.1 资产负债表的含义和作用

作为基本的财务报表，资产负债表在企业中具有重要的作用。

1. 资产负债表的含义

资产负债表是总括反映企业在某一特定日期全部资产、负债和所有者权益状况的报表。例如，每年 12 月 31 日的资产负债表，反映的就是该日的情况。

资产负债表是根据“资产 = 负债 + 所有者权益”这一会计基本等式，依照流动资产和非流动资产、流动负债和非流动负债大类列示，并按照一定要求编制的，是一张时点的、静态的会计报表。它提供的是企业一定日期的财务状况，包括企业所拥有的各种经济资源（资产），企业所负担的债务（负债）以及企业所有者在企业里所享有的权益（所有者权益）。

2. 资产负债表的作用

资产负债表的作用主要体现在以下几个方面：

（1）有助于了解企业所掌握的经济资源及其分布情况。资产负债表资产方反映了企业所拥有或控制的经济资源总额。企业占用的经济资源反映了企业的未来经济利益，据此，信息使用者可以了解、判断企业的规模、实力及未来的发展能力。由于不同的经济资源给企业带来的未来经济利益的大小是不一样的，因此资产负债表通常将企业拥有的资产按经济性质、用途等进行分类。信息使用者可据此了解企业所拥有或控制的经济资源的具体构成情况，判断其经济资源的结构是否合理。

（2）有助于分析、评价、预测企业的偿债能力。偿债能力是指企业以其资产偿付债务的能力，一般分为短期偿债能力和长期偿债能力。在资产负债表中，资产、负债等项目通常按其流动性大小排列，这种排列方式有助于信息使用者评估不同类别资产的变现能力，预测未来现金流入的金额、时间及其不确定性；有助于评估不同类别负债的偿还顺序，预测未来现金流出的金额、时间顺序及其不确定性；有助于根据有关资产项目和负债项目的对比来评价企业的短期偿债能力。

负债与所有者权益相对比例的大小，会影响债权人和所有者的相对风险，以及企业的长期偿债能力。一般而言，负债比重越大，债权人的风险就越大，企业的长期偿债能力就越差，资产负债表按资产、负债和所有者权益三大要素分类分项目所做的揭示，有助于为信息使用者了解、预测企业的长期偿债能力和资本结构提供重要依据。

（3）有助于预测企业未来的财务趋势。信息使用者通过企业债务规模、债务结构以及与所有者权益的对比，可以分析企业向投资者及其债权人筹措资金的能力；通过对企业利润及营业收入和资产总额等的分析，可预测企业未来的发展趋势。

3. 资产负债表的局限性

资产负债表的局限性主要表现在以下两个方面：

（1）资产负债表无法反映非货币性信息。诸如企业的人力资源状况、竞争地位、产品或市场份额、资产的维护状况和企业的社会责任等对企业来说非常重要的信息，因为无法用货币来计量，被排除在资产负债表之外，而这些信息对决策者来说具有一定的参考价值。

（2）资产负债表无法反映企业的现金状况。资产负债表是以权责发生制为基础编制的，无法准确反映企业的现金流量信息。资产状况良好的企业，其短期偿债能力也可能会较弱，可能会面临财务危机，甚至会面临破产清算的危险。

6.2.2 资产负债表的格式

资产负债表正表的列报格式一般有两种：报告式资产负债表和账户式资产负债表。

1. 报告式资产负债表

报告式资产负债表是按照资产、负债和所有者权益的顺序上下排列的，上半部分列示资产，下半部分列示负债和所有者权益。

报告式资产负债表便于按顺序阅读，也便于根据需要将各部分内容进行组合排列；但是，在内容较多的情况下，报表会显得过长不便于存放，而且不便于左右对照和数字的平衡检验。按照我国《企业会计准则》的规定，企业编报的资产负债表不采用报告式。

报告式资产负债表的格式如表6-1所示。

表6-1 报告式资产负债表（简表）

编制单位： 年 月 日 单位：元

项目	金额
一、资产	
流动资产	
债权投资	
长期股权投资	
投资性房地产	
固定资产	
无形资产	
商誉	
其他非流动资产	
资产合计	
二、负债	
流动负债	
非流动负债	
负债合计	
三、所有者权益	
实收资本	
资本公积	
其他综合收益	
盈余公积	
未分配利润	
所有者权益合计	

2. 账户式资产负债表

账户式资产负债表是左右结构，左边列示资产，右边列示负债和所有者权益。根据财务报表列报准则的规定，资产负债表采用账户式的格式，即左侧列报资产方，一般按资产的流动性大小排列；右侧列报负债方和所有者权益方，一般按要求清偿时间的先后顺序排列。账户式资产负债表中资产各项目的合计等于负债和所有者权益各项目的合计，即资产负债表左方和右方平衡。因此，通过账户式资产负债表，可以反映资产、负债、所有者权益之间的内在关系，即资产＝负债＋所有者权益。

根据《企业会计准则第 30 号——财务报表列报》的规定，企业需要提供比较资产负债表，以便报表使用者通过比较不同时点资产负债表的数据，掌握企业财务状况的变动情况及发展趋势。所以，资产负债表各项目需分别以“年初余额”和“期末余额”两栏填列。

账户式资产负债表的具体格式如表 6-2 所示。

表 6-2　　**（账户式）资产负债表**　　会企 01 表

编制单位：　　年　月　日　　单位：元

资产	期末余额	年初余额	负债和所有者权益（或股东权益）	期末余额	年初余额
流动资产			**流动负债**		
货币资金			短期借款		
交易性金融资产			交易性金融负债		
衍生金融资产			衍生金融负债		
应收票据			应付票据		
应收账款			应付账款		
预付款项			预收款项		
其他应收款			应付职工薪酬		
存货			应交税费		
持有待售资产			其他应付款		
一年内到期的非流动资产			持有待售负债		
其他流动资产			一年内到期的非流动负债		
流动资产合计			其他流动负债		
非流动资产			流动负债合计		
债权投资			**非流动负债**		
其他债权投资			长期借款		
长期应收款			应付债券		
长期股权投资			预计负债		
其他权益工具投资			递延所得税负债		
投资性房地产			其他非流动负债		
固定资产			非流动负债合计		
在建工程			负债合计		

续前表

资产	期末余额	年初余额	负债和所有者权益（或股东权益）	期末余额	年初余额
生产性生物资产			**所有者权益**（或股东权益）		
无形资产			实收资本（或股本）		
开发支出			资本公积		
商誉			其他权益工具		
长期待摊费用			减：库存股		
递延所得税资产			其他综合收益		
其他非流动资产			盈余公积		
			未分配利润		
非流动资产合计			所有者权益（或股东权益）合计		
资产总计			负债和所有者权益（或股东权益）总计		

6.2.3 资产负债表的编制方法

1. 年初余额栏的填报方法

资产负债表年初余额栏内的各项数字，应根据上年末资产负债表期末余额栏内所列数字填列。如果上年度资产负债表规定的各个项目的名称和内容同本年度不一致，应对上年年末资产负债表各项目的名称和数字按照本年度的规定进行调整，填入表中的年初余额栏内。

2. 期末余额栏的填报方法

资产负债表期末余额栏内的各项数字，一般应根据资产、负债和所有者权益类科目的期末余额填列。主要包括以下方式：

(1) 直接根据总账账户的余额填列。资产负债表中很多项目都采用这种方法填列。如表中资产类的“交易性金融资产”“递延所得税资产”等项目，负债和所有者权益类的“短期借款”“交易性金融负债”“应付职工薪酬”“应交税费”“应付债券”“长期应付款”“实收资本”“资本公积”“盈余公积”等项目均采用这种方法。

(2) 根据有关总账账户的余额分析计算填列。采用这种方法填列的项目主要有“货币资金”“其他应收款”“长期股权投资”“在建工程”“无形资产”“投资性房地产”“可供出售金融资产”“持有至到期投资”等。这些项目又可分为两类：一类需要根据若干总账账户的余额合计填列，如“货币资金”；另一类则需要根据不同总账账户的差额填列，如“在建工程”等。下面分别予以说明。

1）根据几个总账账户的余额合计填列。“货币资金”项目需根据“库存现金”

“银行存款”“其他货币资金”三个总账科目余额的合计数填列。

2）根据总账有关账户余额减去其备抵科目余额后的净额填列。“债权投资”“其他债权投资”“长期股权投资”“在建工程”“商誉”等项目，应根据相关账户的期末余额扣减相应的减值准备后的金额填列；“固定资产”“无形资产”“投资性房地产”等项目，应根据相关账户的期末余额扣减相应的累计折旧/摊销填列，已计提减值准备的，还应扣减相应的减值准备；采用公允价值计量的上述资产应根据相关账户的期末余额填列；“长期应收款”项目应根据“长期应收款”账户的期末余额，减去相应的“未实现融资收益”账户和“坏账准备”账户所属相关明细账户期末余额的金额填列；“长期应付款”项目应根据该账户的期末余额减去相应“未确认融资费用”账户期末余额之后的金额填列。

（3）根据总账账户和明细账账户的余额分析计算填列。如“长期待摊费用”项目反映企业已经发生但应由本期和以后各期负担的分摊期限在一年以上的各项费用。长期待摊费用中将在一年内（含一年）摊销的部分，在资产负债表“一年内到期的非流动资产”项目内填列。本项目应根据“长期待摊费用”账户的期末余额减去将于一年内（含一年）摊销的数额后的金额填列。

又如“长期借款”项目，需要根据“长期借款”总账账户余额扣除“长期借款”账户所属的明细账户中将在资产负债表日起一年内到期且企业不能自主地将清偿义务展期的长期借款后的金额计算填列。“其他非流动负债”项目应根据有关科目的期末余额减去将于一年内（含一年）到期偿还的金额的余额填列。

（4）综合运用上述填列方法分析填列。如资产类的“应收账款”“预付账款”“存货”和负债类的“应付账款”“预收账款”等项目，需综合运用上述方法计算填列。

“应收账款”项目，反映资产负债表日以摊余成本计量的，企业因销售商品、提供服务等经营活动应收取的款项。该项目应根据“应收账款”科目的期末余额，减去“坏账准备”科目中相关坏账准备期末余额后的金额填列。如“应收账款”账户所属明细账户期末有贷方余额，应在资产负债表“预收款项”项目内填列。

“预付款项”项目反映企业按照购货合同规定预付给供应单位的款项等。该项目应根据“预付账款”和“应付账款”账户所属各明细账户的期末借方余额合计数，减去“坏账准备”账户中有关预付款项计提的坏账准备期末余额后的金额填列。如“预付账款”账户所属各明细账户期末有贷方余额，应在资产负债表“应付账款”项目内填列。

“存货”项目反映企业期末在库、在途和在加工中的各种存货的可变现净值。该项目需根据“在途物资”（“材料采购”）、“原材料”、“低值易耗品”、“库存商品”、“周转材料”、“委托加工物资”、“委托代销商品”、“生产成本”等账户的期末余额合计，减去“受托代销商品款”“存货跌价准备”账户期末余额后的金额填列。材料采用计划成本核算，以及库存商品采用计划成本核算或售价核算的企业，还应按加或减材料成本差异、商品进销差价后的金额填列。

“应付账款”项目，反映资产负债表日以摊余成本计量的，企业因购买材料、商品和接受服务等经营活动应支付的款项。该项目应根据“应付账款”和“预付账款”科目所属的相关明细科目的期末贷方余额合计数填列。如果“应付账款”账户所属明细账户期末有借方余额，应在资产负债表“预付款项”项目内填列。

“预收账款”项目反映企业按照销售合同规定预收购买单位的款项。该项目应根据“预收账款”和“应收账款”账户所属各明细账户的期末贷方余额合计数填列。如果“预收账款”账户所属明细账户期末有借方余额，应在资产负债表“应收账款”项目内填列。

6.2.4 资产负债表的应用示例

例 6-1

假定宏达公司 2019 年有关总分类账户的年初余额和 12 月 31 日的余额如表 6-3 所示。根据所给资料编制该企业 2019 年 12 月的资产负债表。

表 6-3 宏达公司 2019 年总分类账年初与年末余额表 单位：元

账户名称	年初余额		期末余额	
	借方	贷方	借方	贷方
库存现金	4 000		3 500	
银行存款	860 000		1 200 000	
应收票据				
应收账款	334 000		117 000	
预付账款			175 500	
其他应收款	65 000		80 000	
原材料	33 000		48 000	
库存商品	168 000		246 000	
生产成本	140 000		180 000	
长期股权投资			260 000	
固定资产	6 500 000		7 600 000	
累计折旧		2 100 000		3 511 000
短期借款				120 000
应付票据				
应付账款		88 000		99 000
预收账款		36 000		
应付职工薪酬		192 000		264 000
应交税费		35 800		69 200
其他应付款		8 600		12 000
长期借款		200 000		250 000

续前表

账户名称	年初余额		期末余额	
	借方	贷方	借方	贷方
实收资本		3 600 000		3 600 000
资本公积		1 280 000		1 280 000
盈余公积		348 000		415 000
利润分配		215 600		289 800
合计	8 104 000	8 104 000	9 910 000	9 910 000

根据上述资料，编制宏达公司 2019 年 12 月的资产负债表，如表 6－4 所示。

表 6－4　　**资产负债表**

编制单位：宏达公司　　2019 年 12 月 31 日　　单位：元

资产	期末余额	年初余额	负债和所有者权益（或股东权益）	期末余额	年初余额
流动资产			流动负债		
货币资金	1 203 500	864 000	短期借款	120 000	
交易性金融资产			交易性金融负债		
衍生金融工具			衍生金融负债		
应收票据			应付票据		
应收账款	117 000	334 000	应付账款	99 000	88 000
预付款项	175 500		预收款项		36 000
其他应收款	80 000	65 000	应付职工薪酬	264 000	192 000
存货	474 000	341 000	应交税费	69 200	35 800
其他流动资产			其他应付款	12 000	8 600
流动资产合计	2 050 000	1 604 000	流动负债合计	564 200	360 400
非流动资产			非流动负债		
长期股权投资	260 000		长期借款	250 000	200 000
固定资产	4 089 000	4 400 000	应付债券		
无形资产			非流动负债合计	250 000	200 000
开发支出			负债合计	814 200	560 400
商誉			所有者权益		
长期待摊费用			实收资本	3 600 000	3 600 000
其他非流动资产			资本公积	1 280 000	1 280 000
非流动资产合计	4 349 000	4 400 000	盈余公积	415 000	348 000
			未分配利润	289 800	215 600
			所有者权益合计	5 584 800	5 443 600
资产总计	6 399 000	6 004 000	负债和所有者权益总计	6 399 000	6 004 000

6.3 利润表

6.3.1 利润表的概念和作用

利润表是用来反映企业在某一会计期间的经营成果的财务报表。该表是根据收入－费用＝利润的会计等式，按营业利润、利润总额、净利润、综合收益总额的顺序编制而成的，是一个时期的动态报表。编制利润表的目的是反映企业的生产经营和收益情况，表明企业的经营成果；同时反映企业经营业绩的主要来源和构成，为报表使用者据以判断净利润的质量和风险，预测净利润的持续性，做出正确决策提供相关信息。

利润表的作用可归纳为以下几个方面。

1. 反映企业一定会计期间营业收入的实现情况以及不同收入的构成情况

企业营业收入、投资收益、资产处置损益、其他收益以及营业外收入的多少等信息均可以在利润表中得到反映和体现。

2. 反映企业一定会计期间的费用耗费情况

利润表可提供营业成本与税金及附加的多少、期间费用的构成及其金额、资产减值损失、营业外支出以及所得税费用的耗费等信息。

3. 反映企业经营活动的成果和综合收益

在利润表中，既可反映经营环节利润的实现情况，也可反映利润总额及净利润的实现情况，有助于投资者分析判断资本的保值增值状况。综合收益体现了会计报表确认思想上的“资产负债观”，不仅包括披露项目而且包括非披露项目，既反映已实现收益，又反映未实现但按准则规定已确认的潜在收益。

4. 提供财务分析的基本资料

将利润表中的信息与资产负债表中的信息相结合，可提供企业偿债能力和盈利能力的基本信息，便于报表使用者判断企业的未来发展趋势，做出经济决策。

6.3.2 利润表的格式

利润表的格式有多步式和单步式两种。

1. 多步式利润表

多步式利润表是通过对当期的收入、费用、支出项目按性质加以归类，按利润形成的主要环节列示一些中间性的利润数据，分步计算当期净损益的财务报表。

《企业会计准则第 30 号——财务报表列报》规定，企业应当采用多步式列报利润表，将不同性质的收入和费用类别进行对比，得出一些中间性的利润数据，便于使用者理解企业经营成果的不同来源。企业可以分如下四个步骤编制利润表：

第一步，以营业收入为基础，减去营业成本、税金及附加、销售费用、管理费用、财务费用、资产减值损失，加上公允价值变动收益（减去公允价值变动损失）、投资收益（减去投资损失）、资产处置收益（减去资产处置损失）和其他收益，计算出营业利润。

第二步，以营业利润为基础，加上营业外收入，减去营业外支出，计算出利润总额。

第三步，以利润总额为基础，减去所得税费用，计算出净利润（或净亏损）。

第四步，在净利润（或净亏损）的基础上，加上其他综合收益扣除所得税影响后的净额计算综合收益。综合收益是指企业在某一期间除与所有者以其所有者身份的交易之外的其他交易或事项所引起的所有者权益变动。其他综合收益是指企业根据会计准则规定未能在当期损益中确认的各项利得和损失。

普通股或潜在普通股已公开交易的企业，以及正处于公开发行普通股或潜在普通股过程中的企业，还应当在利润表中列示每股收益信息。

根据《企业会计准则第 30 号——财务报表列报》的规定，企业需要提供比较利润表，以使报表使用者通过比较不同期间利润的实现情况，判断企业经营成果的未来发展趋势。所以，利润表还应分项目列示“本期金额”和“上期金额”两栏信息。

多步式利润表的具体格式如表 6－5 所示。

表 6－5　　**利润表（多步式）**　　会企 02 表

编制单位：　　年度　　单位：元

项目	本期金额	上期金额
一、营业收入		
减：营业成本		
税金及附加		
销售费用		
管理费用		
研发费用		
财务费用		
其中：利息费用		
利息收入		
资产减值损失		
加：其他收益		
投资收益（损失以“－”号填列）		
其中：对联营企业和合营企业的投资收益		
公允价值变动收益（损失以“－”号填列）		
资产处置收益（损失以“－”号填列）		

续前表

项目	本期金额	上期金额
其他收益		
二、营业利润（亏损以“—”号填列）		
加：营业外收入		
减：营业外支出		
三、利润总额（亏损以“—”号填列）		
减：所得税费用		
四、净利润（净亏损以“—”号填列）		
（一）持续经营净利润（净亏损以“—”号填列）		
（二）非持续经营净利润（净亏损以“—”号填列）		
五、其他综合收益：		
（一）以后会计期间不能重分类进入损益的其他综合收益		
（二）以后会计期间在满足规定条件时将重分类进损益的其他综合收益		
六、综合收益总额		
七、每股收益：		
（一）基本每股收益		
（二）稀释每股收益		

采用多步式利润表，便于同类型企业之间的比较，也便于前后各期利润表上相应项目之间的比较，更有利于预测企业今后的盈利能力。

2. 单步式利润表

单步式利润表是将当期所有的收入列在一起，将所有的费用列在一起，两者相减得出当期净利润。单步式利润表的优点是表式简单，易于理解，避免项目分类上的困难。

单步式利润表的简化格式如表6-6所示。

表6-6　　利润表（单步式）

编制单位：　　年度　　单位：元

项目	本期金额	上期金额
一、收入		
营业收入		
公允价值变动收益		
投资收益		
营业外收入		
资产处置收益		
其他收益		
收入合计		

续前表

项目	本期金额	上期金额
二、费用		
营业成本		
税金及附加		
销售费用		
管理费用		
研发费用		
财务费用		
资产减值损失		
营业外支出		
所得税费用		
费用合计		
三、净利润		
（一）持续经营净利润		
（二）非持续经营净利润		

6.3.3　利润表的填报方法

1. 上期金额栏的填报方法

利润表上期金额栏内的各项数字应根据上年该期利润表本期金额栏内所列数字填列。如果上年该期利润表规定的各个项目的名称和内容同本期不一致，应对上年该期利润表各项目的名称和数字按本期的规定进行调整，填入利润表的上期金额栏内。

2. 本期金额栏的填报方法

利润表本期金额栏内的各项数字一般应根据损益类科目的发生额分析填列。下面说明一些重点和难点项目的编制方法。

（1）“营业收入”项目反映企业经营主要业务和其他业务所确认的收入总额。该项目应根据“主营业务收入”和“其他业务收入”科目的发生额分析填列。

（2）“营业成本”项目反映企业经营主要业务和其他业务所发生的成本总额。该项目应根据“主营业务成本”和“其他业务成本”科日的发生额分析填列。

（3）“其他收益”项目反映计入其他收益的政府补助等。该项目应根据在损益类科目新设置的“其他收益”科目的发生额分析填列。

（4）“资产处置收益”项目反映企业出售划分为持有待售的非流动资产（金融工具、长期股权投资和投资性房地产除外）或处置组时确认的处置利得或损失，以及处置未划分为持有待售的固定资产、在建工程、生产性生物资产及无形资产而产生的处置利得或损失。该项目应根据在损益类科目新设置的“资产处置损益”科目的发生额分析填列；如为处置损失，以“－”号填列。

（5）“营业外收入”项目反映企业发生的营业利润以外的收益，主要包括债务重组利得、与企业日常活动无关的政府补助、盘盈利得、捐赠利得等。该项目应根据“营业外收入”科目的发生额分析填列。

（6）“营业外支出”项目反映企业发生的营业利润以外的支出，主要包括债务重组损失、公益性捐赠支出、非常损失、盘亏损失、非流动资产毁损报废损失等。该项目应根据“营业外支出”科目的发生额分析填列。

（7）“持续经营净利润”项目反映净利润中与持续经营相关的净利润；如为净亏损，以“－”号填列。

（8）“终止经营净利润”项目反映净利润中与终止经营相关的净利润；如为净亏损，以“－”号填列。

（9）“基本每股收益”项目应当按照归属于普通股股东的当期净利润，除以发行在外普通股的加权平均数计算。

（10）“稀释每股收益”项目。如果企业存在稀释性潜在普通股，应当分别调整归属于普通股股东的当期净利润和发行在外普通股的加权平均数，并据以计算稀释每股收益。

6.3.4 利润表编制示例

例6－2

假定宏达公司2019年12月有关收入类和费用类账户的全部发生额资料如表6－7所示，要求根据所给资料编制该公司2019年12月的利润表。

表6－7　　宏达公司2019年12月收入类和费用类账户的发生额　　单位：元

账户名称	本期发生额	
	借方	贷方
主营业务收入		2 560 000
其他业务收入		240 000
投资收益	108 000	
营业外收入		129 000
主营业务成本	1 780 000	
其他业务成本	184 000	
税金及附加	125 000	
销售费用	86 000	
管理费用	158 000	
财务费用	21 400	
营业外支出	84 600	
所得税费用	95 500	

根据所给资料，编制该公司 2019 年 12 月的利润表，如表 6-8 所示。

表 6-8 利润表

编制单位：宏达公司 2019 年 12 月 单位：元

项目	本期金额	上期金额
一、营业收入	2 800 000	
减：营业成本	1 964 000	
税金及附加	125 000	
销售费用	86 000	
管理费用	158 000	
研发费用		
财务费用	21 400	
资产减值损失		
加：其他收益		
投资收益（损失以“—”号填列）	—108 000	
资产处置收益（损失以“—”号填列）		
公允价值变动收益（损失以“—”号填列）		
二、营业利润（亏损以“—”号填列）	337 600	
加：营业外收入	129 000	
减：营业外支出	84 600	
三、利润总额（亏损以“—”号填列）	382 000	
减：所得税费用	95 500	
四、净利润（净亏损以“—”号填列）	286 500	
（一）持续经营净利润（净亏损以“—”号填列）	286 500	
（二）非持续经营净利润（净亏损以“—”号填列）		

6.4 其他报表及附注

6.4.1 现金流量表

在市场经济条件下，企业的现金流转情况在很大程度上影响着企业的生存和发展，充裕的现金流量是企业正常生产经营和获利的基础，现金管理日益受到企业管理人员、投资者、债权人以及政府监管部门的关注。现金流量表可以提供企业现金流转及其构成情况等多方面的信息，为信息使用者进行决策提供帮助。

1. 现金流量表的概念和作用

（1）现金流量表的概念。现金流量表是反映企业在一定会计期间现金和现金等价物流入和流出的报表。现金流量表是沟通资产负债表与利润表的桥梁。利润表能够反映企业本期经营活动的成果，可用于衡量企业在获取利润方面是否成功，但它不能说明企业从经营活动中获得了多少可供周转使用的现金；资产负债表能够反映某一特定日期的财务状况，说明某一特定日期资产和权益变动的结果，显示企业是否具有偿债能力，但它不能反映财务状况变动的原因；现金流量表弥补了这两种会计报表的不足，向报表使用者提供了企业财务状况变动原因及经营活动中产生的现金及现金等价物的信息，从而有助于使用者做出正确决策。

（2）现金流量表的作用。现金流量表的作用主要表现在以下几个方面：

1）有助于评价企业的支付能力、偿债能力和周转能力。现金流量表以收付实现制为基础，消除了会计政策选择及会计估计不同等对企业偿债能力、支付能力和周转能力的影响。通过现金流量表能够了解企业现金流入的构成，分析企业偿还债务和支付现金股利的能力；收付实现制下的现金流量信息更有利于评价企业的资产周转能力，为企业筹资提供有用的信息，有利于社会资源的有效配置和使用。

2）有助于预测未来的现金流量。通过对比分析不同年度现金流量状况以及不同活动中现金净流量的构成及其变化，信息使用者可以预测企业未来产生现金流量的能力，预测未来的现金流量状况。

3）有助于分析收益质量。企业的收益或利润是按照权责发生制原则计算的，一定时期内获得的利润并不代表企业实际可支配的现金数量，只有净利润和经营活动的净现金流量接近时，才说明企业的收益质量较高。所以，通过将利润表和现金流量表进行结合分析，可以判断企业收益的质量。

4）有助于分析影响现金净流量的因素。现金流量表将全部现金流量划分为经营活动、投资活动和筹资活动所产生的现金流量三个部分，并按照现金流入和流出项目分别予以反映。所以，通过现金流量表可以了解企业的现金来源于哪里，用到了什么地方，有助于了解影响企业净现金流量的因素。

2. 现金流量表的编制基础

现金流量表是以现金及现金等价物为基础，分经营活动、投资活动和筹资活动，按照收付实现制原则编制的，将权责发生制下的盈利信息调整为收付实现制下的现金流量信息的报表。

（1）现金。现金是指企业库存现金以及可以随时用于支取的存款，主要包括：

1）库存现金。库存现金是指企业持有的可随时用于支付的现金，与“库存现金”账户的核算内容一致。

2）银行存款。银行存款是指企业存在金融企业中随时可以用于支付的存款。与“银行存款”账户核算的内容一致，但不包括不能随时支取的款项。不能随时支取的定期存款，不能作为现金流量表中的现金列示，但提前通知金融企业便可支取的定期存款，也应包括在现金流量表中的现金范围内。

3）其他货币资金。其他货币资金是指企业存在金融企业有特定用途的资金，如外埠存款、银行汇票存款、银行本票存款、信用证保证金存款、信用卡存款等，与“其他货币资金”账户核算的内容一致。

（2）现金等价物。现金等价物是指企业持有的期限短、流动性强、易于转换为已知金额的现金、价值变动风险很小的投资。现金等价物虽然不是严格意义上的现金，但其支付能力与现金的差别不大，可视为现金。认定现金等价物时，期限短通常是指从购买日起 3 个月内到期。例如，可在证券市场上流通的 3 个月内到期的短期债券等。

一项投资如果属于现金等价物必须满足四个条件：期限短、流动性强、易于转换为已知金额的现金、价值变动风险很小。前两个条件强调了变现能力，后两个条件强调了支付能力。权益性投资变现的金额通常不确定，不属于现金等价物。

3. 现金流量的分类及列示

（1）现金流量的分类。编制现金流量表的目的是向信息使用者提供企业一定会计期间有关现金流入和流出的信息。编制现金流量表时，首先必须明确现金流量的分类及其列示问题。

现金流量是指企业现金和现金等价物的流入和流出。根据企业业务活动的性质和现金流量的来源，《企业会计准则第 31 号——现金流量表》将企业一定期间产生的现金流量分为三类：经营活动产生的现金流量、投资活动产生的现金流量与筹资活动产生的现金流量。

1）经营活动产生的现金流量。经营活动是指企业发生的投资活动和筹资活动以外的所有交易和事项。对工商企业而言，主要包括销售商品或提供劳务、经营性租赁、购买货物、接受劳务、制造产品、广告宣传、推销产品、缴纳税款等。

2）投资活动产生的现金流量。投资活动是指企业长期资产的购建和不包括在现金等价物范围内的投资及其处置活动。长期资产包括固定资产、无形资产、在建工程、其他资产等持有期限在一年或一个营业周期以上的资产。投资活动既包括实物资产投资，也包括金融资产投资。

3）筹资活动产生的现金流量。筹资活动是指导致企业资本及债务规模和构成发生变化的活动，包括吸收投资、发行股票、分配利润等。资本既包括实收资本（股本），也包括资本溢价（股本溢价）；债务是指企业的对外举债，如向银行借款、发行债券及偿还债务等。

对于企业日常活动之外不经常发生的特殊项目，如自然灾害损失、保险赔款、捐赠等，应当归并到现金流量表的相关类别中，并单独反映。

（2）现金流量的列示。现金流量表的项目主要有“经营活动产生的现金流量”“投资活动产生的现金流量”“筹资活动产生的现金流量”“汇率变动对现金及现金等价物的影响”“现金及现金等价物净增加额”“期末现金及现金等价物余额”等。

（3）现金流量表的格式。现金流量表的格式如表 6－9 所示。

表6-9 现金流量表 会企03表

编制单位： 年 月 单位：元

项目	本期金额	上期金额
一、经营活动产生的现金流量：		
销售商品、提供劳务收到的现金		
收到的税费返还		
收到的其他与经营活动有关的现金		
经营活动现金流入小计		
购买商品、接受劳务支付的现金		
支付给职工以及为职工支付的现金		
支付的各项税费		
支付的其他与经营活动有关的现金		
经营活动现金流出小计		
经营活动产生的现金流量净额		
二、投资活动产生的现金流量：		
收回投资收到的现金		
取得投资收益收到的现金		
处置固定资产、无形资产和其他长期资产收回的现金净额		
处置子公司及其他营业单位收到的现金净额		
收到的其他与投资活动有关的现金		
投资活动现金流入小计		
购建固定资产、无形资产和其他长期资产支付的现金		
投资支付的现金		
取得子公司及其他营业单位支付的现金净额		
支付的其他与投资活动有关的现金		
投资活动现金流出小计		
投资活动产生的现金流量净额		
三、筹资活动产生的现金流量：		
吸收投资收到的现金		
取得借款收到的现金		
收到的其他与筹资活动有关的现金		
筹资活动现金流入小计		
偿还债务支付的现金		
分配股利、利润或偿还利息支付的现金		
支付的其他与筹资活动有关的现金		
筹资活动现金流出小计		
筹资活动产生的现金流量净额		
四、汇率变动对现金及现金等价物的影响		
五、现金及现金等价物净增加额		
加：期初现金及现金等价物余额		
六、期末现金及现金等价物余额		

特别提示

现金流量表的编制比较复杂。企业在编制现金流量表时，列报经营活动现金流量的方法有两种：一是直接法；二是间接法。直接法是指按现金收入和现金支出的主要类别直接反映企业经营活动产生的现金流量。间接法是指以净利润为起算点，调整不涉及现金的收入、费用、营业外收支等有关项目，剔除投资活动、筹资活动对现金流量的影响，据此计算出经营活动产生的现金流量。

在具体编制现金流量表时，可以采用工作底稿法或 T 形账户法，也可以根据有关科目记录分析填列。

工作底稿法以工作底稿为手段，以利润表和资产负债表数据为基础，对每一项目进行分析并在工作底稿上编制调整分录，据以确定现金流量表各项目的金额，从而编制现金流量表。

T 形账户法以 T 形账户为手段，以资产负债表和利润表数据为基础，对每一项目进行分析并编制调整分录，从而编制现金流量表。

分析填列法直接根据资产负债表、利润表和有关会计科目明细账的记录，分析计算出现金流量表各项目的金额，并据以编制现金流量表。

6.4.2 所有者权益变动表

1. 所有者权益变动表的概念

所有者权益变动表是反映企业在一定期间内构成所有者权益的各组成部分当期增减变动情况的报表。综合收益和与所有者的资本交易导致的所有者权益增减变动，均在表中分别列示。与所有者的资本交易是指企业与所有者以其所有者身份进行的，导致企业所有者权益变动的交易。

所有者权益变动表反映五个方面的内容：一是因资本业务而导致所有者权益总额发生变动的项目，即所有者投入资本和向所有者分配利润；二是所有者权益各组成部分的期初和期末余额及其调节情况；三是按照规定提取的盈余公积；四是综合收益总额；五是会计政策变更和前期差额更正的累积影响金额。

2. 所有者权益变动表的格式

所有者权益变动表既列示所有者权益各组成部分当期的增减变动情况，又列示比较所有者权益变动表的相关信息。

（1）以矩阵的形式列报。为了清楚地表明构成所有者权益的各组成部分当期的增减变动情况，所有者权益变动表应当以矩阵的形式列示。一方面，列示导致所有者权益变动的交易或事项，改变了以往仅仅按照所有者权益的各组成部分反映所有者权益的变动情况的方式，而是按所有者权益变动的来源对一定时期所有者权益的变动情况进行全面反映；另一方面，按照所有者权益各组成部分（包括实收资本、资本公积、其他综合收益、盈余公积、未分配利润和库存股）及其总额列示交易或事项对所有者权益的影响。

（2）列示所有者权益变动表的比较信息。企业需要提供比较所有者权益变动表，因此所有者权益变动表还就各项目再分为“本年金额”和“上年金额”两栏分别填列。

所有者权益变动表的具体格式如表6－10所示。

表6－10 **所有者权益变动表** 会企04表

编制单位： 年度 单位：元

项目	本年金额							上年金额						
	实收资本（或股本）	资本公积	减：库存股	其他综合收益	盈余公积	未分配利润	所有者权益合计	实收资本（或股本）	资本公积	减：库存股	其他综合收益	盈余公积	未分配利润	所有者权益合计
一、上年年末余额														
加：会计政策变更														
前期差错更正														
二、本年年初余额														
三、本年增减变动金额（减少以“－”号填列）														
（一）综合收益总额														
（二）所有者投入和减少资本														
1. 所有者投入资本														
2. 股份支付计入所有者权益的金额														
3. 其他														
（三）利润分配														
1. 提取盈余公积														
2. 对所有者（或股东）的分配														
3. 其他														
（四）所有者权益内部结转														
1. 资本公积转增资本（或股本）														
2. 盈余公积转增资本（或股本）														
3. 盈余公积弥补亏损														
4. 设定受益计划变动额结转留存收益														
5. 其他														
四、本年年末余额														

3. 所有者权益变动表的编制方法

（1）上年金额栏的填报方法。所有者权益变动表上年金额栏内的各项数字，应根据上年度所有者权益变动表本年金额栏内所列数字填列。如果上年度所有者权益变动表规定的各个项目的名称和内容同本年度不一致，应对上年度所有者权益变动表各项目的名称和数字按本年度的规定进行调整，填入所有者权益变动表的上年金额栏内。

（2）本年金额栏的填报方法。所有者权益变动表本年金额栏内的各项数字一般应根据“实收资本（或股本）”“资本公积”“盈余公积”“利润分配”“库存股”“其他综合收益”“以前年度损益调整”等科目及其明细科目的发生额分析填列。

6.4.3 会计报表附注

1. 附注的概念和作用

附注是财务报表不可或缺的组成部分，是对在资产负债表、利润表、现金流量表和所有者权益变动表等报表中列示项目的文字描述或明细资料，以及对未能在这些报表中列示项目的说明等。

财务报表中的数字是经过分类与汇总后的结果，是对企业发生的经济业务高度简化和浓缩的数字。但是，如果没有对形成这些数字所使用的会计政策以及理解这些数字所必需的信息的披露，财务报表的效用就不可能得到充分发挥。因此，附注与资产负债表、利润表、现金流量表、所有者权益变动表等报表具有同等的重要性，是财务报表的重要组成部分。报表使用者为了解企业的财务状况、经营成果和现金流量，应当全面阅读附注。

2. 附注披露的基本要求

附注披露的基本要求表现在以下三个方面。

（1）附注披露的信息应将定量和定性信息相结合。只有将定量和定性信息相结合，才能从量和质两个角度对企业经济事项完整地加以反映，才能满足信息使用者的决策需求。

（2）附注应有顺序地披露信息。附注应当按照一定的结构进行系统合理的排列和分类，有顺序地披露信息。由于附注的内容繁多，因此更应按逻辑顺序排列，分类披露，条理清晰，具有一定的组织结构，以便使用者理解和掌握，同时更好地实现财务报表的可比性。

（3）附注信息应与报表项目相互参照。附注中的相关信息应当与资产负债表、利润表、现金流量表和所有者权益变动表等报表列示的项目相互参照，以有助于使用者联系相关联的信息，从整体上更好地理解财务报表。

3. 附注披露的内容

附注应当按照如下顺序披露有关内容：

（1）企业的基本情况。企业的基本情况包括：1）企业注册地、组织形式和总部地址；2）企业的业务性质和主要经营活动，如企业所处的行业、所提供的主要产品或服务、客户的性质、销售策略、监管环境的性质等；3）母公司以及集团最终母公司的名称；4）财务报告的批准报出者和财务报告批准报出日，或者以签字人及其签字日期为准；5）营业期限有限的企业，还应当披露有关营业期限的信息。

（2）财务报表的编制基础。企业应当披露财务报表的编制基础。

（3）遵循《企业会计准则》的声明。企业应当声明编制的财务报表符合《企业会计准则》的要求，真实、完整地反映了企业的财务状况、经营成果和现金流量等有关信息，以此明确企业编制财务报表所依据的制度基础。

（4）重要会计政策和会计估计。企业应当披露采用的重要会计政策和会计估计，不重要的会计政策和会计估计可以不披露。重要会计政策的说明包括会计报表项目的计量基础和运用会计政策过程中所做的重要判断等。重要会计估计的说明包括可能导致下一个会计期间内资产、负债账面价值重大调整的会计估计的确定依据等。财务报表列报准则强调企业应结合自身实际情况披露其主要会计政策的确定依据、财务报表项目的计量基础和会计估计中所采用的关键假设和不确定因素的确定依据。

（5）会计政策和会计估计变更以及差错更正的说明。企业应当披露会计政策和会计估计变更以及差错更正的有关情况，当会计政策和会计估计发生变动或差错时，应在会计报表附注中说明其变更的内容和理由、影响数额及累计影响数额不能确定的原因等。

（6）重要报表项目的说明。企业应当尽可能以列表形式披露重要报表项目的构成或当期增减变动情况，对已在资产负债表、利润表、现金流量表和所有者权益变动表中列示的重要项目做进一步说明。对重要报表项目的详细说明，应当按照资产负债表、利润表、现金流量表、所有者权益变动表的顺序以及报表项目列示的顺序，以文字和数字描述相结合的方式进行披露，并与报表项目相互参照。企业应当在附注中披露费用按照性质分类的利润表补充资料，可将费用分为耗用的原材料、职工薪酬费用、折旧费用、摊销费用等。

（7）或有和承诺事项、资产负债表日后事项和关联方关系及其交易等需要说明的其他事项。企业应当披露的或有和承诺事项有：预计负债的种类、形成原因以及经济利益流出不确定性的说明；或有负债的种类、形成原因及经济利益流出不确定性的说明；或有负债预计产生的财务影响，以及获得补偿的可能性，无法预计的应当说明原因；或有资产形成的原因、预计产生的财务影响；预期对企业造成重大不利影响的未决诉讼、未决仲裁的性质以及没有披露这些信息的事实和原因。企业应披露每项重要的资产负债表日后非调整事项的性质、内容，及其对财务状况和经营成果的影响。无法做出估计的，应当说明原因。企业还应按照《企业会计准则第36号——关联方披露》的规定，披露关联方关系及其交易的相关信息。

（8）有助于财务报表使用者评价企业管理资本的目标、政策和程序的信息。

（9）其他信息。企业应当在附注中披露其他综合收益、终止经营、股利分配等相关信息。

□ 重要名词

财务报告（financial report）
资产负债表（the balance sheet）
利润表（the income statement）
现金流量表（the statement of cash flows）
所有者权益变动表（statement of change in stockholder equity）
附注（note）

□ 自测题

一、单项选择题（在每小题的四个备选答案中选出一个正确的答案，并将正确的答案填在题中括号内）

1. 按照我国会计准则的规定，企业编报的资产负债表采用（　　）。

A. 账户式　　B. 单步式　　C. 报告式　　D. 多步式

2. 现金流量表是以现金及现金等价物为基础，分别经营活动、投资活动和筹资活动，按照（　　）原则编制的一种报表。

A. 收付实现制　　B. 权责发生制　　C. 应计制　　D. 应计基础

3. 企业的财务报告按（　　）不同，可分为中期财务报告和年报。

A. 编制时间　　B. 报送对象
C. 编制单位　　D. 反映的经济内容

4. 下列项目中，直接根据总账账户余额填列的是（　　）。

A. 货币资金　　B. 长期待摊费用
C. 应收账款　　D. 资本公积

5. 下列项目中，根据总账账户和明细账账户的余额分析计算填列的是（　　）。

A. 货币资金　　B. 长期借款　　C. 预付账款　　D. 固定资产

6. 下列项目中不属于“营业利润”项目的有（　　）。

A. 资产减值损失　　B. 投资收益
C. 营业外收入　　D. 税金及附加

二、多项选择题（每题均有多个正确答案，请从每题的备选答案中选出你认为正确的所有答案填在题中括号内）

1. 为充分发挥财务报告的作用，保证财务报告的信息质量，企业在编制财务报告时，按照《企业会计准则》的规定，需遵循的基本要求有（　　）。

A. 依据各项会计准则确认和计量的结果编制财务报告
B. 列报的重要性原则
C. 列报的一致性
D. 采用正确的会计基础
E. 以持续经营为基础
2. 按财务报告反映的经济内容分类，一般可将其分为（　　）。
A. 利润表
B. 所有者权益（股东权益）变动表
C. 资产负债表
D. 现金流量表
E. 附注
3. 财务报告按照编制范围的不同，可以分为（　　）。
A. 单位报表　　B. 汇总报表
C. 单位财务报告　　D. 合并财务报告
E. 年度财务报告
4. 资产负债表的局限性体现在（　　）。
A. 不利于了解企业所掌握的经济资源及其分布
B. 不利于分析、评价和预测企业的偿债能力
C. 不利于预测企业未来的财务趋势
D. 无法反映非货币信息
E. 无法反映企业的现金流状况
5. 根据企业业务活动性质的现金流量来源，现金流量可以分为（　　）。
A. 经营活动产生的现金流量　　B. 销售活动产生的现金流量
C. 购建活动产生的现金流量　　D. 投资活动产生的现金流量
E. 筹资活动产生的现金流量

三、判断题（在下列各括号内填入判断结果，你认为正确的用“√”表示，错误的用“×”表示）

1. 资产负债表是根据“资产＝负债＋所有者权益”这一会计基本等式，依照流动资产和非流动资产、流动负债和非流动负债大类列示，并按照一定要求编制的，是一张一定期间的、动态的会计报表。（　　）

2. 为了便于财务报告使用者了解特定企业的财务状况和经营成果，不同企业在不同时期的报表指标和同类型企业之间的经济指标、口径和计算方法可以不一致。（　　）

3. 财务报告包括会计报表及其附注和其他应当在财务会计报表中披露的相关信息和资料。（　　）

4. 由于小企业规模较小，外部信息需求相对较低，因此小企业编制的报表可以不包括利润表。（　　）

5. 尽管现金等价物的支付能力与库存现金的差别不大，但由于它不是严格意

义上的现金，因而不能视为广义的现金。（ ）

6. 根据企业业务活动的性质和现金流量的来源，《企业会计准则第 31 号——现金流量表》将企业一定期间产生的现金流量分为经营活动现金流量和投资活动现金流量两大类。（ ）

□ 综合实训

一、目的

练习资产负债表和利润表的编制。

二、资料

见第 4 章综合实训六。

三、要求

根据上述资料，编制该企业的资产负债表和利润表。

第7章 Chapter 7 会计规范与会计工作组织

学习目标

1. 掌握会计法律规范的概念，会计人员的职责和权限，以及会计档案的内容。
2. 熟悉我国会计法律规范的层次。
3. 了解会计机构负责人和总会计师的任职资格，以及会计档案的借阅和销毁制度。

引导案例

张彤数码公司在进行会计核算和监督时需要聘请专人来做吗？企业会计人员需要具备什么样的资格？进行会计核算和监督时要依据哪些法律法规？对于会计处理过程中形成的档案资料该如何保管和销毁？本章将围绕会计的法律规范和单位的会计组织工作展开论述。

7.1 会计法律规范和职业道德

7.1.1 会计法律规范

会计法律规范是国家立法机构为管理会计工作而按照立法程序制定和颁布的规范性文件的总称。会计法律规范体现了统治阶级的意志，并以国家的强制力保证实施，它在所有会计规范中约束力最强，也最稳定，最具普遍适用和反复适用性。

会计法律有广义和狭义两种解释。狭义的会计法律仅指由立法机构颁布的法律，如《会计法》；广义的会计法律还包括由执法机构制定和颁发的有关条例、制度和规定以及具有法律效力的案例和惯例等。

1. 会计法

《会计法》是由国家最高权力机关——全国人民代表大会及其常务委员会制定的会计法律规范。新中国第一部《会计法》于1985年1月21日由第六届全国人民代表大会常务委员会第九次会议通过，并于同年5月1日实施，标志着我国的会计工作步入了社会主义法制化的新时期。此后，为适应社会主义市场经济的需要，1993年12月29日第八届全国人民代表大会常务委员会第五次会议、1999年10月31日第九届全国人民代表大会常务委员会第十二次会议、2017年11月4日第十二届全国人民代表大会常务委员会第三十次会议分别对《会计法》进行了修正。现行的《会计法》共7章52条，涉及我国会计工作的各个领域，对会计核算、会计监督、会计机构和会计人员、法律责任等做出了规定，是会计法规体系中权威性最高、最具法律效力的法律规范，是制定其他各层次会计法规的依据，是会计工作的基本大法。

除了《会计法》，《证券法》《公司法》以及各种税收法律等对我国的会计工作也有直接的指导意义。

2. 会计行政法规

会计行政法规是指调整经济生活中某些方面会计关系的法律规范，是对会计法律的补充和具体化。会计行政法规由国家最高行政机关——国务院制定或发布，其制定依据是《会计法》。会计行政法规主要包括《总会计师条例》和《企业财务会计报告条例》。《总会计师条例》1990年12月31日发布，共5章23条，主要对总会计师的职责、权限、任免与奖惩等做出了规定；《企业财务会计报告条例》2000年6月21日发布，共6章46条，主要对企业财务会计报告的构成、编制、对外提供和法律责任等做出了规定。

3. 会计规章制度

会计规章制度是指由国家主管会计工作的行政部门——财政部以及其他相关部委制定的会计方面的法律规范。制定会计部门规章必须依据会计法和会计行政法规的规定。

现行的《会计法》中将国务院财政部门制定的会计部门规章统称为国家统一的会计制度，包括会计核算制度、会计监督制度、会计机构和会计人员管理制度、会计工作管理制度以及其他会计管理制度等。

（1）会计核算制度。会计核算制度包括会计准则和会计制度。

1）会计准则。会计准则是反映经济活动、确认产权关系、规范收益分配的会计技术标准，是生成和提供会计信息的重要依据。会计准则包括企业会计准则和非企业会计准则，企业会计准则又分为《企业会计准则》和《小企业会计准则》，非企业会计准则又分为《政府会计准则》和《事业单位会计准则》。

一是《企业会计准则》。企业会计准则是规范企业会计确认、计量和报告行为，保证会计信息质量的会计准则。我国的企业会计准则体系由三部分内容构成：一是基本准则，是制定具体准则和应用指南的依据，也是指导会计实务的规则；二是具体准则，主要规范企业发生的具体交易或事项的会计处理；三是会计准则应用指南，是根据基本准则和具体准则制定的指导会计实务的操作性指南。

基本会计准则于1992年11月发布并于1993年7月1日开始实施，2006年2月15日由财政部修订并发布，于2007年1月1日起施行，2014年7月23日根据《财政部关于修改〈企业会计准则——基本准则〉的决定》修改。基本准则首先在上市公司施行，并鼓励其他企业执行。基本准则在整个准则体系中起统驭作用，主要规范会计目标、会计假设、会计信息质量要求、会计要素的确认、计量和报告原则，为具体准则的制定提供依据，也为尚没有具体准则规范的会计实务问题提供处理原则。

具体会计准则是根据基本会计准则的要求制定的，是对经济业务的会计处理及报表披露等方面做出的具体规定。截至2018年12月，具体准则有42项，包括2006年2月15日发布的38项和2014年以后初次发布的4项。2014年1月以来，财政部又陆续发布了4个新的具体准则，并对之前的11个具体准则做了修订。新颁布的4个准则是：《公允价值计量》《合营安排》《在其他主体中权益的披露》《持有待售的非流动资产、处置组和终止经营》。修订的11个准则分别是：《长期股权投资》《职工薪酬》《财务报表列报》《合并财务报表》《金融工具列报》《金融工具确认和计量》《金融资产转移》《套期会计》《政府补助》《收入》《租赁》。具体准则可分为一般业务准则、特殊业务准则、报告准则和其他准则四类。一般业务准则主要规范各类企业普遍适用的一般经济业务的确认和计量要求，包括存货、长期股权投资、固定资产、无形资产等项目；特殊行业的特定业务准则主要规范特殊行业的特定业务的确认和计量要求，如石油天然气开采、生物资产、金融工具的确认和计量等项目；报告准则主要规范普遍适用于各类企业的报告类准则，如财务报表列报、现金流量表、合并财务报表等项目。《首次执行企业会计准则》相当于新旧会计准则的衔接，不属于某一个具体类别。我国企业会计准则的具体分类如图7-1所示。

《企业会计准则——应用指南》由财政部于2006年10月26日印发，后不断修订补充。主要解决在运用准则处理经济业务时所涉及的会计科目、账务处理、会计报表及其格式等问题。

二是《小企业会计准则》。2011年，财政部为规范小企业会计确认、计量和报告行为，促进小企业可持续发展，发挥小企业在国民经济和社会发展中的重要作用，制定并颁布了《小企业会计准则》，代替了2004年发布的《小企业会计制度》。

三是《政府会计准则》。我国政府企业会计准则体系由政府会计基本准则、具体准则和应用指南三部分组成。截至2018年12月，财政部共发布了1项基本准则、8项具体准则和1项应用指南。

四是《事业单位会计准则》。财政部于2012年12月修订通过《事业单位会计准则》，自2013年1月1日起在各级事业单位施行。

- 会计准则
  - 一般业务准则
    - (1)《存货》
    - (2)《长期股权投资》
    - (3)《投资性房地产》
    - (4)《固定资产》
    - (5)《无形资产》
    - (6)《非货币性资产交换》
    - (7)《资产减值》
    - (8)《职工薪酬》
    - (9)《企业年金基金》
    - (10)《股份支付》
    - (11)《债务重组》
    - (12)《或有事项》
    - (13)《收入》
    - (14)《建造合同》
    - (15)《政府补助》
    - (16)《借款费用》
    - (17)《所得税》
    - (18)《外币折算》
    - (19)《企业合并》
    - (20)《租赁》
    - (21)《会计政策、会计估计变更和差错更正》
    - (22)《资产负债表日后事项》
    - (23)《公允价值计量》
    - (24)《合营安排》
    - (25)《持有待售的非流动资产、处理组和终止经营》
  - 特殊行业的特定业务准则
    - (1)《生物资产》
    - (2)《金融工具确认和计量》
    - (3)《金融资产转移》
    - (4)《套期会计》
    - (5)《原保险合同》
    - (6)《再保险合同》
    - (7)《石油天然气开采》
  - 报告准则
    - (1)《财务报表列报》
    - (2)《现金流量表》
    - (3)《中期财务报告》
    - (4)《合并财务报表》
    - (5)《每股收益》
    - (6)《分部报告》
    - (7)《关联方披露》
    - (8)《金融工具列报》
    - (9)《在其他主体中权益的披露》
  - 其他准则——《首次执行企业会计准则》

图 7－1　我国具体会计准则的分类

2）会计制度。现行的会计制度主要包括企业会计制度和非企业会计制度。

企业会计制度包括《企业会计制度》《金融企业会计制度》等。《企业会计制度》由财政部于2000年12月29日发布；《金融企业会计制度》由财政部于2001年11月27日发布。

非企业会计制度是指除企业以外的其他单位适用的会计制度，主要包括《事业单位会计制度》《行政单位会计制度》《高等学校会计制度》《科学事业单位会计制度》《财政总预算会计制度》等。为了适应权责发生制政府综合财务报告制度改革需要，规范行政事业单位会计核算，提高会计信息质量，财政部于2017年10月制定发布了《政府会计制度——行政事业单位会计科目和报表》，自2019年1月1日起施行，鼓励行政事业单位提前执行。

除了会计准则和会计制度，财政部还根据会计实务的需要，对会计准则和会计制度中没有规定或规定过时的会计问题做出暂行规定或补充规定，它们也属于国家统一的会计核算制度的范畴。如从2007年到2018年12月的12年间，财政部就针对各单位在执行企业会计准则过程中出现的问题，出台了第1号到第12号“企业会计准则解释”。

（2）会计监督制度。现行的国家统一的会计监督制度散见于相关的会计制度之中，如《会计基础工作规范》中对于会计监督的规定等。

（3）会计机构和会计人员管理制度。现行的国家统一的会计机构和会计人员管理制度主要包括《会计人员管理办法》《会计专业技术人员继续教育规定》等。

（4）会计工作管理制度。现行的国家统一的会计工作管理制度主要包括《会计档案管理办法》《企业会计信息化工作规范》《代理记账管理办法》等。

除了以上三个层次，各省、自治区、直辖市也可根据会计法律、行政法规和国家统一会计制度的规定，结合本地区实际情况制定一些在本地区范围内实施的地方性会计法规。

7.1.2 会计职业道德

1. 会计职业道德的概念和作用

会计职业道德是指会计职业活动中应当遵守的体现会计职业特征、调整会计职业关系的职业行为准则和规范。会计职业道德作为会计文化的构成要素和会计规范的组成内容，在会计工作中起着重要的作用。

会计职业道德贯穿会计工作的所有领域和整个过程，体现了社会要求与个人发展的统一，着眼于人际关系的调整，以是否合情合理、善与恶为评价标准，并以社会评论（荣誉）和个人评价（良心）为主要制约手段，是一种通过外在要求转化为内在动力要求来起作用的非强制性规范。美国会计学家米恩茨（Mints）说：“为了成功扮演自己的角色，会计人员必须同时满足技术要求和道德要求。”道德要求会计人员坚持客观公正的立场，同不良现象做斗争，优选会计政策，扬善弃恶，做到自律和慎独，实现利他主义与利己主义的最佳结合。

会计职业道德的作用主要体现在以下几个方面。

（1）会计职业道德是规范会计行为的基础。会计行为是会计行为主体在其内部动因驱动和外在环境刺激下，按照会计行为目标的要求，遵循一定的行为规则，利用会计学科特有的理论方法、手段，对会计主体因其经济活动而引发的交易事项和情况进行处理，形成会计信息并传递给其使用者的一种实践活动。会计职业道德对会计的行为动机提出了相应要求，如会计工作应诚实守信、客观公正等，引导、规劝、约束会计人员树立正确的职业观念，建立良好的职业品行，从而达到规范会计行为的目的。

（2）会计职业道德是实现会计目标的重要保证。由于会计职业活动既是技术性的处理过程，又涉及对众多利益关系的调整，因此会计目标能否顺利实现，既取决于会计人员的职业素质和专业技术水平，也取决于会计人员能否严格按照会计职业道德规范的要求去处理会计事务。只有会计人员严格遵守职业道德，按照会计准则的规定，提供真实、合法、合理的会计信息，才能够为会计信息的使用者进行决策提供信息支持，才能够使会计工作努力做到比较得失、权衡利弊，提高经济效益，真正实现会计目标。

（3）会计职业道德是对会计法律制度的必要补充。会计法律制度只能对会计人员不得违法的行为做出规定，却不宜对他们如何爱岗敬业、诚实守信、提高技能等提出具体要求。但是，如果会计人员缺乏爱岗敬业的热情和态度，缺乏诚实守信的做人准则和必要的专业技能，则很难保证会计信息达到真实、完整的法定要求。所以，会计职业道德是对会计法律制度的必要补充，其作用是其他会计法律规范所不能替代的。

2. 会计职业道德的内容

会计职业道德的内容包括以下几个方面。

（1）爱岗敬业。爱岗敬业指的是忠于职守的事业精神，是会计职业道德的基础。爱岗要求会计人员热爱会计工作，安心本职岗位，稳定、持久地在会计岗位上耕耘，恪尽职守地做好本职工作。敬业就是会计人员应充分认识本职工作在社会经济活动中的地位和作用，认识本职工作的社会意义和道德价值，具有会计职业的荣誉感和自豪感，在职业活动中具有高度的劳动热情和创造性，以强烈的事业心和责任感从事会计工作。爱岗和敬业互为前提，相互支持、相辅相成。“爱岗”是“敬业”的基石，“敬业”是“爱岗”的升华。会计人员只有热爱自己的工作，才能够做到兢兢业业，才会主动刻苦钻研业务，更新专业知识，提高业务技能，努力维护会计职业的声誉和形象；同时，会计人员也只有刻苦钻研、努力工作，具有勤奋踏实的工作作风和忠于职守的实际行动，才能做到名副其实的爱岗。

（2）诚实守信。俗话说，人无信不立，国无信不强。在现代市场经济社会中，诚信尤为重要，因为市场经济就是诚信经济、契约经济，注重的就是诚实守信。信用是市场经济步入良性发展轨道的前提和基础，是市场经济社会赖以生存的基石。中国现代会计之父潘序伦先生认为，诚信是会计职业道德的重要内容。他终身倡导

“信以立志，信以守身，信以处事，信以待人，毋忘‘立信’，当必有成”的理念。要做到诚实守信，需要会计人员做老实人，说老实话，办老实事，不搞虚假；并且能够保守秘密，不为利益所惑。

（3）廉洁自律。廉洁自律是会计职业道德的前提，也是会计职业道德的内在要求。廉洁是自律的基础，自律是廉洁的保证，自律的核心就是用道德观念自觉地抵制不良欲望。廉洁自律要求会计人员能够树立正确的人生观和价值观，公私分明、不贪不占、遵纪守法、尽职尽责。

（4）客观公正。客观公正是会计职业道德所追求的理想目标。客观包含真实和可靠两层含义。首先，会计应当以实际发生的经济活动为依据，对会计事项进行确认、计量、记录和报告；另外，会计核算要准确，记录要可靠，凭证要合法，要能够如实对会计事项进行反映。公正则要求各单位和会计人员不仅要具备诚实的品质，而且应公正地开展会计核算和监督工作，在履行会计职能时，摒弃单位和个人私利，公平公正。客观是公正的基础，公正是客观的反映。要做到客观公正，需要会计人员态度端正，依法办事，实事求是，不偏不倚，并且保持独立性。

（5）坚持准则。坚持准则是会计职业道德的核心。这里的“准则”不仅指会计准则，而且包括会计法律法规、会计制度以及与会计工作相关的法律制度。会计人员在进行会计核算和监督时，只有坚持准则，才能以准则作为自己的行动指南，在发生道德冲突时维护国家利益、社会公众利益和正常的经济秩序。要做到坚持准则，需要会计人员熟悉国家法律法规和国家统一的会计制度，始终坚持按法律法规和国家统一会计制度的要求进行会计核算，实施会计监督，保证所提供的会计信息合法、真实、准确、及时、完整。具体来说，需要会计人员熟悉准则，遵循准则和坚持准则。

（6）提高技能。会计人员的道德品行是会计职业道德的根本和核心，会计人员的职业技术水平是会计职业道德水平的保证。职业技能是人们开展职业活动、承担职业责任的能力和手段。就会计职业而言，职业技能包括会计理论水平、会计实务操作能力、职业判断能力、自动更新知识的能力、提供会计信息的能力、沟通交流能力以及职业经验等。提高技能是指会计人员通过学习、培训、实践等途径，持续提高上述职业技能，以达到和维持足够的专业胜任能力的活动。提高技能要求会计人员增强提高专业技能的自觉性和紧迫感，勤学苦练，刻苦钻研，不断进取，提高业务水平。这一方面要求会计人员应具有不断提高专业技能的意识和愿望，另一方面还要求其具有勤学苦练的精神和科学的学习方法。

（7）参与管理。会计本质上是一种经济管理活动，而且主要是一种间接的经济管理活动，是从为领导提供决策信息的角度参与管理。要达到这一职业道德要求，会计人员应当主动提供和汇报本单位的会计信息，主动参与销售、生产及采购等的经济预测，参与生产决策、项目决策、定价决策等的制定和执行，参与经济活动的控制、评价和考核，主动提出合理化建议，当好参谋和助手。参与管理总体上要求会计人员在做好本职工作的同时，努力钻研相关业务，全面熟悉本单位的经营活动和业务流程，主动提出合理化建议，协助领导决策，积极参与管理。具体表现为以下两个方面：努力钻研业务，熟悉财经法规和相关制度，提高业务技能，为参与管理打下坚实的基础；熟悉本单位的经营管理活动和业务流程，使管理活动具有针对性和有效性。

（8）强化服务。强化服务就是要求会计人员具有文明的服务态度、强烈的服务意识和优良的服务质量。会计部门是单位的后勤服务部门，工作涉及面广，政策性强，既需要服务对象和其他部门的协作和配合，又需要其他部门的理解和支持，在为其他部门服务的同时，也享受着其他部门的服务，处于企业后勤服务部门的核心地位。会计人员的服务意识如何、服务态度好坏、服务质量高低，将直接关系到其能否顺利开展会计工作和提高会计工作的成效。因此，会计人员要有热情、耐心、诚恳的工作态度，待人平等礼貌，遇到问题要用商量的口吻，充分尊重服务对象和其他部门的意见。强化服务从总体上要求会计人员树立服务意识，提高服务质量，努力维护和提升会计职业的良好社会形象。

3. 会计职业道德教育

实现以诚信为核心的会计职业道德目标，必须多管齐下，开展全方位、多形式、多渠道的会计职业道德教育，逐步培养会计人员的职业道德情感，树立会计职业道德观念，提高会计职业道德水平，使会计职业健康发展。

（1）会计职业道德教育的形式。会计人员职业道德教育的形式包括接受培训和在职自学两种。

1）接受培训。接受培训是指通过学校或培训单位对会计从业人员进行以职业责任、职业义务为核心内容的正面灌输，以规范其职业行为，维护社会和国家公众利益。接受培训具有导向作用，行业部门或行业协会通常是职业道德教育的组织者，由其对从业人员开展正面职业道德教育和灌输；接受培训是一种被动学习、被动接受教育的形式。接受培训有岗前职业道德教育和岗位职业道德继续教育两种方式。

2）在职自学。在职自学是从业人员自我学习、自我改造、加强自身道德修养的行为活动。在职自学可以帮助会计从业人员将外在的职业道德要求，逐步转变为内在的职业道德情感、职业道德意志和职业道德信念。单位应大力倡导或引导会计人员在职自学，在社会实践中不断加强职业道德修养，养成良好的道德行为，实现道德境界的升华。在职自学包括自我教育和职业道德修养两个方面。

（2）会计职业道德教育的内容。会计职业道德教育的内容包括会计职业道德观念教育、规范教育、警示教育等。

1）会计职业道德观念教育。会计职业道德观念教育就是在社会上广泛宣传会计职业道德基本常识，使广大会计人员懂得什么是会计职业道德，了解会计职业道德对社会经济秩序、会计信息质量的影响，以及违反会计职业道德将受到的惩罚等。可利用广播电视、报纸杂志等媒介，表彰先进、批评后进、鞭笞违法违纪行为，营造遵守职业道德光荣、违背职业道德可耻的社会氛围。

2）会计职业道德规范教育。会计职业道德规范的主要内容包括爱岗敬业、诚实守信、廉洁自律、客观公正、坚持准则、提高技能、参与管理和强化服务等方面。会计职业道德规范是会计人员职业道德教育的核心内容，应贯穿会计职业道德教育的始终。

3）会计职业道德警示教育。会计职业道德警示教育是指通过开展对违反会计职业道德行为的讨论和对违反会计职业道德行为典型案例的剖析，给会计人员以启发和警示，提高会计人员法律意识和道德观念，提升会计人员辨别是非能力的教育。

4）其他内容。其他与会计职业道德教育相关的内容包括形势教育、品德教育、法制教育等，主要通过岗位职业道德继续教育的方式进行。

7.2 会计工作组织

会计工作组织是企业进行内部控制的制度保证，包括会计机构设置和会计人员配备、会计档案管理等相应内容。

7.2.1 会计工作组织的意义和原则

会计是一项复杂、细致的综合性经济管理活动，科学合理地组织会计工作具有十分重要的意义。

1. 会计工作组织的意义

（1）有利于完成会计任务、提高会计工作效率。只有建立健全会计机构，配备数量和素质相当、具备从业资格的会计人员，才能够保证会计任务的顺利完成，充分发挥会计在经济管理中的职能作用；科学地组织会计工作，还能使会计工作按照预先规定的方法和处理程序有条不紊地进行，可以有效防止手续的遗漏、工作程序的脱节和数字的差错，提高会计工作效率。

（2）有利于贯彻落实国家有关经济法规和政策制度，协调各项经济管理工作。会计工作是一项政策性非常强的工作，只有科学合理地组织会计工作，才能从组织上保证国家各项财经法规的贯彻落实和各项政策制度的切实执行，使会计工作与其他经济管理工作更加协调，共同完成经济管理任务。

（3）有利于加强各单位的内部经济责任制。科学地组织会计工作，有利于会计工作岗位责任制的落实，从而有利于加强经济责任制在各单位的贯彻实施，促进单位内部资金的有效利用，提高管理水平和经济效益，尽可能为企业创造利润。

2. 会计工作组织的原则

科学组织会计工作，应遵循以下原则：

（1）按国家的统一要求组织会计工作。会计所提供的信息，既要满足有关各方了解企业财务、经营成果、现金流量和所有者权益变动状况的需要和加强内部经营管理的需要，也要满足国家宏观经济管理的要求。因此，企业的会计工作要由国家统一管理，按照“统一领导，分级管理”的原则建立会计工作管理体制。

（2）根据各单位生产经营管理的特点组织会计工作。国家对会计组织工作的要求只是一般性原则，每个单位在组织会计工作时，还应当结合本单位的实际情况和具体管理要求，设置会计机构，配备会计人员等。

（3）提高会计工作质量，协调好会计和其他经济管理工作的关系。科学合理的会计工作组织，要求企业严密地组织会计工作，细致地规定和执行各项会计手续和工作程序，在保证会计工作质量的同时，不断提高工作效率，并协调好同其他经济管理工作的关系。

7.2.2　会计机构

会计机构是直接从事或领导会计工作的职能部门，建立健全会计机构是加强会计管理、保证会计工作顺利进行的重要条件。

1. 会计机构的设置

《会计法》第三十六条规定：“各单位应当根据会计业务的需要，设置会计机构，或者在有关机构中设置会计人员并指定会计主管人员；不具备设置条件的，应当委托经批准设立从事会计代理记账业务的中介机构代理记账。”在我国设置会计机构的单位，经常将会计工作和财务工作合并在一个部门处理，设置一个财务会计机构，如单位的财务会计科（处）或财务科（处）等。

基层单位的会计机构，一般称为会计（财务）处、科、股、组等。各单位的会计机构在行政领导人的领导下开展会计工作。在设置总会计师的单位，其会计机构由总会计师直接领导，同时也接受上级财务会计部门的指导和监督。

各级主管部门一般设置会计（财务）司、局、处、科。这些会计机构要负责组织、领导和监督所属单位的会计工作，同时核算本单位发生的会计事项以及与财政机关或上下级之间有关款项缴拨的会计事项等。

2. 会计机构的岗位责任制

会计机构的岗位责任制，也称会计人员的岗位责任制，是在会计机构内部按照会计工作的内容和会计人员的配备情况，将会计机构的工作划分为若干岗位，并为每个岗位规定职责和要求的责任制度。各单位应本着有利于加强会计管理、提高工作效率，以及有利于分清职责、严明纪律的要求，建立健全会计机构的岗位责任制。

会计人员的工作岗位一般可分为：总会计师（或行使总会计师职权），会计机构负责人，出纳，财产物资核算，工资核算，成本费用核算，财务成果核算，资金核算，往来结算，总账报表，稽核，会计电算化，档案管理等。这些岗位可以一人一岗、一人多岗或多人一岗，各单位可根据自身的特点具体确定。为贯彻内部牵制原则，出纳人员不得兼管稽核、会计档案保管和收入、支出、费用、债权债务账目的登记工作。

实行会计人员的岗位责任制，还要求会计人员之间有计划地进行轮换，以便全面了解和熟悉单位的各项会计工作，提高业务水平，也便于相互协作，提高工作效率。

3. 会计机构的内部稽核和牵制制度

（1）会计机构的内部稽核。《会计法》第三十七条规定，会计机构内部应当建立稽核制度。《会计基础工作规范》第九十条规定，各单位应当建立稽核制度。主要内容包括：稽核工作的组织形式和具体分工；稽核工作的职责、权限；审核会计凭证和复核会计账簿、会计报表的方法。

稽核是稽查和复核的简称，会计稽核是会计机构本身对会计核算工作进行的一种自我检查和审核工作。内部稽核制度是内部控制的重要组成部分，建立会计机构内部稽核制度，可以防范会计核算工作中的差错和有关人员的舞弊，对日常会计核算中出现的疏忽、错误等及时加以纠正或制止，以提高会计核算工作质量。

根据《会计基础工作规范》的规定，会计机构内部稽核一般包括如下内容：

1）审核财务、成本、费用等计划指标项目是否齐全，编制依据是否可靠，有关计算是否正确，各项计划指标是否衔接等。审核之后应提出建议或意见，以便修改和完善计划与预算。

2）审核实际发生的经济业务或财务收支是否符合现行法律法规、规章制度的规定。对审核中发现的问题，及时制止或纠正。

3）审核会计凭证、会计账簿、财务会计报告和其他会计资料的内容是否真实完整，计算是否正确，手续是否齐全，是否符合有关法律法规、规章制度的规定。

4）审核各项财产物资的增减变动和结存情况，并与账面记录核对，确定账实是否相符。不符时，应查明账实不符的原因，并提出改进措施。

（2）会计机构的内部牵制。《会计基础工作规范》第八十九条规定，各单位应当建立内部牵制制度。主要内容包括：内部牵制制度的原则；组织分工；出纳岗位的职责和限制条件；有关岗位的职责和权限。

内部牵制制度也称钱账分管制度，指凡是涉及款项及财物收付、结算及登记的任何一项工作，必须由两人或两人以上分工办理，以便相互制约。内部牵制制度是企业内部控制制度的重要组成部分，其目的是加强会计人员之间的相互制约、相互监督、相互核对，提高会计核算工作的质量。

7.2.3 会计人员

会计人员是从事会计工作、处理会计业务、完成会计任务的人员。一个单位无论是否设置会计机构，均应有从事会计工作的人员。科学合理地配备思想品质过硬、业务能力强的会计人员，是做好会计工作，充分发挥会计职能的重要保证。这里的会计人员包括总会计师、会计机构负责人和其他会计人员。

1. 会计人员的任职要求

会计工作的专业性、技术性很强，为保证会计工作的质量，要求从事会计工作的人员具备一定的专业素质。根据《会计法》第三十八条的规定，会计人员应当具备从事会计工作所需要的专业能力。根据《会计人员管理办法》第三条的规定，会计人员从事会计工作，应当符合下列要求：遵守《会计法》和国家统一的会计制度等法律法规；具备良好的职业道德；按照国家有关规定参加继续教育；具备从事会计工作所需要的专业能力。会计人员具有会计类专业知识，基本掌握会计基础知识和业务技能，能够独立处理基本会计业务，表明具备从事会计工作所需要的专业能力。根据《会计基础工作规范》第十四条的规定，会计人员应当具备必要的专业知识和专业技能，熟悉国家有关法律、法规、规章和国家统一会计制度，遵守职业道德。会计人员应当按照国家有关规定参加会计业务的培训。各单位应当合理安排会计人员的培训，保证会计人员每年有一定时间用于学习和参加培训。

特别提示

《会计基础工作规范》和《代理记账管理办法》面临修订。2017 年 11 月新修订的《会计法》取消了会计从业资格行政审批，即取消了从事会计工作人员必须取得会计从业资格证书的相关规定，修改了涉及会计从业资格的相关条款。为贯彻落实新《会计法》，财政部将对《会计基础工作规范》和《代理记账管理办法》中涉及会计从业资格的相关条款进行修改，并将其中与新《会计法》有关规定，以及现行会计规章的表述明显不一致的内容一并进行修改。

2. 会计人员的职责和权限

（1）会计人员的工作职责。根据《会计法》和有关财务会计制度的规定，会计人员的主要工作职责包括以下内容。

1）进行会计核算。会计人员应以实际发生的经济业务事项为依据进行会计核算，填制会计凭证，登记会计账簿，编制财务报告；并做到手续完备，内容真实，数字准确，账目清楚；如实反映企业的财务状况、经营成果、现金流量和所有者权益的变动情况，满足国家宏观经济管理、企业内部经营管理和有关各方了解单位财务信息的需要。

2）实行会计监督。各单位的会计机构、会计人员对本单位会计事务实行会计监督，监督的主要内容有：对原始凭证进行审核和监督，对不真实、不合法的原始凭证不予受理；对实物、款项进行监督，督促建立并严格执行财产清查制度，发现账簿记录与实物、款项不符时，应当按照有关规定进行处理，或立即向本单位领导报告，请求查明原因做出处理；对违反单位内部会计管理制度的经济活动和指使、指令编造、篡改财务报告的行为，应当制止和纠正，制止和纠正无效的应向主管领导或单位报告请求处理；对单位制定的预算、财务计划、经济计划、业务计划的执行情况和财务收支进行监督。

3）拟定本单位办理会计事务的具体办法。各单位应根据国家颁布的会计法规，结合本单位的特点和需要，建立健全本单位内部会计事项处理办法。

4）办理其他会计事务。如责任会计、电算化会计等。会计人员的职责是考核会计人员工作质量的重要标准，会计人员应恪守职责，努力做好各项会计工作。

（2）会计人员的权限。为保障会计人员顺利履行其职责，国家赋予了他们必要的工作权限：

1）有权要求本单位有关部门和人员，认真执行国家批准的计划、预算，遵守国家法律和行政法规，以及财务会计制度的规定。对违法违规情况，会计人员有权拒绝执行，并向有关领导报告。

2）参与本单位计划的编制、定额的制定以及有关签订经济合同和生产经营管理的会议。

3）有权监督、检查本单位有关部门的财务收支、资金使用、财产保管等情况。

3. 会计机构负责人的任职资格

会计机构负责人是一个单位内具体负责会计工作的中层领导人员，负有组织、管理本单位所有会计工作的责任。根据《会计法》第三十八条的规定，担任单位会计机构负责人（会计主管人员）的，应当具备会计师以上专业技术职务资格或者从事会计工作三年以上经历。

根据《会计工作基础规范》的规定，会计机构负责人的任职条件包括：坚持原则，廉洁奉公；具备会计师以上专业技术资格或从事会计工作三年以上；主管一个单位或者单位内一个重要方面的财务会计工作时间不少于二年；熟悉国家财经法律、法规、规章和方针、政策，掌握本行业业务管理的有关知识；有较强的组织能力；能适应本职工作的要求。

4. 总会计师

根据《会计法》的规定，国有的和国有资产占控股地位或者主导地位的大中型企业必须设置总会计师。总会计师的任职资格、任免程序、职责权限由国务院规定。总会计师是单位行政领导人员，协助单位主要行政领导工作，直接对单位主要行政领导负责；总会计师具体组织本单位执行国家有关财经法律、法规、方针、政策和制度，保护国家财产；总会计师组织领导本单位的财务管理、成本管理、预算管理、会计核算和会计监督等方面的工作，参与本单位重要经济问题的分析和决策。

（1）总会计师的任职资格。总会计师必须具备下列条件：坚持社会主义方向，积极为社会主义建设和改革开放服务；坚持原则，廉洁奉公；取得会计师任职资格后，主管一个单位或者单位内一个重要方面的财务会计工作时间不少于三年；有较高的理论政策水平，熟悉国家财经法律、法规、方针、政策和制度，掌握现代管理的有关知识；具备本行业的基本业务知识，熟悉行业情况，有较强的组织领导能力；身体健康，能胜任本职工作。

（2）总会计师的基本职责。总会计师负责组织本单位的下列工作：

1）编制和执行预算、财务收支计划、信贷计划，拟定资金筹措和使用方案，开辟财源，有效地使用资金；进行成本费用预测、计划、控制、核算、分析和考核，督促本单位有关部门降低消耗、节约费用、提高经济效益；建立健全经济核算制度，利用财务会计资料进行经济活动分析；承办单位主要行政领导人交办的其他工作。

2）总会计师负责对本单位财会机构的设置和会计人员的配备、会计专业职务的设置和聘任提出方案；组织会计人员的业务培训和考核；支持会计人员依法行使职权。

3）总会计师协助单位主要行政领导人对企业的生产经营、行政事业单位的业务发展以及基本建设投资等问题做出决策。参与新产品开发、技术改造、科技研究、商品（劳务）价格和工资奖金等方案的制定；参与重大经济合同和经济协议的研究、审查。

（3）总会计师的权限。总会计师有如下工作权限：

1）总会计师对违反国家财经法律、法规、方针、政策、制度和有可能在经济上造成损失、浪费的行为，有权制止或者纠正。制止或者纠正无效时，提请单位主要行政领导人处理。

2）总会计师有权组织本单位各职能部门、直属基层组织的经济核算、财务会计和成本管理方面的工作。

3）总会计师主管审批财务收支工作。除了一般的财务收支可以由总会计师授权的财会机构负责人或者其他指定人员审批，重大的财务收支须经总会计师审批或者由总会计师报单位主要行政领导人批准。

4）预算、财务收支计划、成本和费用计划、信贷计划、财务专题报告、会计决算报表，须经总会计师签署。涉及财务收支的重大业务计划、经济合同、经济协议等，在单位内部须经总会计师会签。

5）会计人员的任用、晋升、调动、奖惩，应当事先征求总会计师的意见。财会机构负责人或者会计主管人员的人选，应当由总会计师进行业务考核，依照有关规定审批。

特别提示

在我国企业的高级财务管理职位中，首席财务官（chief financial officer，CFO）、总会计师与财务总监这三种制度同时并存，经常有人混同对待，但实际上这三者并不等同，在公司治理中的地位、职责定位等方面也存在差别。CFO 源自美国等一些西方国家的企业，在公司治理中扮演着重要角色，其职责就是通过资源配置实现企业的战略目标和长期发展，因此，CFO 应该是企业战略的管理者。对我国来说，较早采用CFO这一称谓的主要是一些网络公司和高新技术企业，但目前越来越多的国内公司采用CFO这一称谓。总会计师主要是在国有的和国有资产占控股地位或者主导地位的大中型企业设置的高级财务管理人员，是单位行政领导人员，协助单位主要行政领导人工作，直接对单位主要行政领导人负责。总会计师侧重于财务管理和会计核算。财务总监制度起源于西方国家。在我国，财务总监的提法出现在总会计师之后，其定位在各个企业中的差异较大。有的企业的财务总监相当于国有企业对总经理负责的总会计师，有的企业的财务总监则是财务部门负责人，也有个别企业的财务总监相当于CFO。财务总监有的对董事会负责，有的对总经理负责，还有的对监事会负责。总之，CFO、总会计师、财务总监一般都是指单位的财务负责人，在不同性质和规模的单位根据需要采取不同的称谓。

5. 会计人员的专业技术职务

为合理使用会计人员，充分调动会计人员的工作积极性，单位可以根据会计人员的学历、会计工作年限、业务水平和工作成绩等有关情况，以及会计专业技术资格考试情况，设立初、中、高级的会计专业技术职务，如助理会计师、会计师、高级会计师等。

目前，会计专业技术职务的初级和中级资格采用考试制度，高级资格采用考评结合的方法。初级资格考试科目包括经济法基础和初级会计实务，参加考试的人员必须在一个考试年度内通过全部科目的考试，方可获得会计专业技术初级资格证书；中级资格考试科目包括财务管理、经济法和中级会计实务，参加考试的人员，在连续的两个考试年度内，全部科目考试均合格者，可获得会计专业技术中级资格证书；高级资格考试的科目只有高级会计实务一门，参加考试人员需达到合格分数线方有资格参加高级会计师资格的评审。

6. 会计人员的继续教育

具有会计专业技术资格的人员应当自取得会计专业技术资格的次年开始参加继续教育，不具有会计专业技术资格但从事会计工作的人员应当自从事会计工作的次年开始参加继续教育，并在规定时间内取得规定学分。会计专业技术人员继续教育的内容包括公需科目和专业科目。公需科目包括专业技术人员应当普遍掌握的法律法规、政策理论、职业道德、技术信息等基本知识，专业科目包括会计专业技术人员从事会计工作应当掌握的财务会计、管理会计、财务管理、内部控制与风险管理、会计信息化、会计职业道德、财税金融、会计法律法规等相关专业知识。

会计专业技术人员可以自愿选择参加继续教育的形式。会计专业技术人员继续教育的形式有：(1) 参加县级以上地方人民政府财政部门、人力资源社会保障部门等继续教育管理部门组织的会计专业技术人员继续教育培训、高端会计人才培训、全国会计专业技术资格考试等会计相关考试、会计类专业会议等。(2) 参加会计继续教育机构或用人单位组织的会计专业技术人员继续教育培训。(3) 参加国家教育行政主管部门承认的中专以上（含中专）会计类专业学历（学位）教育；承担继续教育管理部门或行业组织（团体）的会计类研究课题，或在有国内统一刊号（CN）的经济、管理类报刊上发表会计类论文；公开出版会计类书籍；参加注册会计师、资产评估师、税务师等继续教育培训。（4）继续教育管理部门认可的其他形式。

会计专业技术人员参加继续教育实行学分制管理，每年参加继续教育取得的学分不少于 90 学分。其中，专业科目一般不少于总学分的 2/3。会计专业技术人员参加继续教育取得的学分，在全国范围内当年度有效，不得结转以后年度。各种形式的继续教育成果均可通过一定的方式折合成学分。其学分计量标准如下：（1）参加全国会计专业技术资格考试等会计相关考试，每通过一科考试或被录取的，折算为 90 学分。（2）参加会计类专业会议的，每天折算为 10 学分。（3）参加国家教育行政主管部门承认的中专以上会计类专业学历（学位）教育，通过当年度一门学习课程考试或考核的，折算为 90 学分。（4）独立承担继续教育管理部门或行业组织（团体）的会计类研究课题，课题结项的，每项研究课题折算为 90 学分；与他人合作完成的，每项研究课题的课题主持人折算为 90 学分，其他参与人每人折算为 60 学分。（5）独立在有国内统一刊号（CN）的经济、管理类报刊上发表会计类论文的，每篇论文折算为 30 学分；与他人合作发表的，每篇论文的第一作者折算为 30 学分，其他作者每人折算为 10 学分。（6）独立公开出版会计类书籍的，每本会计类书籍折算为 90 学分；与他人合作出版的，每本会计类书籍的第一作者折算为 90 学分，其他作者每人折算为 60 学分。

7.2.4　会计档案

会计档案是国家档案的重要组成部分，也是各单位的重要档案之一。各单位应根据相关法律法规的规定，加强对会计档案的管理。

1. 会计档案的概念和内容

（1）会计档案的概念。《会计法》规定，各单位对会计凭证、会计账簿、财务会计报告和其他会计资料应当建立档案，妥善保管。2015 年发布的《会计档案管理办法》所称的会计档案，是指单位在进行会计核算等过程中接收或形成的，记录和反映单位经济业务事项的，具有保存价值的文字、图表等各种形式的会计资料，包括通过计算机等电子设备形成、传输和存储的电子会计档案。

单位应当加强会计档案管理工作，建立和完善会计档案的收集、整理、保管、利用和鉴定销毁等管理制度，采取可靠的安全防护技术和措施，保证会计档案的真实、完整、可用、安全。单位的档案机构或者档案工作人员所属机构（统称单位档案管理机构）负责管理本单位的会计档案。单位也可以委托具备档案管理条件的机构代为管理会计档案。

（2）会计档案的内容。会计档案具体包括以下四类：

1）会计凭证，包括原始凭证、记账凭证。

2）会计账簿，包括总账、明细账、日记账、固定资产卡片及其他辅助性账簿。

3）财务会计报告，包括月度、季度、半年度、年度财务会计报告。

4）其他会计资料，包括银行存款余额调节表、银行对账单、纳税申报表、会计档案移交清册、会计档案保管清册、会计档案销毁清册、会计档案鉴定意见书及其他具有保存价值的会计资料。

（3）电子会计档案。单位可以利用计算机、网络通信等信息技术手段管理会计档案。

同时满足下列条件的，单位内部形成的属于归档范围的电子会计资料可仅以电子形式保存，形成电子会计档案：

1）形成的电子会计资料来源真实有效，由计算机等电子设备形成和传输。

2）使用的会计核算系统能够准确、完整、有效接收和读取电子会计资料，能够输出符合国家标准归档格式的会计凭证、会计账簿、财务会计报告等会计资料，设定了经办、审核、审批等必要的审签程序。

3）使用的电子档案管理系统能够有效接收、管理、利用电子会计档案，符合电子档案的长期保管要求，并建立了电子会计档案与相关联的其他纸质会计档案的检索关系。

4）采取有效措施，防止电子会计档案被篡改。

5）建立电子会计档案备份制度，能够有效防范自然灾害、意外事故和人为破坏的影响。

6）形成的电子会计资料不属于具有永久保存价值或者其他重要保存价值的会计档案。

满足上述规定条件，单位从外部接收的电子会计资料附有符合《中华人民共和国电子签名法》规定的电子签名的，可仅以电子形式归档保存，形成电子会计档案。

特别提示

2016 年开始执行的《会计档案管理办法》，允许符合条件的会计凭证、账簿等会计资料不再打印纸质归档保存，同时要求建立会计档案鉴定销毁制度，完善销毁流程，推动会计档案销毁工作有序开展。这些新的规定将节约大量纸质会计资料的打印、传递、整理成本以及归档后的保管成本，减少社会资源耗费，推动节能减排，有利于形成绿色环保的生产方式。明确将电子会计档案纳入会计档案范围，将大力推动电子会计数据的深度开发和有效利用，为政府决策和管理提供更多维度、更具参考价值的会计信息。

2. 会计档案的管理

会计档案管理包括定期整理归类、造册归档、借阅、保管和销毁等方面的内容。

（1）会计档案的定期归类。会计部门在记账之后，应定期对各种会计凭证加以分类整理，将各种记账凭证按照编号顺序，连同所附的原始凭证折叠整齐，加具封面、封底装订成册，在装订线上加贴封签；并在封面上写明单位名称、年度、月份、记账凭证的种类、起讫日期、起讫号数，以及记账凭证和原始凭证的张数，在封签外加盖会计主管的骑缝图章。对重要的原始凭证以及需要随时查阅和退回的单据，应另编目录，单独登记保管，并在有关的记账凭证和原始凭证上相互注明日期和编号。某些记账凭证所附的原始凭证数量过多时，也可以单独装订保管，但应在封面上注明所属记账凭证的日期、编号、种类等，同时在有关的记账凭证上注明“附件另附”和原始凭证的名称和编号，以便查考。

年度终了，会计人员应将已更换的各种活页账簿、卡片账簿以及必要的备查账簿，连同账簿使用登记表装订成册，加具封面，封面上注明单位名称、账簿种类、会计年度、账簿原册数，由有关人员签章后，与订本账簿一起归档保管并将全部账簿按册数顺序或保管期限统一填写会计账簿归档登记表。会计年度结束后，会计人员应将全年编制的会计报表按时间先后顺序整理，装订成册，并加具封面，归档保管。

（2）造册归档。单位的会计机构或会计人员所属机构（统称单位会计管理机构）按照归档范围和归档要求，负责定期将应当归档的会计资料整理立卷，编制会计档案保管清册。当年形成的会计档案，在会计年度终了后，可由单位会计管理机构临时保管一年，再移交单位档案管理机构保管。因工作需要确需推迟移交的，应当经单位档案管理机构同意。单位会计管理机构临时保管会计档案最长不超过三年。临时保管期间，会计档案的保管应当符合国家档案管理的有关规定，且出纳人员不得兼管会计档案。

单位会计管理机构在办理会计档案移交时，应当编制会计档案移交清册，并按照国家档案管理的有关规定办理移交手续。纸质会计档案移交时应当保持原卷的封装。电子会计档案移交时应当将电子会计档案及其元数据一并移交，且文件格式应当符合国家档案管理的有关规定。特殊格式的电子会计档案应当与其读取平台一并移交。单位档案管理机构接收电子会计档案时，应当对电子会计档案的准确性、完整性、可用性、安全性进行检测，符合要求的才能接收。

（3）会计档案的借阅。单位应当严格按照相关制度利用会计档案，在进行会计档案查阅、复制、借出时履行登记手续，严禁篡改和损坏。单位保存的会计档案一般不得对外借出。确因工作需要且根据国家有关规定必须借出的，应当严格按照规定办理相关手续。会计档案借用单位应当妥善保管和利用借入的会计档案，确保借入会计档案的安全完整，并在规定时间内归还。

（4）保管和销毁。

1）会计档案保管。会计档案的保管期限分为永久、定期两类。定期保管期限一般分为10年和30年。会计档案的保管期限，从会计年度终了后的第一天算起。各类会计档案的保管期限原则上应当按照《会计档案管理办法》规定的保管期限执行，该期限为最低保管期限。

企业和其他组织会计档案保管期限表如表7-1所示。

表 7－1　企业和其他组织会计档案保管期限表

序号	档案名称	保管期限	备注
一	会计凭证		
1	原始凭证	30 年	
2	记账凭证	30 年	
二	会计账簿		
3	总账	30 年	
4	明细账	30 年	
5	日记账	30 年	
6	固定资产卡片		固定资产报废清理后保管 5 年
7	其他辅助性账簿	30 年	
三	财务会计报告		
8	月度、季度、半年度财务会计报告	10 年	
9	年度财务会计报告	永久	
四	其他会计资料		
10	银行存款余额调节表	10 年	
11	银行对账单	10 年	
12	纳税申报表	10 年	
13	会计档案移交清册	30 年	
14	会计档案保管清册	永久	
15	会计档案销毁清册	永久	
16	会计档案鉴定意见书	永久	

2）会计档案销毁。单位应当定期对已到保管期限的会计档案进行鉴定，并形成会计档案鉴定意见书。经鉴定，仍需继续保存的会计档案，应当重新划定保管期限；对保管期满，确无保存价值的会计档案，可以销毁。会计档案鉴定工作应当由单位档案管理机构牵头，组织单位会计、审计、纪检监察等机构或人员共同进行。

经鉴定可以销毁的会计档案，应当按照以下程序销毁：

第一，单位档案管理机构编制会计档案销毁清册，列明拟销毁会计档案的名称、卷号、册数、起止年度、档案编号、应保管期限、已保管期限和销毁时间等内容。

第二，单位负责人、档案管理机构负责人、会计管理机构负责人、档案管理机构经办人、会计管理机构经办人在会计档案销毁清册上签署意见。

第三，单位档案管理机构负责组织会计档案销毁工作，并与会计管理机构共同派员监销。监销人在会计档案销毁前，应当按照会计档案销毁清册所列内容进行清点核对；在会计档案销毁后，应当在会计档案销毁清册上签名或盖章。

电子会计档案的销毁还应当符合国家有关电子档案的规定，并由单位档案管理机构、会计管理机构和信息系统管理机构共同派员监销。

保管期满但未结清的债权债务会计凭证和涉及其他未了事项的会计凭证不得销毁，纸质会计档案应当单独抽出立卷，电子会计档案单独转存，保管到未了事项完结时为止。单独抽出立卷或转存的会计档案，应当在会计档案鉴定意见书、会计档案销毁清册和会计档案保管清册中列明。

□ 重要名词

会计法律规范（accounting law and regulations）
会计职业道德（accounting professional ethics）
会计机构（accounting organization）
会计人员（accounting personnel）
会计档案（accounting file）
岗位责任制（system of assigning responsibility by post）

□ 自测题

一、单项选择题（在每小题的四个备选答案中选出一个正确的答案，并将正确的答案填在题中括号内）

1. （　　）指国家立法机构为管理会计工作而按照立法程序制定和颁布的规范性文件的总称。

A. 会计制度　　B. 会计法律规范
C. 会计准则　　D. 会计法

2. 新中国第一部《会计法》于（　　）由第六届全国人民代表大会常务委员会第九次会议通过，并于同年5月1日实施，标志着我国的会计工作步入了社会主义法制化的新时期。

A. 1985年1月21日　　B. 2000年6月21日
C. 2007年1月1日　　D. 1993年7月1日

3. （　　）是直接从事或领导会计工作的职能部门，建立健全该部门是加强会计管理、保证会计工作顺利进行的重要条件。

A. 会计机构　　B. 会计组织　　C. 会计部门　　D. 财务处

4. 会计职业道德教育的内容不包括（　　）。

A. 观念教育　　B. 规范教育
C. 技能教育　　D. 警示教育

5. （　　）是会计机构本身对会计核算工作进行的一种自我检查和审核工作。

A. 会计稽查　　B. 会计稽核
C. 内部审计　　D. 会计检查

6.（　　）也称钱账分管制度，指凡是涉及款项及财物收付、结算及登记的任何一项工作，必须由两人或两人以上分工办理，以便相互制约。

A. 人员牵制制度　　B. 内部控制制度

C. 内部牵制制度　　D. 内部控制基本规范

7. 下列说法中正确的是（　　）。

A. 为贯彻内部牵制原则，出纳人员不得兼管稽核，会计档案保管，收入、支出、费用、债权债务账目以及总分类账的登记工作

B. 在设置总会计师的单位，其会计机构由总会计师直接领导，不用接受上级财务会计部门的指导和监督

C. 各单位应根据会计业务的需要，设置会计机构或在有关机构中设置会计人员并指定会计主管人员

D. 不具备设置会计机构条件的单位，应当委托中介机构代理记账

8.（　　）是指会计凭证、会计账簿和财务报告等会计核算的专业材料，是记录和反映单位经济业务的重要史料和证据。

A. 原始凭证　　B. 会计档案

C. 会计报表　　D. 总账

二、多项选择题（每题均有多个正确答案，请从每题的备选答案中选出你认为正确的所有答案填在题中括号内）

1. 现行的《会计法》中将国务院财政部门制定的会计部门规章统称为“国家统一的会计制度”，包括（　　）。

A. 会计机构和会计人员管理制度　　B. 会计监督制度

C. 其他会计管理制度　　D. 会计工作管理制度

E. 会计核算制度

2. 会计职业道德的内容包括（　　）。

A. 爱岗敬业　　B. 诚实守信

C. 廉洁自律　　D. 坚持准则

E. 参与管理

3. 会计职业道德的作用主要体现在（　　）。

A. 会计职业道德是对会计法律制度的必要补充

B. 会计职业道德对会计准则的制定起着统驭的作用

C. 会计职业道德是规范会计行为的基础

D. 会计职业道德是实现会计目标的重要保证

E. 会计职业道德决定会计事业的成败

4. 我国的企业会计准则体系一般可分为（　　）。

A. 基本准则　　B. 企业会计准则

C. 具体准则　　D. 应用指南

E. 非企业会计准则

5. 下列各项中，属于会计档案的有（　　）。

A. 会计凭证　B. 会计账簿

C. 会计报表　D. 会计档案移交清册

E. 银行对账单

6. 会计工作的组织原则有（　）。

A. 按国家统一要求组织　B. 不断提高工作效率

C. 根据各单位经营特点组织　D. 加强各单位内部经济责任制

E. 协调好会计和其他经济管理工作的关系

7. 会计人员的职责和权限有（　）。

A. 进行会计核算　B. 提供会计服务

C. 实行会计监督　D. 办理其他会计事务

E. 拟定本单位办理会计事务的具体办法

8. 会计人员继续教育的形式包括（　）。

A. 参加培训　B. 参加相关资格考试

C. 参加相关学位教育　D. 发表本领域的论文

E. 出版本领域的专著

三、判断题（在下列各括号内填入判断结果，你认为正确的用“√”表示，错误的用“×”表示）

1. 企业会计准则是规范企业会计确认、计量和报告行为，保证会计信息质量的会计准则。（　）

2. 会计法律制度由国家强制力保障实施；会计职业道德重在国家法律的要求，会计人员可遵守亦可不遵守。（　）

3. 会计行政法规由国家最高行政机关——国务院制定或发布，其制定依据是《会计法》。（　）

4. 除了会计准则和会计制度以外，财政部还会根据会计实务的需要，对会计准则和会计制度中没有规定或规定过时的会计问题，做出暂行规定或补充规定，它们也属于国家统一的会计核算制度的范畴。（　）

5. 基本准则主要规范企业发生的具体交易或事项的会计处理；具体准则是制定基本准则和应用指南的依据，也是指导会计实务的规则。（　）

6. 内部牵制制度是企业内部控制制度的重要组成部分，其目的是加强会计人员之间的相互制约、相互监督、相互核对，提高会计核算工作的质量。（　）

7. 会计法律有广义和狭义两种解释。广义的会计法律仅指由立法机构颁布的法律，如《会计法》；狭义的会计法律还包括由执法机构制定和颁发的有关条例、制度和规定以及具有法律效力的案例和惯例等。（　）

8. 国有的和国有资产占控股地位或者主导地位的大中型企业必须设置总会计师。总会计师是最高的会计专业技术职务。（　）

9. 会计档案的保管期限，从会计年度终了后的第一天算起，可分为 3 年、5 年、10 年、15 年、25 年共 5 类。（　）

综合实训

一、目的

检验学习者对会计档案保管期限的掌握。

二、资料

某企业形成的部分会计档案如表7-2所示。

三、要求

请在表7-2中标注出各会计档案相应的保管期限。

表7-2

序号	档案名称	保管期限
1	材料入库单	
2	银行存款余额调节表	
3	银行对账单	
4	现金收款凭证	
5	纳税申报表	
6	库存商品明细账	
7	银行存款日记账	
8	固定资产卡片	
9	应收票据备查簿	
10	总账	
11	月度利润表	
12	年度财务会计报告	
13	会计档案销毁清册	
14	会计档案保管清册	
15	会计档案移交清册	

附录　会计模拟实训

实训一　原始凭证的填制

一、目的

通过实训使学生掌握原始凭证的内容和填制方法。

二、资料

大发公司为增值税一般纳税人，适用的增值税税率为 13%。其 20××年 6 月发生的经济业务如下：

1. 2 日，厂部从物美超市购买签字笔 100 支，每支 4.5 元；复写纸 5 盒，每盒 10 元；胶棒 20 支，每支 3 元；合计 560 元，用银行存款支付。

此项业务要求填制银行转账支票，将转账支票存根作为原始凭证。支票存根及发票单据如图表 1、图表 2 所示。

图表 1

中国农业银行
转账支票存根　（京）

$\frac{G}{0}\frac{E}{2}$　07379353

附加信息

出票日期　　年　月　日

收款人：	
金　额：	
用　途：	

单位主管：　　会计：

中国工商银行　**转账支票**（京）　$\frac{G}{0}\frac{E}{2}$07379353

出票日期（大写）　　年　月　日　付款行名称：

收款人：　　出票人账号：

本支票付款期限十天

人民币（大写）		亿	千	百	十	万	千	百	十	元	角	分

用途________

上列款项请从
我账户内支付
出票人签章

2. 3 日，从富达公司购入甲材料 1 000 千克，单价 50 元，计 50 000 元，增值税 6 500 元，开出转账支票付款，收到增值税专用发票一张。另用现金支付运杂费 600 元，收到增值税普通发票一张，材料未到。

图表 2

北京增值税普通发票

1100103620 № 04510317

发票联

开票日期：20××年6月2日

购货单位	名　　称：大发公司 纳税人识别号： 地址、电话：略 开户行及账号：	密码区：略

货物或应税劳务名称	规格型号	单位	数量	单价	金额	税率	税额
签字笔		支	100	3.983	398.3	13%	51.7
复写纸		盒	5	8.85	44.25		5.75
胶　棒		支	20	2.655	53.1		6.9
合计					￥495.65		64.35
价税合计（大写）	人民币伍佰陆拾元整				（小写）￥560.00		

销货单位	名　　称：物美超市 纳税人识别号： 地址、电话：略 开户行及账号：	备注

收款人：　复核：　开票人：杨玉书　销货单位：（章）

国税函[2009]649号 北京印钞厂

第三联 发票联 购货方记账凭证

此项业务要求填制银行转账支票，将转账支票存根作为原始凭证。发票、运费收据及支票如图表3至图表5所示。

图表 3

××增值税专用发票

2103058691 № 00727343

发票联

开票日期：20××年6月3日

购货单位	名　　称：大发公司 纳税人识别号： 地址、电话：略 开户行及账号：	密码区：略

货物或应税劳务名称	规格型号	单位	数量	单价	金额	税率	税额
甲材料		千克	1 000	500	50 000	13%	6 500
合计					50 000		6 500
价税合计（大写）	伍万陆仟伍佰零元零角零分				（小写）￥56 500.00		

销货单位	名　　称：富达公司 纳税人识别号： 地址、电话：略 开户行及账号：	备注

收款人：刘楠　复核：　开票人：　销货单位：（章）

国税函[2009]649号 北京印钞厂

第三联 发票联 购货方记账凭证

图表 4

北京增值税普通发票

发票联　　　　No 04510320

开票日期：20××年 6 月 3 日

购货单位	名　　称：大发公司 纳税人识别号：略 地址、电话： 开户行及账号：			密码区	略		
货物或应税劳务名称	规格型号	单位	数量	单价	金额	税率	税额
运费					550.46	9%	49.54
合计					¥550.46		49.54
价税合计（大写）	人民币陆佰元整			（小写）¥600.00			
销货单位	名称：北京市国家税务局办税事务所代开 纳税人识别号： 地址、电话： 开户行及账号：			备注			

第二联：发票联　购货方记账凭证

收款人：　　复核：　　开票人：　　销货单位（签章）：

图表 5

中国农业银行（京）
转账支票存根
$\frac{G\ E}{0\ 2}$ 07379358
附加信息

出票日期　　年　月　日

收款人：	
金　额：	
用　途：	

单位主管：　　会计：

中国农业银行 **转账支票**（京） $\frac{G}{0}\frac{E}{2}$07379358

出票日期(大写)　　年　月　日　付款行名称：

收款人：　　出票人账号：

本支票付款期限十天

人民币（大写）		亿	千	百	十	万	千	百	十	元	角	分

用途________
上列款项请从
我账户内支付
出票人签章

3. 4 日，向长城公司销售 A 产品 1 000 件，单价 50 元，增值税税率 13%，款项未收到。

4. 8 日，办公室王凯因到武汉参加培训，预借现金 3 000 元作为培训及差旅费。此项业务要求填制借款单，其格式如图表 6 所示。

图表 6

借款单

借款用途：________　　　年　月　日

借款单位：		
借款事由：		
借款金额（大写）：		
本单位负责人意见：		
领导意见：	会计主管人员核批：	付款记录：

三　借款记账凭证

出纳：　　借款人：

5. 9 日，从加加公司购入乙材料 2 500 千克，单价 200 元，计 500 000 元，增值税 65 000 元。开出银行承兑汇票一张交收款单位，付款期 3 个月，材料尚未入库。

此项业务要求填制银行承兑汇票，银行承兑汇票及增值税发票如图表 7 至图表 8 所示。

图表 7

银行承兑汇票

汇票号码 SC2485

出票日期（大写）　　年　月　日　　　　第　号

出票人全称				收款人	全　称		
出票人账号					账　号		
付款行全称		行号			开户银行	行号	
汇票金额	人民币（大写）					千 百 十 万 千 百 十 元 角 分	
汇票到期日				本汇票请你行承兑，到期无条件付款。 承兑银行签章 年　月　日		交易合同号码	
本汇票已经承兑，到期日由本行付款。 出票人签章 年　月　日				备注：		科目（借） 对方科目（贷） 转账　年　月　日复核 记账	

图表 8

××增值税专用发票

全国统一发票监制章 ×× 国家税务总局监制

2103058691　　　　　　　　　　№ 00633442

发票联

开票日期：20××年 6 月9 日

购货单位	名　称：大发公司 纳税人识别号： 地址、电话：略 开户行及账号：				密码区	略	
货物或应税劳务名称	规格型号	单位	数量	单价	金额	税率	税额
甲材料		千克	2 500	200	500 000	13%	65 000
合计					500 000		65 000
价税合计（大写）	伍拾陆万伍仟零佰零元零角零分				（小写）￥565 000.00		
销货单位	名　称：加加公司 纳税人识别号： 地址、电话：略 开户行及账号：				备注		

收款人：刘楠　　复核：　　开票人：　　销货单位：（章）

国税函[2009]649号 北京印钞厂

第三联 发票联 购货方记账凭证

6．10 日收到 9 日购买的乙材料 2 500 千克，经验收入库。

此项业务要求填制材料入库单，其格式见图表 9。

图表 9　　　　　　　　　　**入库单**

仓　　库：________　　　　　　　　　　第　号

供货单位：________　　　　　　　　　　年　月　日

名称	规格	单位	数量	单价	金额	备注

三　记账联

负责人：　　　　　　　　　经手人：

7．10 日，向中国农业银行借入期限为 6 个月的短期借款 20 000 元用于日常周转，存入银行存款户，双方约定的借款年利率为 5%。

此项业务要求填制中国农业银行流动资金借款单，借款单及收账通知的格式如图表 10 至图表 11 所示。

图表 10

中国农业银行借款凭证

No. 0029345

年　月　日　　　　　　　　　　第　号

借款人		贷款账号		存款账号											
贷款金额	人民币（大写）					千	百	十	万	千	百	十	元	角	分
用途		期限	约定还款日期	年　月　日											
			贷款利率		借款合同号码										
兹借到上列款项，保证按规定用途使用，不做他用，到期时凭此凭证收回贷款。（借款人印鉴）		分次还款记录													
		日期（年 月 日）	还款金额	余额	经办	复核									

第五联　借款借据

银行审批意见：　　　　行长：　　　　信贷科长：　　　　信贷员：

图表 11

进账单（收账通知）　3

20××年 6 月 10 日

出票人	全　称											
	账　号											
	开户银行											
金额	人民币（小写）	亿	千	百	十	万	千	百	十	元	角	分
					¥	2	0	0	0	0	0	0
收款人	全　称	大发公司										
	账　号	略										
	开户银行	略										
票据种类						票据张数						
票据号码												
收款人开户银行签章												

此联是收款人开户银行交给收款人的收账通知

复核：　　　　　　　　记账：

8. 12 日，销售 B 产品 300 件给海龙公司，每件售价 610 元，计 183 000 元，增值税 23 790 元，商品已发出，款项未收到。

此项业务要求填制销货发票、商品出库单，其格式如图表 12 至图表 13 所示。

图表 12

××增值税专用发票

2200101171　　　　　　　　№ 00321234

记 账 联　　　　开票日期：　年　月　日

购货单位	名　　称： 纳税人识别号： 地址、电话： 开户行及账号：			密码区				
货物或应税劳务名称	规格型号	单位	数量	单价	金额	税率	税额	
合计								
价税合计（大写）				（小写）				
销货单位	名　　称： 纳税人识别号： 地址、电话： 开户行及账号：			备注				

收款人：　　　　复核：　　　　开票人：　　　　销货单位：（章）

国税函[2009]649号 北京印钞厂

第一联 记账联 销货方记账凭证

图表 13

商品出库单

仓　　库：________　　　　　　　　　　　　　　第　号

提货单位：________　　　　　　　　　　　　　年　月　日

名称	规格	单位	数量	单价	金额	备注

二 记账联

负责人：　　　　　　　　　　经手人：

9. 13 日，王凯培训结束，报销差旅费 2 120 元，其中培训费 1 000 元，往返火车票 562 元，住宿费 398 元，住勤伙食补助 100 元，交通补助 60 元。余款退回，由出纳人员开出收据一张。

此项业务要求填制差旅费报销单及收据，其格式如图表 14 至图表 15 所示。

图表 14

差旅费报销单

单位名称：________　　出差起止日期：　　年　月　日至　　年　月　日

出差人姓名			出差地点		出差天数			事由	
车船及住宿费	种类	票据张数	金额	出差补助费	项目	天数	标准	金额	报销结算情况
	火车费				途中伙食补助				
	飞机费				住勤伙食补助				
	长途汽车费				交通补助				退还或补交
	市内汽车费				通信补助				
	住宿费								
	其他								出纳：
	小计				其他				
金额合计	大写：				小写：				负责人：

附件　张

会计主管：　　审核：　　制单：　　部门主管：　　公出人：

图表 15

收　　据

年　月　日　　　　　　　　第　号

今收到					
人民币（大写）：				¥：________	
事由				现金	
				支票第　　号	
收款单位		财务主管		收款人	

第一联 存根

10. 15日，将多余现金6 000元送存银行（面额100元50张、面额50元20张）。

此项业务要求填制现金存款单，其格式如图表16所示。

图表16

中国农业银行现金存款单（回单）

年 月 日

存款人	全称			
	账号		款项来源	
	开户行		交款人	

金额 大写（币种）	千	百	十	万	千	百	十	元	角	分

辅币	券别	伍角	贰角	壹角	伍分	贰分	壹分	收款员 收讫 复核员
	张数							

主币	券别	壹佰元	伍拾元	贰拾元	拾元	伍元	贰元	壹元
	张数							

第一联 由银行盖章后退回单位

11. 16日仓库发出材料共计160 480元，其中甲材料800千克，单位成本50.6元/千克，用于A产品生产；乙材料600千克，单位成本200元/千克，其中：40千克用于车间一般性消耗，10千克用于后勤部门的一般消耗，其他用于B产品生产。

此项业务要求填制领料单，其格式如图表17所示。

图表17

领料单

领料部门：________ 第 号

用　　途：________ 年 月 日 发料仓库：________

材料类别	材料编号	材料名称及规格	用途	计量单位	数量	单价	金额

三 记账联

负责人：　　　　经手人：

12. 25日，从银行提取现金66 000元，准备发放工资。

此项业务要求填制现金支票，把支票存根作为原始凭证，其格式如图表18所示。

图表 18

中国农业银行
现金支票存根 （京）

$\frac{B}{2}\frac{S}{2}$ 00456828

附加信息

出票日期	年 月 日
收款人：	
金 额：	
用 途：	

单位主管： 会计：

中国农业银行 **现金支票**（京） $\frac{B}{2}\frac{S}{2}$ 00456828

出票日期(大写) 年 月 日 付款行名称：

收款人： 出票人账号：

本支票付款期限十天

人民币（大写）		亿	千	百	十	万	千	百	十	元	角	分

用途__________

上列款项请从
我账户内支付
出票人签章

13．4 日，向长城公司销售 A 产品 1 000 件，单价 50 元，增值税税率 13%，款项未收到。

14．26 日发放本月职工薪酬 66 210.92 元。

此项业务要求编制工资结算汇总表，其格式如图表 19 所示。

图表 19

工资结算汇总表

年 月 日

车间、部门		应发工资							代扣款项						实发金额
		岗位工资	奖金	津贴		扣款		合计	养老保险	医疗保险	失业保险	住房公积金	个人所得税	小计	
				岗位津贴	夜班津贴	病假	事假								
基本生产车间	生产工人														
	管理人员														
后勤管理人员															
合计															

制表人： 复核人：

15．28 日计算分配公司本月职工薪酬，生产工人职工薪酬 56 000 元，其中生产 A 产品的职工薪酬 20 000 元，生产 B 产品的职工薪酬 36 000 元；车间管理人员职工薪酬 4 560 元，厂部管理人员职工薪酬 30 000 元，共计 90 560 元。

此项业务要求编制工资费用分配表，其格式如图表 20 所示。

图表 20

工资费用分配表

20××年 月 日 单位：元

应借科目	应贷科目			
	生产工人	车间管理人员	厂部管理人员	合计
生产成本——A ——B				
制造费用				

续前表

应借科目	应贷科目			
	生产工人	车间管理人员	厂部管理人员	合计
管理费用				
合计				

主管： 审核： 制表：

16. 29日，计提固定资产折旧3 000元，其中生产车间折旧2 000元，后勤部门折旧1 000元。

此项业务要求编制固定资产折旧计算单，其格式如图表21所示。

图表21 **固定资产折旧计算单**

20××年6月 单位：元

项目	房屋建筑物			机器设备			其他			合计
	原值	折旧率	折旧额	原值	折旧率	折旧额	原值	折旧率	折旧额	
生产车间	略									
其中：一车间										
二车间										
管理部门										
合计										

主管： 审核： 制表：

17. 30日，按职工薪酬比例分配本月制造费用。

此项业务要求编制制造费用分配表，其格式如图表22所示。

图表22 **制造费用分配表**

年 月

分配对象	分配标准	分配率	分配金额
A产品 B产品			
合计			

制表（签章）： 审核（签章）：

18. 30日，B产品320件全部完工入库，单位成本485.5元，A产品全部未完工。

此项业务要求编制生产成本计算表，其格式如图表23所示。

图表23 **完工产品成本计算单（B产品）**

年 月 日 单位：元

成本项目	总成本	单位成本
直接材料		
直接人工		
制造费用		
合计		

制表（签章）： 审核（签章）：

19. 30 日，结转本月已销 B 产品的成本，单位生产成本 485.5 元。

此项业务要求编制产品出库单，其格式如图表 24 所示。

图表 24　　**产品出库单**

年　月　日

<table>
<tr><td>购货单位</td><td colspan="3">海龙公司</td><td colspan="2">提货单号</td><td></td><td>发票号</td><td></td></tr>
<tr><td rowspan="2">货号</td><td rowspan="2">名称</td><td rowspan="2">型号规格</td><td rowspan="2">单位</td><td colspan="2">数量</td><td colspan="2">成本</td><td rowspan="2">提货方式</td></tr>
<tr><td>发票</td><td>实付</td><td>单位成本</td><td>金额</td></tr>
<tr><td></td><td></td><td></td><td></td><td></td><td></td><td></td><td></td><td></td></tr>
<tr><td></td><td></td><td></td><td></td><td></td><td></td><td></td><td></td><td></td></tr>
<tr><td>备注</td><td colspan="8"></td></tr>
</table>

三
交财会

负责人：　　　保管：　　　提货人：

20. 30 日，将本月实现的收入和各种费用结转到本年利润。

21. 30 日，计算所得税费用（税率 25%），并结转所得税费用。假设本例没有纳税调整事项。

此项业务要求编制所得税费用计算表，其格式如图表 25 所示。

图表 25　　**所得税费用计算表**

年　月　日　　　　金额单位：元

应纳税所得额	税率	应纳税额

主管：　　　审核：　　　制表：

三、要求

根据上述经济业务填制有关原始凭证。

四、设计

要求学生正确填制原始凭证，引导学生辨别各联单据的不同用途。

实训二　记账凭证的编制

一、目的

通过实训使学生掌握各种不同经济业务应填制取得的原始凭证，掌握记账凭证的填制方法。

二、资料

同实训一。

三、要求

根据实训一填制的原始凭证，填制收、付、转等专用记账凭证。其格式分别见图表 26 至图表 28。

图表 26　　**收款凭证**

借方科目：　　年　月　日　　凭证编号______

摘要	贷方科目		金额	记账符号
	总账科目	明细科目		
合计				

附件××张

会计主管人员：　记账：　制单：　出纳：　审核：

图表 27　　**付款凭证**

贷方科目：　　年　月　日　　凭证编号______

摘要	借方科目		金额	记账符号
	总账科目	明细科目		
合计				

附件××张

会计主管人员：　记账：　审核：　制单：　出纳：

图表 28

转账凭证

年　月　日　　　　凭证编号______

摘要	总账科目	明细科目	√	借方金额	√	贷方金额
合计						

附件××张

会计主管人员：　　记账：　　出纳：　　制单：　　审核：

四、设计

要求学生根据审核无误的原始凭证，按收、付、转三种情况填制记账凭证。

实训三　账簿登记

一、目的

通过实训使学生掌握三栏式银行存款日记账的登记方法。

二、资料

同实训一、实训二。

三、要求

根据实训一和实训二的资料逐日逐笔登记银行存款日记账，并结出余额。银行存款日记账的格式如图表29所示。

图表29　银行存款日记账　第　页

年		凭证		结算凭证		摘要	对方科目	收入	支出	余额
月	日	字	号	种类	号数					

四、设计

要求学生根据审核后的记账凭证正确登记账簿。

实训四　科目汇总表的编制及总分类账簿的登记

一、目的

通过实训使学生掌握科目汇总表的编制及总分类账的登记方法。

二、资料

大发公司20××年5月各总分类账户的期初余额如图表30所示。

图表30　各账户期初余额

账户名称	借方金额	账户名称	贷方金额
库存现金	14 800	累计折旧	80 000
银行存款	100 000	短期借款	40 000
应收账款	3 200	应付账款	12 000
其他应收款	700	应付票据	10 000
在途物资	8 000	其他应付款	8 000
原材料	7 000	实收资本	160 000
库存商品	4 000	盈余公积	4 500
固定资产	180 000	本年利润	13 200
利润分配	10 000		
合计	327 700	合计	327 700

其他资料同实训一、实训二、实训三。

三、要求

1. 开设总分类账户并登记期初余额。总分类账户的格式如图表31所示。

图表31　总分类账户

会计科目：　第　页

年		记账凭证		摘要	借方	贷方	借或贷	余额
月	日	种类	号数					

2. 根据上述实训资料按旬编制6月的科目汇总表。科目汇总表的格式如图表32所示。

图表 32 科目汇总表

年 月 日

汇字第 号

会计科目	1—10日		11—20日		21—31日		发生额合计		总账页数
	借方	贷方	借方	贷方	借方	贷方	借方	贷方	
合计									

会计主管： 记账： 出纳： 审核： 填制：

3. 根据该月份的科目汇总表登记总分类账。

四、设计

各总分类账户根据科目汇总表每10天汇总登记一次。

实训五　报表编制

一、目的

通过实训使学生初步掌握资产负债表和利润表的编制方法。

二、资料

同实训一、实训二、实训三、实训四。

三、要求

编制大发公司的资产负债表和利润表。资产负债表和利润表的格式如图表 33 至图表 34 所示。

图表 33　　**资产负债表**　　会企 01 表

编制单位：　　年　月　日　　单位：元

项目	期初余额	期末余额	项目	期初余额	期末余额
流动资产			流动负债		
库存现金			短期借款		
银行存款			应付账款		
应收账款			应付票据		
其他应收款			应交税费		
存货			其他应付款		
流动资产合计			流动负债合计		
非流动资产			非流动负债		
固定资产			长期借款		
非流动资产合计			非流动负债合计		
			所有者权益		
			实收资本		
			盈余公积		
			未分配利润		
			所有者权益合计		
资产总计			负债及所有者权益总计		

图表 34 **利润表** 会企 02 表

编制单位： 年 月 单位：元

项目	本月数	本年累计数
一、营业收入		
减：营业成本		
税金及附加		
销售费用		
管理费用		
财务费用		
二、营业利润		
加：营业外收入		
减：营业外支出		
三、利润总额（亏损以“—”号填列）		
减：所得税费用		
四、净利润（净亏损以“—”号填列 ）		

参考文献

[1] 关于印发《企业会计准则第 39 号——公允价值计量》的通知（财会〔2014〕6 号）.（2014-01-26）. http://kjs.mof.gov.cn/zhengwuxinxi/zhengcefabu/201401/t20140128_1040392.html.

[2] 关于印发修订《企业会计准则第 30 号——财务报表列报》的通知（财会〔2014〕7 号）.（2014-01-26）. http://kjs.mof.gov.cn/zhengwuxinxi/zhengcefabu/201401/t20140128_1040393.html.

[3] 关于印发修订《企业会计准则第 9 号——职工薪酬》的通知（财会〔2014〕8 号）.（2014-01-27）. http://kjs.mof.gov.cn/zhengwuxinxi/zhengcefabu/201401/t20140129_1040561.html.

[4] 关于印发修订《企业会计准则第 33 号——合并财务报表》的通知（财会〔2014〕10 号）.（2014-02-17）. http://kjs.mof.gov.cn/zhengwuxinxi/zhengcefabu/201402/t20140220_1045206.html.

[5] 关于印发《企业会计准则第 40 号——合营安排》的通知（财会〔2014〕11 号）.（2014-02-17）. http://kjs.mof.gov.cn/zhengwuxinxi/zhengcefabu/201402/t20140220_1045209.html.

[6] 关于印发修订《企业会计准则第 2 号——长期股权投资》的通知（财会〔2014〕14 号）.（2014-03-13）. http://kjs.mof.gov.cn/zhengwuxinxi/zhengcefabu/201403/t20140319_1057127.html.

[7] 关于印发《企业会计准则第 41 号——在其他主体中权益的披露》的通知（财会〔2014〕16 号）.（2014-03-14）. http://www.mof.gov.cn/mofhome/kjs/zhengwuxinxi/zhengcefabu/201403/t20140327_1060353.html.

[8] 关于印发修订《企业会计准则第 37 号——金融工具列报》的通知（财会〔2017〕14 号）.（2017-05-02）. http://kjs.mof.gov.cn/zhengwuxinxi/zhengcefabu/201705/t20170515_2600144.html.

[9] 关于印发修订《企业会计准则第 22 号——金融工具确认和计量》的通知（财会〔2017〕7 号）.（2017-03-31）. http://kjs.mof.gov.cn/zhengwuxinxi/

zhengcefabu/201704/t20170406_2575699. html.

[10] 关于印发修订《企业会计准则第23号——金融资产转移》的通知（财会〔2017〕8号）.（2017-03-31）. http://kjs. mof. gov. cn/zhengwuxinxi/zhengcefabu/201704/t20170406_2575702. html.

[11] 关于印发修订《企业会计准则第24号——套期会计》的通知（财会〔2017〕9号）.（2017-03-31）. http://kjs. mof. gov. cn/zhengwuxinxi/zhengcefabu/201704/t20170406_2575705. html.

[12] 关于印发修订《企业会计准则第37号——金融工具列报》的通知（财会〔2017〕14号）.（2017-05-02）. http://kjs. mof. gov. cn/zhengwuxinxi/zhengcefabu/201705/t20170515_2600144. html.

[13] 关于印发《企业会计准则第42号——持有待售的非流动资产、处置组和终止经营》的通知（财会〔2017〕13号）.（2017-04-28）. http://kjs. mof. gov. cn/zhengwuxinxi/zhengcefabu/201705/t20170516_2601445. html.

[14] 关于印发修订《企业会计准则第16号——政府补助》的通知（财会〔2017〕15号）.（2017-05-10）. http://kjs. mof. gov. cn/zhengwuxinxi/zhengcefabu/201705/t20170525_2608690. html.

[15] 关于修订印发《企业会计准则第14号——收入》的通知（财会〔2017〕22号）.（2017-07-05）. http://kjs. mof. gov. cn/zhengwuxinxi/zhengcefabu/201707/t20170719_2653110. html.

[16] 关于印发《增值税会计处理规定》的通知（财会〔2016〕22号）.（2016-12-03）. http://kjs. mof. gov. cn/zhengwuxinxi/zhengcefabu/201612/t20161212_2479869. html.

[17] 关于修订印发一般企业财务报表格式的通知（财会〔2017〕30号）.（2017-12-25）. http://kjs. mof. gov. cn/zhengwuxinxi/zhengcefabu/201712/t20171229_2790889. html.

[18] 朱小平，周华，秦玉熙. 初级会计学. 8版. 北京：中国人民大学出版社，2017.

[19] 张捷. 基础会计. 北京：中国人民大学出版社，2017.

图书在版编目（CIP）数据

基础会计/王艳茹，刘泉军编著. —4版. —北京：中国人民大学出版社，2019.4
“十三五”普通高等教育应用型规划教材. 会计与财务系列
ISBN 978-7-300-26642-8

Ⅰ.①基… Ⅱ.①王…②刘… Ⅲ.①会计学-高等学校-教材 Ⅳ.①F230

中国版本图书馆CIP数据核字（2019）第010748号

“十三五”普通高等教育应用型规划教材·会计与财务系列
基础会计（第4版）
王艳茹　刘泉军　编著
Jichu Kuaiji

出版发行	中国人民大学出版社		
社　　址	北京中关村大街31号	**邮政编码**	100080
电　　话	010－62511242（总编室）		010－62511770（质管部）
	010－82501766（邮购部）		010－62514148（门市部）
	010－62515195（发行公司）		010－62515275（盗版举报）
网　　址	http://www.crup.com.cn		
经　　销	新华书店		
印　　刷	北京七色印务有限公司	**版　　次**	2008年8月第1版
规　　格	185 mm×260 mm　16开本		2019年4月第4版
印　　张	17.75 插页1	**印　　次**	2021年4月第5次印刷
字　　数	380 000	**定　　价**	38.00元

教师教学服务说明

中国人民大学出版社财会出版分社以出版经典、高品质的会计、财务管理、审计等领域各层次教材为宗旨。

为了更好地为一线教师服务，近年来财会出版分社着力建设了一批数字化、立体化的网络教学资源。教师可以通过以下方式获得免费下载教学资源的权限：

在中国人民大学出版社网站 www. crup. com. cn 进行注册，注册后进入“会员中心”，在左侧点击“我的教师认证”，填写相关信息，提交后等待审核。我们将在一个工作日内为您开通相关资源的下载权限。

如您急需教学资源或需要其他帮助，请在工作时间与我们联络：

中国人民大学出版社　财会出版分社

联系电话：010-62515987，62511076

电子邮箱：ckcbfs@crup. com. cn

通讯地址：北京市海淀区中关村大街甲 59 号文化大厦 1501 室（100872）